Mr. Fisk

He did it his way

Elias Awad

MR. FISK

A trajetória do presidente de uma das maiores redes de escolas de idiomas do mundo

novo século®

São Paulo 2008

PRODUÇÃO EDITORIAL Equipe Novo Século
CAPA Carlos Guimarães
PROJETO GRÁFICO Guilherme Xavier
COMPOSIÇÃO Cintia de Cerqueira Cesar
PREPARAÇÃO DE TEXTO Bel Ribeiro

Dados internacionais de catalogação na Publicação (CIP)
(Câmara Brasileira do Livro, SP, Brasil)

Awad, Elias

Mr. Fisk : a trajetória do presidente de uma das maiores redes de escolas de idiomas do mundo / Elias Awad. – Osasco, SP : Novo Século Editora, 2008.

1. Educadores - Biografia 2. Fisk, Richard Hugh, 1923- I. Título.

08-04317 CDD-370.92

Índices para catálogo sistemático:
1. Educadores : Biografia e obra 370.92

IMPRESSO NO BRASIL
PRINTED IN BRAZIL
DIREITOS CEDIDOS PARA ESTA EDIÇÃO À
NOVO SÉCULO EDITORA
Rua Aurora Soares Barbosa, 405 – 2º andar
CEP 06023-010 – Osasco – SP
Tel. (11) 3699-7107 – Fax (11) 3699-7323
www.novoseculo.com.br

Prefácio

Mr. Fisk é uma pessoa extraordinária. Trabalhamos juntos desde a década de 60, alguns anos depois da abertura de sua primeira escola de idiomas, localizada no bairro da Bela Vista, em São Paulo. Na época eu era professor e não imaginava que um dia poderia me tornar vice-presidente de uma rede de escolas de inglês e espanhol com aproximadamente 1.000 unidades espalhadas por todo o Brasil e também em países como Argentina, Angola, Estados Unidos, Japão e Paraguai.

É difícil expressar todos os desafios que encaramos para tornar a Escolas Fisk o que ela representa hoje. Quando olho para o passado e vejo de onde partimos e o que já conquistamos, a sensação que tenho é a mesma de quem acompanha a vida de um filho, incluindo seus primeiros passos, o seu desenvolvimento e amadurecimento, com a certeza de que estamos fazendo sempre o melhor e que tudo dará certo, principalmente pela absoluta confiança nas inúmeras qualidades de Mr. Fisk como ser humano, educador e gestor.

De hábitos simples, inteligente, criativo e de extremo bom senso, ele tem o dom de usar as palavras certas nos momentos mais importantes, além de uma serenidade que cativa as pessoas e as encoraja a seguir adiante. É, sem dúvida, um ser humano dotado de uma paciência infinita, carismático e bondoso. Poucas pessoas têm o coração semelhante ao deste homem.

Tenho para mim que um bom gestor não é apenas aquele que lhe aponta os caminhos, mas também o que lhe estende a mão e prossegue na caminhada ao seu lado. Esta é uma das características de Mr. Fisk. Proporcionar oportunidades de crescimento pessoal e profissional às pessoas é uma filosofia de vida deste educador.

Além dos princípios de honestidade, transparência, ética e responsabilidade social, que devem nortear qualquer tipo de relação, talvez o sucesso da empresa esteja também na capacidade deste empreendedor de nunca abrir mão de sonhar, como fez há exatos 50 anos, quando chegou ao Brasil. Parafraseando Franklin Delano Roosevelt, ex-presidente dos Estados Unidos "o futuro pertence mesmo àqueles que acreditam na beleza de seus sonhos".

Neste livro, caro leitor, vai um pouco, ou muito, desta crença. Boa leitura!

Bruno Freitas Caravati
Vice-presidente
Fundação Richard Hugh Fisk

Dedico este livro a algumas pessoas importantes durante a construção do projeto, assim como àqueles que fazem parte da minha vida:

A Bruno Freitas Caravati, Simone Guarda Reque e Christian Ambros, da Fundação Fisk, pelo apoio ao livro e pelo carinho e amizade com que sempre me trataram.

A minha querida mãe, Maria.

Às queridas tia Lydia Awad e Luzia Galvão Lopes da Silva, por quem sinto amor eterno.

Aos meus primos e irmãos Tereza e Valter Boulos, e Eliná e Marcelo Ackel Bollos.

Aos queridos Nilda e Luiz Vasconcelos, a Silvia Segóvia e toda equipe da Novo Século Editora.

E aqui faço um agradecimento especial a Mr. Fisk, um ser humano na melhor acepção da palavra.

Dedico também este livo às mulheres da minha vida. Minhas filhas Nicole e Camille, e minha esposa Lúcia. Amo vocês!

Elias Awad

Nota do autor: Em muitos casos a referência será feita à Escolas Fisk como Empresa, e, por isso, o artigo estará no singular. (ex. A Escolas Fisk).

Apresentação

Para escrever este livro, apenas poucas pessoas
poderiam e foram, entrevistadas.
No entanto, muitas outras não mencionadas aqui
contribuíram para o sucesso dessa organização.
Nesta oportunidade, quero expressar meu sentimento
de gratidão eterna a todas elas.
Muito obrigado a todos que me ajudaram nesse projeto de vida.
Sem eles nada teria sido possível.

I'll remember them all dearly as long as I live.[1]

Meu nome é Richard Hugh Fisk. Criei e trabalhei muito pelo crescimento das escolas Fisk. Aos 85 anos, sou um homem feliz, realizado. Que deseja apenas aproveitar os anos de vida que me restam e presenciar a Fundação Fisk se desenvolver cada vez mais. E já não sou mais tão exigente, com as pessoas e comigo mesmo, como era no passado. A vida me tornou assim.

Sempre fui muito preocupado com o próximo. Não que goste de me meter na vida alheia, mas quando entendo que posso ajudar alguém a me-

---

1 Eu sempre me lembrarei deles com muito carinho enquanto viver.

lhorar e a evoluir, seja com uma palavra ou com uma mão amiga no ombro, procuro fazer. Orientar um jovem a se concentrar nos estudos e a não se desvirtuar do caminho do bem; alertar alguém sobre os malefícios do cigarro; recolocar um franqueado no foco do próprio negócio; orientar um dos nossos colaboradores sobre uma dificuldade pessoal pela qual está passando; indicar o caminho de uma rua; elevar o moral de alguém; provocar as pessoas para que sejam mais autoconfiantes... Enfim, levar ao próximo um pouco de atenção e companheirismo, algo tão escasso na vida atual.

Sendo assim, relutei alguns anos em transportar minhas experiências de vida para as páginas de um livro. Sou uma pessoa reservada. O que realmente me motivou a fazer isso foi o fato de analisar que este livro pode ser a palavra ou a mão no ombro que posso levar a milhares de pessoas. Compartilhar com elas as dificuldades pelas quais passei; os obstáculos que superei; as importantes e rápidas decisões que tive que tomar; como me preparei para encarar a dura trajetória que percorri; a experiência adquirida quando servi o Exército norte-americano e fui enviado à Segunda Guerra Mundial; onde encontrei forças para transformar uma em cerca de 1.000 escolas de inglês – e tinha tanta certeza de que criaria uma rede sólida, que ao abrir a primeira unidade denominei-a Escolas Fisk –; onde e como enxerguei e transformei algumas situações em grandes oportunidades de negócios; falar sobre as opções de vida que fiz e do que tive de abrir mão para que meus sonhos e planos pudessem ser realizados; da idéia e criação da Fundação Fisk; da família e dos amigos; dos concorrentes – eles são o principal motivo que provoca o nosso crescimento –; das viagens e conhecimentos que adquiri com a troca de culturas... Enfim, de tudo que aconteceu entre meu nascimento, em 3 de setembro de 1922, em Tunbridge, nos Estados Unidos, e após completar 85 anos de vida. Então, depois desta reflexão, entendi que minha missão estava cumprida.

É... A vida... Vida que muitos desperdiçam. Tão maravilhosa, mas fazemos muito pouco por ela. Tão intensa, pacata e rotineira, tudo isso ao mesmo tempo. Tão rápida que, quando percebi, lá estava eu com 85 anos de idade. Demorei a perceber isso. E o que eu tenho a dizer depois desse tempo de vida? Apenas Obrigado, Senhor. Obrigado por ter me propiciado estar ao lado de pessoas tão especiais e de ter alcançado tudo aquilo que planejei e idealizei. Obrigado por me ter permitido percorrer uma estrada tão maravilhosa. Obrigado também por ter colocado nessa estrada buracos e lombadas, para que eu pudesse valorizá-la.

E não poderia encerrar esta apresentação sem agradecer a algumas pessoas próximas, que sempre estiveram comigo, independentemente do momento, situação ou condição. Agradeço aos queridos Bruno Caravati, vice-presidente da Fundação Fisk. A Ivany Aguilar Nofuentes, diretora de franquias, responsável pela condução do dia-a-dia no escritório central que, com sua honestidade, firmeza, disciplina, garra e perspicácia tem sido um dos pilares de sustentação de nossa empresa.

Ivany participou de todos os momentos difíceis de nossa história, sempre nos defendendo, incansável na nossa luta em busca de melhorias. É um dos esteios na organização de nossos Congressos, durante os quais, até os dias de hoje, labuta diuturnamente para que tudo transcorra perfeitamente.

Devo creditar a Ivany a organização de todo nosso sistema de franquias, assim como da criação do nosso departamento de franquias, do qual tornou-se a responsável.

A Elvio Peralta, que está sendo preparado para assumir a vice-presidência de nossa Fundação no caso de impedimento de Bruno e meu. Elvio foi nosso aluno, monitor, professor e coordenador de cursos, cargo que exerce até hoje, assim como responsável por nossas escolas no Rio de Janeiro, Curitiba e Argentina.

A Valter Bresolin Pinto de Moraes, diretor da rede PBF, que, juntamente comigo, apresentava os programas de televisão. Durante muito anos, Valter exerceu o cargo de diretor do departamento pedagógico das escolas Fisk na década de 1970.

A Geraldo Pedroso Jr., diretor de nossa gráfica, comigo há mais de 25 anos, responsável por todo nosso parque gráfico.

Todos esses funcionários dedicaram, e ainda dedicam, anos de suas vidas trabalhando comigo.

Jamais poderia deixar de mencionar Zélia de Toledo Pisa, que durante os primeiros e difíceis anos foi quem me ajudou a começar e estruturar a Escolas Fisk. Inestimável seu valor.

Essas são pessoas especiais que, juntamente com nossos funcionários e diretores de escolas franqueadas, tanto me ensinaram nessa longa caminhada abençoada por Deus.

Homenagens post morten

Eu não poderia deixar de mencionar profissionais exemplares que me acompanharam durante um período de nossa história, dando seu melhor para que melhorássemos cada vez mais nossa empresa.

Mauro Márcio de Freitas, jovem com um futuro brilhante que muito me ajudou e cujos conselhos fizeram com que nossa empresa fosse se modernizando com o passar dos anos. Mauro foi responsável pela aquisição de alguns dos imóveis que hoje pertencem à Fundação. Através de um trabalho árduo e de muita perseverança, foi ele quem iniciou o processo de informática na organização.

Mário Roberto Okuno, responsável pela implantação do nosso departamento de Arquitetura.

Arlindo Della Giustina, responsável pela implantação do nosso departamento jurídico, tendo ajudado e muito, a elaborar o estatuto de nossa Fundação.

E FAÇO UM AGRADECIMENTO ESPECIAL A VOCÊ, QUERIDO LEITOR, QUE, DIRETA OU INDIRETAMENTE, TENHO CERTEZA DE QUE PASSOU POR UMA DAS NOSSAS SALAS DE AULA. E FOI NELAS QUE PUDE FAZER AQUILO QUE MAIS AMO NA VIDA: ENSINAR INGLÊS.

Richard Hugh Fisk

Introdução

Caro leitor,

Na vida, tudo tem a hora e o momento certos. Muitas vezes, até temos projetos de vida interessantes, mas se você não estiver convicto de que seu projeto está adequado para a situação, ou mesmo de que você está seguro para transformá-lo em realidade, de nada adianta que seja maravilhoso. É assim que funciona e acontece na vida dos grandes empresários.

Em 2004, me reuni com o vice-presidente da Fundação Fisk, Bruno Freitas Caravati, e Simone Guarda Reque, da área de marketing, uma grande defensora da idéia da biografia. Falamos sobre a possibilidade de transformarmos a vida, obra e trajetória de Richard Hugh Fisk, o Mr. Fisk, em livro biográfico. Eles estavam certos, entusiasmados e convictos da importância e necessidade de tal realização. Mas, talvez no entender deles, assim como no de Mr. Fisk, ainda não fosse a hora nem o momento certos.

Pois bem, o tempo passou, e com ele veio a certeza de que a hora e o momento ideal haviam chegado. E foi assim que, em 16 de agosto de 2006, foi marcada nova reunião com o vice-presidente da Fundação Fisk, Bruno Freitas Caravati, e os profissionais da área de marketing, Christian Ambros e Simone Guarda Reque. Conversamos por um longo tempo e sobre vários assuntos referentes ao projeto. Entendi que aquela era uma etapa da retomada do projeto. E como é sempre peculiar nesse tipo de situação, as dúvidas devem ser dirimidas.

Dialogamos por cerca de uma hora e meia. Depois desse período, já ensaiando um contato futuro, Bruno pediu licença e retirou-se da sala, dizendo que voltaria. E realmente cumpriu a promessa. Aliás, me trouxe um presente: "Elias, quero que conheça Mr. Fisk".

Aquilo realmente me encheu de emoção. Ali estava um dos maiores empresários do país, dono de um olhar limpo e sincero – uma marca registrada e importante, naqueles que pertencem à família Fisk. Como se já fôssemos conhecidos de longa data, começamos a conversar, e até a trocar confidências. É o que se chama de empatia, fundamental para quem abre as portas de casa e do coração para alguém.

Conversamos por cerca de mais meia hora. Fiquei impressionado com o carisma daquele homem. Entendi, ali, por que a Fundação Fisk e as pessoas a ela ligadas transbordavam de humanismo. Tudo aquilo era fruto da forma de ser, pensar e realizar de Mr. Fisk. Despedimo-nos. Bruno acompanhou Mr. Fisk. Fiquei ainda conversando com Christian e Simone. Percebemos que ali nascia algo, mas ainda não sabíamos exatamente o quê. Minutos depois, descobrimos. A hora e o momento certos haviam chegado. Todos da família Fisk concordavam em iniciar o projeto. Claro, o voto de Minerva veio do dono da história: Richard Hugh Fisk.

Pode parecer que o destino provocou tudo aquilo, mas me pregou uma peça. Uma agradável e maravilhosa peça: 16 de agosto de 2006, dia em que completei 45 anos de vida. Ali começava um projeto importante, de grande responsabilidade, e também as primeiras páginas do livro que está em suas mãos. É nele que está a trajetória de Mr. Fisk, um homem centrado nas decisões, que se colocou totalmente à disposição para abrir o coração. Com ele aprendi, entre tantos outros ensinamentos, que quando se entra convicto em um projeto, a entrega deve ser por inteiro.

Portanto, amigo leitor, mergulhe nos relatos sobre a vida e trajetória de um dos maiores empresários brasileiros. Sim, Richard Hugh Fisk é brasileiro; assim como tantos outros, ele adotou o nosso Brasil como pátria. Mas, além de vitorioso, empresário bem-sucedido e um firme comandante, Mr. Fisk é uma figura humana indescritível. Homem de fala sempre baixa, olhar direto e sincero, claro nas idéias e pensamentos e de coração doce. Foi este homem que ouvi, questionei, perguntei e reperguntei. Foi a este homem que assisti sorrir, gargalhar e também chorar.

Agradeço imensamente a Mr. Fisk e a toda a equipe que o cerca – aliás, saber escolher as pessoas que são próximas dele é outra das grandes virtudes de Mr. Fisk – por me ter presenteado e incumbido de tão importante, nobre e desafiadora missão. Agradeço também por tudo que vivi e aprendi ao lado de Mr. Fisk e dessas pessoas. Sem contar que pude praticar e desenvolver meu inglês com o maior professor dessa língua que o planeta conheceu...

Então, boa leitura, ou *enjoy reading this book*!

Duas histórias em uma só

Fazia calor naquela manhã de 3 de setembro de 2007 nos Estados Unidos, mais especificamente, em Miami. Em um pequeno apartamento, herdado do irmão Bob, estava um norte-americano naturalizado brasileiro, Richard Hugh Fisk. E foi como Mr. Fisk que ele passou a ser conhecido desde sua chegada ao Brasil, em 1950.

Ele estava cansado. Chegara na noite anterior, depois da maratona que havia sido a viagem do Brasil para os Estados Unidos. O que fazia lá? Férias... Longas e merecidas férias... Alguns meses de descanso.

Mas aquele era um dia especial. Fisk completava 85 anos de idade. E acordara feliz. Iria rever velhos amigos e parentes. Estava com saudades desse clima festivo.

Como de costume, Fisk levantou da cama e ligou o aparelho de CD – ele sempre gostou de música, em especial música brasileira de ritmo mais forte e rápido –, afinal, ele merecia. Era o seu dia. O dia do seu aniversário. O dia em que completava 85 anos de vida.

Com a música de fundo, dirigiu-se à cozinha e colocou a água para ferver. Como de hábito, tomaria um reforçado e saudável café da manhã, com direito àquilo que adorava: frutas, leite e cereais. E tudo havia sido previamente preparado por ele mesmo, que sempre fora extremamente independente. Fez também o café e colocou um pouco na caneca, acrescentando leite. Como era bom poder curtir um pouco a vida e esquecer dos negócios no Brasil. Da rede de escolas de idiomas.

Munido da caneca em uma mão e do jornal na outra, Fisk dirigiu-se ao banheiro para fazer a barba. Antes, abriu a torneira quente para o banho e pegou o barbeador elétrico, incansável companheiro de anos. Era perto das 9 horas da manhã em Miami e, quando se preparava para se barbear,, o telefone tocou. Fisk rapidamente retornou ao quarto. Como ficava muito mais no Brasil, ele soltou um empolgado "Alô", mas rapidamente percebeu o equívoco:

– *Hi.*

– *Hi, Richard, how are you? How was my old friend Dick? Happy birthday to you!*[2]

Ser chamado de Richard, e ouvir novamente seu apelido, Dick, o deixou encabulado. Mesmo assim, continuou a conversa. Do outro lado da linha estava um velho amigo dos tempos de faculdade em Syracuse, chamado Rock. E os dois trocaram uma calorosa conversa:

– *Oh, Rock, you never forgot my birthday!*[3]

Eles ficaram uns cinco minutos ao telefone. Ao final, marcaram de se encontrar mais à noite, quando Fisk prepararia uma pequena recepção para as pessoas mais próximas. Depois da conversa, Fisk retornou ao banheiro para fazer a barba. Mas havia esquecido a torneira de água quente aberta, e a fumaça enchia o ambiente, embaçando o espelho. Ele pegou o barbeador novamente, mas a voz do amigo dizendo "Richard" não lhe saía da cabeça. Ao chegar na frente do espelho, mal conseguia ver seu rosto. Depois de passar a mão no espelho, ficou a admirar-se por mais alguns segundos, e disse em voz alta:

– *Richard? Mas quem é Richard? Eu sou Fisk, Mr. Fisk. Chamo-me Fisk. Onde será que está o Richard que há dentro de mim?*

Agora o espelho estava totalmente embaçado novamente. Assim como sua mente, que tentava clarear aquela confusão de nomes na memória. Onde estaria Richard Hugh Fisk? O exercício foi intenso, mas Mr. Fisk conseguiu encontrá-lo.

---

2 – Olá, Richard, como vai você? Como vai meu velho amigo Dick? Parabéns *pra* você!

3 – Rock, você nunca esqueceu meu aniversário!

Capítulo 1

Nos Estados Unidos, a vida no campo

Tunbridge. Foi em uma pequena fazenda nessa vila da zona rural do Estado de Vermont, ao nordeste dos Estados Unidos, que nasceu Richard Hugh Fisk, em 3 de setembro de 1922, quinto filho do casal Sarah e Herbert; ele tinha 29 anos de idade, e Sarah completou 32 anos no mesmo dia em que Richard nasceu. Os outros filhos eram, pela ordem de nascimento, Herbert (Herb), Leonard (Larry), Robert (Bob), e Lois, que nascera 15 meses antes de Richard, cujo apelido era Dick. Praticamente, a cada ano e meio nascia um filho na casa dos Fisk.

Richard nasceu na fazenda do avô Roswell Fisk, homem muito religioso, que não permitia que os familiares dançassem aos domingos, hábito comum naquele tempo.

Mr. Fisk entre os irmãos Herb (à esquerda) e Larry

Além de a família morar na fazenda, o pai de Richard também trabalhava com o avô, fazendo de tudo um pouco. Era uma família que vivia em condições financeiras apertadas. Suficientes, mas apertadas. Havia duas casas na fazenda. Na que moravam os avós de Richard e sua família havia muito espaço; eram sete dormitórios. Era uma casa de dois andares, construída em madeira. Na outra, menor, ficava um tio com a família.

Na verdade, os Fisk (palavra que, nos países nórdicos, como Noruega, Suécia e Dinamarca, quer dizer peixe) migraram do Estado de Nova York, onde a vida era muito mais farta e confortável, e a fazenda mais produtiva. Lá, a família Fisk era conceituada pelo prestígio e sucesso alcançado na cidade.

A mudança para Vermont fora provocada por uma fatalidade. Em 1917, o tio Fay, um dos seis irmãos de Herbert (eram quatro homens e duas mulheres), contraiu poliomielite. Tudo que era possível foi feito pelos médicos locais, mas, infelizmente, ele não resistiu e faleceu.

Aquela fatalidade desestruturou os avós de Richard, Roswell e Emma Slavar Fisk. Em função da perda, Emma implorou ao marido que se mudassem para as montanhas. Ela queria novos ares para tentar amenizar a perda. Aquele pedido foi motivo de muitas conversas na família. O avô não queria a mudança, mas rendeu-se aos apelos da esposa. Ela mesma já havia sido responsável por outras mudanças no passado, tanto, que parte dos irmãos de Richard havia nascido no Estado de Nova York e parte em Tunbridge. Mesmo assim, o avô impôs uma condição à esposa:

Roswell, avô de Mr. Fisk

– Emma, faremos o que você quer. Vamos morar em Tunbridge. Mas tenha certeza de que esta será nossa última mudança.

Apesar de acatar o pedido da mulher, Roswell sabia que em Vermont o nível de vida da família cairia. Era um Estado pequeno, cheio de vilas e pouco habitado. A vila onde foram morar, Tunbridge, era também muito atrasada; parecia estar uns 30 ou 40 anos em desvantagem em relação ao Estado de Nova York. Era como se Vermont vivesse ainda as últimas décadas do século 19. O próprio povo não tinha grandes ambições. Muitos nasciam, cresciam, passavam toda a vida e morriam em Vermont.

Da casa, ou de qualquer lugar da fazenda dos Fisk, não dava para avistar o vizinho. Os olhares apenas alcançavam a plantação. Não havia altas montanhas, e a região em que os Fisk estavam era basicamente formada por colinas. A cidade mais próxima e onde as compras de casa eram feitas chamava-se Barry, com quase 40.000 habitantes. Mas a principal característica de Vermont era a limpeza do Estado, ao contrário dos centros maiores.

Trabalhar na própria fazenda, na agricultura e pecuária, garantia a subsistência e também representava um comércio para as famílias, que vendiam gado, porcos, galinhas, legumes, frutas etc. Ali também se plantavam milho e feno (muito importante no período dos longos invernos) para alimentar os animais. Basicamente, o dinheiro vinha dessas vendas e, ainda, da distribuição de leite e ovos na região.

Mas só isso era insuficiente para assegurar a renda necessária a fim de manter a família. O que ajudava, pelo menos, a garantir a mesa farta era o fato de o pai de Richard fazer serviços temporários para a vizinhança, trabalhando na construção de casas e estradas, na fabricação de laticínio etc.

Cortar lenha era outro grande negócio em Vermont. Tudo que se fazia em casa necessitava de lenha. Geralmente, a lenha era cortada em um ano, armazenada para secar e só vendida no ano seguinte. Alguns, mais precavidos, se antecipavam nesse processo e mantinham grandes estoques.

Outro produto que, além de garantir a diversão da garotada, servia como fonte de renda interessante era o melado, chamado de *maple syrup*, uma seiva tirada das árvores nos meses de fevereiro e março. A temperatura adequada para deixar a seiva no ponto ideal acontecia com a inversão térmica: nos períodos de calor durante o dia e de muito frio entre a noite e a madrugada.

A retirada da seiva passava por um processo semelhante à extração do látex das seringueiras. Depois de furar cada árvore com uma broca, fazendo um buraco por volta de dez centímetros, colocava-se um balde rente ao tronco para receber a seiva que escorria. Esta seiva recolhida passava por algumas etapas de produção e fervura, através de tubulações pela quais percorria. A cada um desses processos, a seiva engrossava mais e mais, até chegar ao ponto de xarope. Vermont era uma das áreas especialistas na produção do produto, assim como o Estado de New Hampshire e o sul do Canadá. O *xarope de maple*, por ser um processo caseiro, era utilizado para substituir o açúcar branco, considerado um produto caro na época.

O meio de transporte mais utilizado na região eram a charrete e o cavalo, principalmente no verão. Mesmo assim, a família Fisk tinha um carro para ser utilizado no inverno ou em situações eventuais. Como as ruas eram de terra, as chuvas da primavera e do outono transformavam os caminhos em puro barro. E quando a neve aparecia, o único jeito de se locomover era de trenó.

Quando Richard tinha dois anos de idade, em 1924, seu pai resolveu se mudar da fazenda do avô. Herbert alugou uma casa para a família, próxima à fazenda dos avós. Apesar da mudança, Herbert continuou a trabalhar na fazenda e a dividir o tempo com outros serviços.

Não demorou muito e a família se mudou novamente. Desta vez, foram morar em uma casa cedida pela tia Lora, irmã mais velha de Herbert, casada com um fazendeiro de muitas posses. Lora e o marido cederam à família de Richard uma casa grande e confortável, que ficava dentro de uma das fazendas do casal, com uma área para estacionar charrete, celeiro, estábulo...

O pai Herbert na Fazenda de Tunbridge

Apesar de a casa ser muito boa, a fazenda em si deixava a desejar. Era relativamente pequena e pouco produtiva. Mas, mesmo assim, dava para plantar para o próprio consumo.

Preparar a alimentação era uma atividade que movimentava todos os Fisk. Era preciso preparar os potes de conservas de verduras, legumes e geléias de frutas, para estar bem abastecido nas estações do ano: o verão, sempre curto, e o inverno, sempre muito longo. Esta era a forma utilizada para preservar os alimentos.

Em julho dava-se início aos preparativos para a confecção dessas conservas. Os alimentos eram lavados, alguns descascados, e colocados em potes cobertos com água e sal, que depois eram imersos para a fervura em um aparelho apropriado, onde ficavam por volta de duas horas. Depois de esfriar, os potes eram fechados; colocava-se um pedaço de borracha para lacrar e, por último, uma tampa. Eram potes e mais potes de comida, que duravam um ano sem estragar, mas geralmente consumidos antes deste prazo.

Depois de tudo pronto, as donas de casa se reuniam para contar quanto haviam conseguido produzir: "Conseguimos fazer 40 potes de milho, 18 de vagem, 10 de ervilha...", dizia uma; "Em casa, temos guardado 35 potes de milho, 20 de cenoura...", contava outra. E assim a vida seguia. O importante era garantir a comida da família. A quantidade e a qualidade da comida estocada determinariam como seria o inverno das famílias. As mesas, além disso, ainda ganhavam o reforço de leite, ovos e carnes. Tudo produzido, plantado e criado nas fazendas; até as roupas eram feitas em casa, pois Sarah costurava o que as crianças vestiam.

As carnes também eram conservadas. Mas, para isso, bastava contar com a natureza. O frio intenso, com temperaturas baixas que chegavam a registrar 20 graus negativos, já era suficiente para garantir a conservação. Depois de abatido, o gado era desossado e colocado em quartos reservados, onde a carne ficava dura, congelada.

Sarah sempre escolhia o cardápio. A comida na mesa era farta, mas não em grande variedade. Geralmente havia pão, manteiga caseira, batata, verdura e um delicioso molho preparado por ela. A carne não constava diariamente do cardápio, somente entre três e quatro vezes por semana. Mas para a alegria da criançada e de Herbert, todos os dias Sarah fazia uma deliciosa sobremesa: ora bolo, ora torta. O trabalho da mulher era muito intenso. Cuidar dos afazeres de casa, lavar e passar roupas, fazer a limpeza, costurar, preparar as refeições do dia, lavar louça, cuidar dos cinco filhos e do marido...

Vermont era um Estado maravilhoso para se criar os filhos. Não fosse assim, com certeza Sarah não conseguiria dar conta do trabalho de casa. Os filhos menores ficavam soltos pela fazenda, não havia perigo ou movimento. A cada duas horas, em média, passava um carro em frente à casa dos Fisk, mas a velocidade que os veículos da época atingiam era baixa. Richard e os irmãos "sumiam" fazenda adentro. Brincavam com a neve no inverno, e com um pequeno rio que passava pelas terras no verão. Nada preocupava. Nem a eles, nem a Sarah. Eram horas e horas de brincadeiras. Às vezes, Sarah se juntava ao grupo e programava um piquenique; outras, ela e Herbert participavam das brincadeiras da garotada, principalmente de esconde-esconde.

Havia ainda uma outra vantagem. A escola ficava muito perto da casa dos Fisk, algo em torno de 400 metros. Em razão da proximidade, Richard começou a freqüentar a escola quando tinha três anos. Ia porque gostava de estar lá e, por incrível que possa parecer, ia e voltava sozinho. Havia outras crianças, todas mais velhas, e ele podia aprender novas brincadeiras. Quando completou quatro anos, chegava a ir desacompanhado até a casa da tia, que era mais longe. Mas o menino não saía de casa sem avisar Sarah: "Mãe, vou à escola"; "Mãe, vou à casa da tia Lora".

Quando Richard completou cinco anos, a professora quis falar com Sarah, pois, apesar de freqüentar a escola, Richard não era um aluno matriculado:

Mr. Fisk nos primeiros anos de escola

– O que a senhora acha de matricular o Richard no primeiro ano?

Sarah não hesitou:

– Acho uma excelente idéia. Meu filho adora a escola; já a freqüenta diariamente...

Assim, Richard passou a ir à escola agora como aluno matriculado. Ele jamais se atrasou ou faltou um dia sequer, além de tirar boas notas em todas as matérias, um grande motivo de orgulho para ele e a família.

Em Vermont, quase não havia grandes possibilidades de lazer. O rádio, uma delas, era privilégio de poucas famílias. Quem tinha o aparelho, convidava os vizinhos para que pudessem se distrair em conjunto. Eles faziam reuniões, onde cada um levava um tipo de comida, e ali se alimentavam, bebiam, conversavam, dançavam e ouviam rádio. Tia Lora, que gozava de boa situação financeira, comprou um dos melhores rádios da época. Era comum a família de Richard ir à casa dela aos sábados à noite para acompanhar as músicas.

Uma das grandes alegrias na casa dos Fisk aconteceu quando Herb, o irmão mais velho de Richard, conseguiu comprar um rádio usado. Foi memorável a noite de estréia do rádio na casa, quando todos ouviram, mesmo com muita dificuldade, o som de uma música tocada ao piano.

Nas poucas estações de rádio, o que menos se ouvia eram as notícias. Mas também pouco interessava o que acontecia no país, ou mesmo no mundo. Mundo? Para eles, o mundo era Vermont, e o interesse recaía apenas sobre os assuntos que envolviam aquele lugar. E também não eram necessárias notícias para saber que a crise econômica, que estourara em 1929, quando o país era presidido por Herbert Clark Hoover, um engenheiro Republicano, fazia muitas "vítimas". Crise esta motivada pela quebra da Bolsa de Nova York em 24 de outubro de 1929, também conhecida como "Crack de 29", "A grande depressão" ou, ainda, "Segunda-feira negra". Foi um período de grande recessão mundial e, em especial, norte-americana.

Durante a Primeira Guerra Mundial, as indústrias norte-americanas estavam em pleno desenvolvimento e passaram a exportar fortemente para os países europeus, que ainda buscavam se reequilibrar economicamente. Mas, no final da década de 20, a força produtiva européia começou a crescer novamente, o que levou a um corte brusco nas importações dos produtos industrializados e agrícolas dos Estados Unidos. Assim, as empresas passaram a manter grandes estoques e a não ter como desová-los. Como a maioria delas possuía títulos na Bolsa de Valores de Nova York, o valor das ações começou a despencar e, já que muitos estadunidenses tinham comprado ações dessas empresas, houve uma avalanche de investidores querendo vendê-las, mesmo em baixa. Pessoas perderam fortunas da noite para o dia, e o desemprego atingiu quase 30% da população do país.

Até mesmo o Brasil sofreu sérias conseqüências em relação às exportações do café, porque os Estados Unidos eram os maiores compradores do produto. Nessa época, para que não houvesse excessiva desvalorização do produto, o governo brasileiro comprou dos produtores o café que deixou de ser exportado e queimou toneladas de sacas por falta de lugar para armazenar. Mas o susto fez com que muitos cafeicultores migrassem para a indústria, o que impulsionou o setor produtivo brasileiro.

Esse foi um período complicado para os Estados Unidos. Faltavam empregos e dinheiro na mão do povo; sobravam dívidas e depressão, principalmente para os homens da casa. Sim, porque havia um machismo exacerbado na cultura norte-americana, em especial no campo. Mas os Fisk não sentiram esses problemas na pele. Como toda a alimentação da família era plantada ou criada na fazenda, a mesa bem servida disfarçava a realidade que se vivia lá fora. Nas conversas entre os moradores, as situações e tragédias alheias eram contadas e comentadas, motivadas pela falta de emprego: "Sabe aquele amigo fazendeiro que está a duas milhas daqui? Ele quebrou. Perdeu tudo que tinha no banco"; "O Bill está passando por dificuldades. É um bom trabalhador, mas não encontra emprego. Soube que ele terá que pedir dinheiro ao governo"; "Mark não tem o que comer em casa. Está deprimido e pensou até em suicídio"...

A cada comentário, uma nova história de desgraça. Richard adorava sair com o pai e participar das rodas dos adultos. Mas, a cada novo caso, ficava mais impressionado. Na verdade, apesar de ainda ser uma criança com quase oito anos, ele ficava sensibilizado. Já podia entender que a falta de emprego e de dinheiro era vexatória para o homem da casa.

E foi no contexto desse cenário que Franklin Delano Roosevelt (que presidiria os EUA até 1945), advogado e integrante do Partido Democrata, sucedeu Herbert Clark Hoover em 1933, e assumiu a presidência com o compromisso de reverter a difícil situação econômica do país. Roosevelt colocou em prática um plano econômico conhecido como *New Deal*, pelo qual o governo norte-americano tomou a rédea e assumiu o controle dos preços e da produção das indústrias e das fazendas. Isso fez com que não fossem formados grandes estoques e permitiu o controle da inflação. Outra missão assumida pelo governo foi a de investir fortemente em obras públicas (estradas, aeroportos, ferrovias, energia elétrica etc.), para diminuir significativamente o desemprego. Os resultados do programa foram tão satisfatórios que, no começo da década de 1940, a economia norte-americana havia retomado a força de anos passados.

Durante a crise de 1929, o pai e o avô de Richard – na casa de quem podia-se ler um pouco sobre o que acontecia fora de Vermont, porque ali o jornal chegava semanalmente – uniram-se para que a situação não se complicasse. Todo o dinheiro que entrava, mesmo que pouco, era guardado.

Mas, que tipo de trabalho se podia ter naquela situação? Basicamente, braçal. Trabalhar nas construções e nas estradas, nas fazendas vizinhas, nas reformas das casas, cortar e armazenar lenha, na serralheria, na fábrica de laticínios, enfim, fazia-se de tudo como forma de obter um trabalho ou emprego. O pai de Richard se submeteu a fazer tudo isso. Jamais rejeitou uma oportunidade de ganhar dinheiro. Sabia que sua família, mulher e mais cinco filhos, significava uma grande responsabilidade. Tanto assim, que nunca teve de pedir auxílio ao governo.

Richard procurava ajudar no que podia e vibrava quando recebia a notícia da entrada de um dinheiro extra para a renda da família. Na verdade, ele curtia um pavor internamente, pois tinha medo de se tornar um "menino do Estado".

Em Vermont, havia um sistema de proteção infantil. Quando uma família não tinha como sustentar os filhos, por divórcio ou falta de condições financeiras, o governo tutelava as crianças e as remanejava de casa. Ou seja, as famílias que tinham condições financeiras, mas que não tinham ou que queriam ter mais filhos, adotavam essas crianças. O compromisso do governo era o de dar a essas famílias uma pequena quantia predefinida em dinheiro. Muitos criavam as crianças ou jovens para receber essa ajuda do governo. Uma das vizinhas dos Fisk, chamada Kate, adotou cinco crianças. Com o dinheiro que recebia, ela e a família conseguiam viver tranqüilamente e pagar as despesas da casa. E à medida que aquelas crianças adotadas cresciam, passavam a trabalhar nas fazendas.

Para comprovar que as crianças criadas eram bem cuidadas e tratadas até mesmo como filhos biológicos, pessoas do governo faziam visitas periódicas às casas onde moravam. E tratar bem significava não fazer distinção e respeitar igualmente as crianças que criavam. Beijos, abraços e carinhos? Isso não fazia parte da cultura do norte-americano, muito menos em Vermont. Aliás, a comunicação entre pais e filhos era basicamente feita com poucas palavras e olhares. Bastava dizer "Hora de dormir", e a criança pegava o rumo da cama. Raramente os pais precisavam bater ou dar puxões de orelha. Valia mesmo a disciplina. E quando um filho "extrapolava", levava um belo sermão. Aquilo bastava para estabelecer a ordem. E ainda quanto aos filhos, nada de discussão ou argumentação. Richard levou muitos anos para entender como tudo funcionava. E para perder o temor de ser adotado por outra família também.

A crise na família Fisk

O pai de Richard era muito hospitaleiro. Convidadas ou não, as pessoas apareciam na fazenda dos Fisk e eram prontamente recebidas e hospedadas. Ele era um homem alegre, divertido e um excelente e prestativo vizinho. Mas o que parecia ser virtude em Herbert tornou-se defeito. Sua amabilidade passou a incomodar Sarah e a provocar grandes discussões entre os dois.

Um fato, acontecido em 1929, marcaria a vida do pequeno Richard. Ele estava com o pai na fazenda, quando um amigo da família se aproximou e disse:

– Herbert, você soube que o Clarence Rogers morreu? Dizem que ele acordou, saiu da cama, conversou com a esposa e caiu morto.

Rogers era um homem de uns 50 anos, e aquela notícia deixou Richard chocado. Era o primeiro contato que tinha com a morte. Ele conhecia bem o amigo do pai. Pensar que nunca mais o veria deixou Richard angustiado. Na verdade, Rogers era um dos bons vizinhos que os Fisk tinham. Amigos de freqüentar a casa. Eles sempre se reuniam, faziam jantares, piqueniques, dançavam e se divertiam. A família Fisk foi ao velório para prestar solidariedade.

Mas aquilo provocaria mais do que angústia em Richard. Causaria uma seqüência ainda maior e mais calorosa de discussões entre seus pais. Tudo por causa da viúva, chamada Myra, que deveria ter perto de 40 anos. Ela e o marido estavam bem de vida, mas certos rumores de que ela havia se interessado por Herbert no passado acabaram por vir à tona depois da morte do marido.

Por volta de duas semanas depois que Rogers havia morrido, Myra convidou Herbert para trabalhar na fazenda. Ela tinha duas filhas, das quais uma já havia terminado o colégio, e um filho, que não gostava do trabalho na fazenda. O convite veio no momento em que Herbert procurava desesperadamente uma oportunidade de emprego. Ele aceitou, mas sob a resistência da esposa. Sarah deixou claro que não aprovava:

– Isso não me parece certo. Freqüentar a casa de uma mulher viúva. Herbert, sinceramente, não gosto da idéia.

Apesar da negativa da esposa, ele insistiu:

– Sarah, preciso trabalhar, sustentar a família. Não tenho escolha. Deixa de bobagem... Você sabe que temos leite, ovos, verduras... mas não tem quem compre nessa cidade. É muita gente para vender e pouca para comprar.

Herbert convenceu a esposa e começou a trabalhar na fazenda de Myra, e as discussões passaram a acontecer de forma mais constante e intensa.

Na casa dos Fisk havia um quarto na parte de cima onde ficava uma chaminé. Como ali era possível aquecer as crianças, os filhos dormiam todos nesse mesmo quarto. E por estarem em cima do aposento dos pais, era impossível não perceber as discussões e o tipo da conversa entre eles. Aquilo os entristecia, deixava-os preocupados. Mesmo assim, não tocavam no assunto, fosse entre eles ou com os pais. Richard era muito sensível e um dos que mais sofriam com aquela situação.

Sarah desconfiava de que algo pudesse acontecer entre ela e o marido. E estava mesmo certa. No início, Herbert passou a fazer trabalhos esporádicos na fazenda de Myra, dando a impressão de que logo deixaria de trabalhar ali. Mas ele sempre voltava, apesar dos constantes alertas de Sarah. Até que um dia aconteceu o que Sarah e os filhos temiam: Herbert aproximou-se ainda mais de Myra.

Herbert e Sarah estavam sentados na varanda da casa, abraçados. Os filhos brincavam um pouco adiante. De repente, ele a olhou de frente e disse que precisava dizer algo importante. A forma como falou fez o coração de Sarah bater forte:

– Sarah, estou envergonhado. Mal tenho conseguido sustentar nossa família. Isso é humilhante.

– Não diga isso, querido.

– Sabe o que isso representa para mim? Pensei até em suicídio.

A fisionomia de Sarah se transformou. De preocupada, passou a ficar apavorada. Ela começou a chorar, mas Herbert seguiu com a conversa:

– Tive uma proposta de trabalho que é interessante e dará tranqüilidade para nossa família, mas preciso da sua compreensão. Myra nos convidou...

Sarah interrompeu bruscamente o marido:

– Nem termine o que começou a falar. A resposta é não.

Aquela postura não era comum em Sarah, mas Herbert persistiu:

– Sarah, ela nos convidou para morar na fazenda dela. Teremos casa, comida e uma vida decente. Você não entende? Eu disse que pensei em suicídio! Como posso desprezar uma oportunidade como essa? Quantos queriam estar no nosso lugar?

Sarah ficou sem ação. O que Herbert havia confessado era muito forte. Ele havia dito a palavra suicídio. Ela resolveu ceder:

– Herbert, faça o que achar melhor para nossa família. Mesmo assim, quero que saiba que morar na fazenda de Myra é constrangedor para mim e para nossos filhos.

Herbert tomou a mulher entre os braços e disse:

– Confie em mim. Quero o melhor para nós.

Na verdade, Herbert não tinha muitas opções. Aquele convite representava, além da possibilidade de um bom emprego, a oportunidade de participar como sócio na produção da fazenda. Com isso, ele realmente garantiria moradia e o sustento da família. Dias depois, a família se mudou para a fazenda de Myra. Richard não entendia bem o que aquilo representava; ele era pequeno, e não ficou feliz nem triste, manteve-se indiferente. O restante da família, mesmo contra vontade, acatou a decisão tomada pelo pai. Sorrisos? Poucos, e apenas no rosto de Herbert.

A mudança

O carro dos Fisk estacionou na frente da casa. Myra e as filhas lá estavam para recepcioná-los. Ela foi muito gentil e amável, pegou Sarah pelo braço e agradeceu o fato de terem aceitado o convite para trabalhar e morar na fazenda. Quando todos já estavam dentro da casa, Myra fez questão de dizer algumas palavras:

– Depois da morte de Clarence, esta fazenda ficou vazia. Ele comandava tudo. Tenho certeza de que com vocês ao meu lado estarei mais forte para tocar a vida e o trabalho na fazenda.

Sarah, que era muito dócil, balançou a cabeça e concordou com os argumentos de Myra. Mas, para desconforto de Sarah, eles ficariam na mesma casa que a família de Myra. Uma casa muito grande e construída em tijolo, algo incomum na época, pois as construções eram basicamente de madeira.

A situação estava realmente estranha, e passou a ficar desconfortável não só para Sarah, mas também para os seus filhos. Todos estavam constrangidos com a falta de liberdade. Richard agora voltava a ficar apavorado com a idéia de se tornar um "menino do Estado". Até mesmo o cachorro de Myra ficou, por assim dizer, deprimido, e nem mesmo as panquecas que ganhava no café da manhã o deixavam empolgado.

Na verdade, os Fisk também se sentiam assim, até que, certo dia, Herbert tomou a iniciativa de pedir a Myra para que fizessem uma divisão, porque havia uma outra casa, menor. Como os Fisk eram em maior número, continuaram na mesma casa; Myra e as filhas se mudaram para a casa menor. Divisão feita, a vida entrou em uma certa normalidade. Mas as idas de Myra ao celeiro ou mesmo ao campo, justamente onde Herbert passava a maior parte do tempo trabalhando, tiravam o sossego de Sarah e a deixavam irritada e infeliz. Ela sentia que poderia haver um romance às escondidas entre o marido e Myra.

Sob esse clima tenso e de apreensão, Richard e a família viveram por dois anos. Ele estava com dez anos. Como era do seu feitio, Richard procurava não interferir, opinar ou se meter no que acontecia, o que não significava que concordasse com a vida que levavam. Era preferível encontrar uma forma de esquecer a situação do que ficar pensando e tentando encontrar motivos que explicassem tudo aquilo. E essa distância dos problemas fazia com que sua vida fosse alegre e feliz.

Mas Sarah não conseguia ter a mesma postura, pois estava triste, amargurada, infeliz. Todos os dias depois do jantar, era comum ela sair para andar pela fazenda e refletir sobre o que acontecia em sua vida. Geralmente, quando se preparava para sair, ouvia Richard dizer:

– Mamãe, posso lhe fazer companhia? Assim você me conta um pouco sobre a infância que teve.

E os dois andavam de mãos dadas e conversavam o tempo todo. Richard não parava de falar com a mãe. Era como se não quisesse dar-lhe tempo para pensar e fazer certas reflexões. Na verdade, por pura percepção própria das crianças, ele a acompanhava por medo; sentia que ela estava infeliz e temia que pudesse fazer o pior. Temia que, em um momento de grande desespero, a mãe pudesse se suicidar.

Um dos passatempos prediletos de Richard, quando não estava na escola ou fazendo algum trabalho para ajudar os pais, era brincar com os amigos de trenó e tobogã, uma espécie de prancha para deslizar na neve que podia carregar até quatro pessoas. Apesar de agradável, era um trajeto cansativo; eles levavam 15 minutos para subir em locais onde o tobogã pudesse pegar impulso e velocidade na neve, mas a descida, apesar de divertidíssima, era muito rápida, não passava de um minuto. Para eles, aquilo era mesmo divertido, tanto que ficavam horas na neve, sem contar as brincadeiras do tipo corrida e esconde-esconde, que também alegravam e entretinham.

Ciente das dificuldades financeiras, Richard, que sempre foi muito realista, jamais planejou, projetou ou ambicionou algo que estivesse além das posses da família, pois sabia que poderia se decepcionar. Nada era jogado fora; tudo era reaproveitado. Assim funcionava também com roupas e sapatos, que passavam dos mais velhos para os mais novos. Às vezes, as roupas sofriam algumas reformas, feitas por Sarah, para que um dos filhos pudesse aproveitar a peça. Os sapatos e roupas iam de Herbert para Herb, Larry, Bob e Richard. Assim também acontecia com Sarah e Lois.

Casa dos Fisk em Vermont

Mesmo com tanta precaução econômica, o consumismo batia à porta dos Fisk. Na fazenda, vez por outra chegavam catálogos de lojas de departamentos, como Sears e Montgomery Ward. Eles adoravam sentar e folhear as páginas para ver e conhecer os produtos. Richard fixava-se nos brinquedos. Mas, na verdade, aquilo era pura ilusão. Assim como para a grande maioria das famílias de Vermont, que era de classe média baixa, comprar um daqueles produtos fazia muito mais parte do sonho que da realidade. Não havia sobra de dinheiro para isso e o máximo que se podia almejar era um ou outro brinquedo barato.

Uma das atividades que Herbert gostava de realizar, e que até ajudava a levantar dinheiro, embora fosse mais um trabalho comunitário, era organizar bailes. Os moradores de Vermont os chamavam de *Town Hall* (salão de baile). Ele contratava banda, alugava salão e comandava o bar e a barraca de cachorro-quente. Os freqüentadores pagavam um pequeno valor de entrada, que servia para arcar com os custos, além do que consumissem lá dentro. Eram sempre festas esperadas e apreciadas pelo povo de Vermont.

As pessoas dançavam, conversavam, cantavam... O que era para ser uma noite agradabilíssima, tornava-se ainda mais um tormento para Sarah. Ela não gostava de dançar. Já Herbert, era um excelente dançarino. Assim como Myra. E os dois ficavam quase que toda a noite dançando no baile. Aquilo era motivo de comentários entre as pessoas, que procuravam poupar Sarah e os filhos das conversas, mas que acabava por reforçar a tese de um "caso" entre eles. Mas, o que Sarah poderia fazer? Morava na fazenda de Myra, e era lá que tinha como dar casa e comida para os cinco filhos. Era uma situação invejável, principalmente pela crise que se instaurava na região, tanto financeira quanto de emprego.

Não bastasse isso, outro acontecimento inesperado complicou ainda mais a vida dos Fisk. Certa manhã, em julho de 1933, Sarah saiu cedo para trabalhar na casa de vizinhos. Ela cozinhava, lavava e passava roupas nas casas da redondeza. Herbert quis fazer o café, porque gostava de tomá-lo antes de acender o cachimbo. Ele colocou lenha na fogueira para ferver a água e foi tomar banho. A cozinha era bem espaçosa. Ao lado dela, ficava o depósito de lenha e o estábulo, onde havia muito feno. De algum jeito, aquele fogo que aquecia a água se espalhou e invadiu os cômodos. A casa incendiou. Ao ver aquilo, Herbert correu de volta para a casa. Subiu a escada o mais rápido que pôde e deu o alarme:

– Acordem, acordem! Vamos, pulem da cama! Herb, Bob, ajudem Richard e Lois. A casa está em chamas. Arrastem o que puderem. Peguem a roupa, amarrem no lençol da cama e saiam rapidamente da casa. Andem logo, não temos tempo para muita coisa. Herb e Bob, peguem as roupas, eu vou levar Richard e Lois para fora.

Os filhos passaram a fazer o que o pai dizia aos gritos. Herbert tentou salvar alguns pertences antes de sair, e, embora o fogo crescesse rapidamente, todos tiveram tempo de abandonar a casa. Ao ver tanta fumaça, a vizinhança foi socorrê-los. Ninguém conseguiu entrar. O fogo se alastrou rapidamente. Uma catástrofe. A única forma de conter o fogo era com água, mas não havia água suficiente para isso. Mesmo assim, os vizinhos tentaram apagar o incêndio e isolar algumas poucas áreas da casa aonde o fogo ainda não havia chegado. Richard ficou estático, acompanhando o fogo, enquanto o pouco que tinha queimava no incêndio. Ele chorava, mais por dentro do que por fora. Era mais um golpe em uma vida familiar, que se despedaçava mais e mais a cada dia. Depois do fogo apagado, os Fisk tiveram que se acomodar no celeiro. Foi um período complicado e de muita improvisação.

Nessa mesma época, Larry estava passando o inverno na casa da tia Lyla – uma das irmãs de Herbert – e do primo Philip, em Fulton. Larry tinha percepções e visões que realmente impressionavam as pessoas e, quando a casa começou a pegar fogo em Vermont, ele acordou o primo aos gritos:

– Philip, acorde, nossa casa em Vermont está pegando fogo! Acorde, Philip, nossa casa está pegando fogo!

O primo tentou acalmá-lo e convencê-lo de que aquilo era pura imaginação, mas Larry ficou tenso com o pressentimento. Dias depois chegava uma carta de Vermont com a confirmação do incêndio na casa. Imediatamente, Larry arrumou a mala e voltou para Vermont. Aquele fato foi muito comentado nos dias que sucederam o incêndio, porque tia Lyla enviara uma carta a Vermont relatando o ocorrido com Larry. A confirmação de que Larry pressentira o incêndio deixou os moradores de Vermont impressionados.

Mas a realidade é que os Fisk haviam ficado sem ter onde morar. Herbert jamais tentou minimizar sua culpa pelo incêndio, mas também sempre fez questão de deixar claro que nada daquilo acontecera propositalmente.

Depois de um tempo, tia Lyla, que sempre que entrava na vida da família de Richard era para ajudar, foi visitá-los. Ela ficou horrorizada ao ver as condições em que o irmão e a família viviam; mesmo acreditando que a situação fosse conseqüência do incêndio, aquilo era inadmissível. Ela ficou o dia inteiro com eles, a maior parte do tempo tentando convencê-los a sair dali. Ela sugeria que eles se mudassem de cidade:

– Herbert, Vermont é um Estado de pouco progresso, sem futuro. Por que vocês não se mudam para o Estado de Nova York? Foi de lá que viemos. É lá que eu moro. É um grande centro, que oferece mais condições de trabalho. Você pode trabalhar na indústria.

Herbert acompanhou atentamente as palavras de Lyla. Ela estava coberta de razão. Sair da fazenda de Myra era recuperar a tranqüilidade ao lado de Sarah.

Lyla continuou:

– Vá para lá com sua família. Morem perto de mim. Estarei ao lado de vocês e darei o apoio que precisarem. Que futuro esperar para os filhos de vocês em Vermont?

Sarah balançava a cabeça em sinal de concordância com o que a cunhada dizia, e foi o sinal que fez Herbert se decidir pela mudança:

– Nem preciso perguntar a Sarah. Sei que é o que ela quer. Iremos para Fulton, no Estado de Nova York.

Há muito tempo não se vibrava tanto na casa dos Fisk. Richard se deixou contagiar pela alegria da família:

– Não sei bem o que isso representa. Mas se estão todos felizes, eu também estou – comentou Richard, arrancando gargalhadas de todos. Inclusive de Herbert, que logo depois ficou olhando vagamente pela janela.

Uma semana depois, a mudança aconteceu. Todos os pertences dos Fisk foram transportados em um caminhão. Richard divertiu-se muito ajudando na mudança. Pouco antes de partirem, Myra foi se despedir. Richard a respeitava muito, pois era amável, mas o ocorrido entre ela e seu pai realmente bloqueava qualquer possibilidade de acerto entre Myra e os Fisk. Ela disse que preferia que eles continuassem na fazenda, mas nada mudaria os planos.

E, assim, a família rumou mesmo para Fulton, onde Herbert havia trabalhado por muitos anos antes de eles irem morar em Tunbridge. Era lá que estavam as raízes dos Fisk. Antes de ir ao encontro da família, Sarah ainda permaneceu em Vermont na casa dos Dodge, seus vizinhos, por algumas semanas, porque havia arrumado um emprego e precisava do dinheiro para que a família pudesse viver durante o início da mudança.

Na verdade, para Richard, que estava com 11 anos de idade, e seus irmãos a mudança representava um alívio. Não que eles conversassem sobre o assunto, mas bastava ver a alegria estampada nos seus rostos. Era também a chance de uma vida nova, com mais possibilidades de trabalho e conforto. Além, claro, da volta da paz entre Sarah e Herbert.

Ao chegarem a Fulton, Richard pensou: "Agora sim, mudamos para uma cidade de verdade". Era algo notório, até mesmo para uma criança. Eles foram morar em um apartamento que ficava em cima da casa da irmã de Herbert, que rapidamente arrumou emprego. Era mesmo uma vida mais fácil e próspera.

Mas, com a falta de Sarah, Herbert teve que se dividir entre o trabalho e o cuidado com os filhos e a casa. Ele pensava muito em Sarah, e sentia falta da esposa. Ali ele entendeu ainda melhor a importância de Sarah na estrutura da família, tanto, que procurou manter contato com ela por carta, e fez-lhe um pedido:

– Sarah, você faz muita falta entre nós. Venha rapidamente nos encontrar.

Dias depois do contato, Sarah foi ao encontro da família. Aí, sim, os Fisk estavam reunidos e prontos para o recomeço da vida.

A volta do pesadelo

Em abril de 1934, depois de perder o emprego que tinha arrumado em Fulton, Herbert ficou depressivo e passou a se questionar. Sim, voltar a Tunbridge era uma das possibilidades. Uma forte possibilidade. Pensando assim, chegou o dia em que Herbert tomou uma decisão inesperada, que desagradaria o restante da família:

– Sarah, não tenho emprego. Estou sem forças para continuar em Fulton. Em Vermont, pelo menos, tínhamos boa moradia e comida farta. Vou voltar a trabalhar na fazenda de Myra.

Ele havia dito aquilo no singular, pois sabia que não encontraria respaldo familiar para aquela decisão, que o afastaria ainda mais de Sarah, e, claro, também dos filhos. Depois de muito conversarem, Herbert se justificou para Sarah dizendo que não teria como pagar o sustento dos dois filhos menores, Lois e Richard, em Fulton. Sem o marido, Sarah teria o mesmo problema. Os dois decidiram então que Richard e Lois, com 12 e 13 anos, seguiriam, pelo menos por um tempo, com Herbert para Vermont, onde Richard e Lois concluiriam o último ano da Grade School. Os três filhos mais velhos, Herb, com 20 anos, Larry, 18, e Bob, 15, ficariam com Sarah. Os mais velhos já tinham bons empregos e seriam os responsáveis por sustentar Sarah e Bob.

Para Richard, aquilo não era nada agradável. Ele e Lois fariam o que havia sido determinado pelos pais, mas não era em Vermont que, decididamente, estava o futuro deles. Voltar para a casa de Myra e para uma cidade sem perspectivas era um retrocesso. Mas foi assim que tudo aconteceu. Eles foram morar na nova casa que havia sido construída. Myra possuía certas economias e compraram material para a construção. Os moradores de Vermont também se mobilizaram e ajudaram na reconstrução da casa, o que era comum na cidade, a colaboração a favor dos que passavam por dificuldades.

O relacionamento entre Richard, Lois e Myra era muito tranqüilo. Havia respeito – a base de qualquer relacionamento familiar – acima de tudo. O dia-a-dia rapidamente recuperou a rotina que se vivia antes da mudança. Richard voltou para a escola em que estudava; pelo menos, ele faria algo de que gostava muito: estudar. Mas esta não era a opção da maioria em Vermont, pois muitos terminavam a Grade School e já começavam a trabalhar na fazenda com os pais, que não estimulavam os filhos a estudar e diziam:

– Meu filho já trabalha e consegue ganhar dinheiro para ajudar em casa.

Assim, numa dura rotina a vida deles seguiu. Até que, em setembro de 1934, no fim do verão, o tio de Herbert, Ralph, confidenciou a Richard e a Lois a separação dos pais. Eles estavam na World's Fair, feira anual de produtos agrícolas de Tunbridge. Para "despistá-los", Ralph os convidou para comer cachorro-quente, e eles aceitaram, pois a sugestão partira do tio; ambos haviam sido ensinados a jamais pedir ou olhar com desejo para algo que não pudessem comprar. E foi enquanto saboreavam o sanduíche que souberam da notícia:

– Não tem mais jeito. Seus pais se decidiram pelo divórcio.

Mesmo sem procurar demonstrar, Richard e Lois ficaram felizes com aquela notícia. Por mais estranho que pudesse parecer, para eles aquilo significava o fim do sofrimento, principalmente da mãe. O pai também seguiria pelo caminho que escolhera, ao lado de Myra.

Durante aqueles muitos meses Herbert e Sarah haviam trocado cartas, mas, a cada correspondência que chegava, um pedaço da união se desfazia. Sarah queria que os filhos retornassem imediatamente para Fulton, mas, depois de muito pensarem e discutirem a situação, ambos decidiram que era melhor os filhos terminarem o ano letivo, o que aconteceria em junho de 1935, para depois irem morar de vez com Sarah e os irmãos. Foi uma decisão acertada para que Richard conseguisse terminar a Grade School.

Quando chegou o momento, Herbert levou os filhos para Fulton.

Já reunidos, Herbert e Sarah trataram-se amistosamente. Depois de ele pedir para conversar a sós com Sarah, os dois se fecharam em um dos quartos. Os filhos, ansiosos e curiosos, queriam saber do que falavam. Imaginavam que o assunto teria a ver com o futuro deles. Bob foi o primeiro a encostar o ouvido na porta. Alguns dos seus irmãos o reprovaram, outros concordaram, mas, no fundo, todos queriam saber o que os pais conversavam. Bob passou o pouco que ouviu:

– Papai disse à mamãe que ainda a ama e que, se ela o aceitar, fica em Fulton para seguir a vida dele ao nosso lado.

Aquilo parecia algo difícil de acreditar. O pai queria a reconciliação com Sarah? Richard fez a pergunta que todos queriam fazer:

– E ela aceita papai de volta?

A resposta não surpreendeu ninguém:

Publicação sobre o divórcio de Sarah e Herbert Fisk

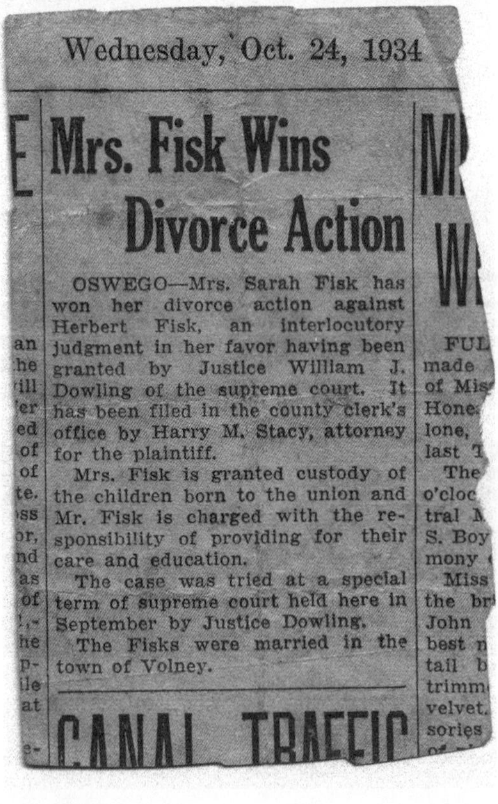

Wednesday, Oct. 24, 1934

Mrs. Fisk Wins Divorce Action

OSWEGO—Mrs. Sarah Fisk has won her divorce action against Herbert Fisk, an interlocutory judgment in her favor having been granted by Justice William J. Dowling of the supreme court. It has been filed in the county clerk's office by Harry M. Stacy, attorney for the plaintiff.

Mrs. Fisk is granted custody of the children born to the union and Mr. Fisk is charged with the responsibility of providing for their care and education.

The case was tried at a special term of supreme court held here in September by Justice Dowling.

The Fisks were married in the town of Volney.

– Mamãe disse que não. A decisão está tomada. Ela não quer voltar.

Depois disso, os irmãos perderam o interesse pela conversa dos pais e foram matar as saudades e saber como Richard e Lois haviam passado aqueles meses em Vermont. A verdade é que eles também preferiam Sarah e Herbert separados, porque a reconciliação significaria retomar o sofrimento. Há tempos o casamento dos pais não dava sinais de que seria duradouro. Depois de mais uns dez minutos, a porta se abriu e Herbert começou a se despedir dos filhos.

Poucos dias depois, Herbert e Myra se casaram.

Capítulo 2

Vida na cidade

No segundo semestre de 1935, já em Fulton, Richard iniciou a High School e Lois também foi para a escola. Larry e Herb estavam trabalhando, tinham bons empregos e, mesmo com a volta dos dois irmãos, continuaram a sustentar a casa.

Apesar de amar todos os irmãos, Richard adorava conversar com Larry. Ele era muito determinado e meigo, além de extremamente capaz. Richard sempre o considerou um herói. Ele não era de se impor por atos, mas, sim, por exemplos e palavras. Larry gostava de se vestir bem, embora não tivesse muita variação de roupas, porém, as que estavam em seu guarda-roupa eram sempre bem arrumadas e passadas.

Larry era também um grande confidente de Sarah. De tão responsável e competente, nunca lhe faltou emprego. E ele logo se tornaria o responsável pela família, pois Herb decidira se casar. Assim, além de sustentar as despesas da casa, Larry assumiu a função de pai dos irmãos mais novos.

Um dia, quando Richard e Lois ainda estavam em Vermont, Larry decidiu fazer uma surpresa que em muito alegrou a família. Em Fulton, um casal estava se divorciando e decidiu vender todos os móveis. Larry os comprou, e, depois de trabalhar muito, em alguns meses, conseguiu quitar as parcelas negociadas.

Quando Richard e Lois voltaram para Fulton, Sarah alugou uma casa grande, relativamente nova e confortável, onde, além de acomodar bem a família, decidiu montar uma pensão. A procura por quartos era grande, principalmente de pessoas que trabalhavam na fábrica da Nestlé, que ficava próxima à casa dos Fisk e onde um tio de Richard trabalhara no passado.

Sarah era muito criteriosa ao escolher aqueles que morariam com ela e os filhos, pois seus pensionistas deveriam ser incorporados como se fossem membros da família. Ao final, foram escolhidos os quatro que realmente se encaixaram muito bem nesse perfil. Agora, era como se Sarah tivesse nove, ao invés de cinco filhos. Todos se divertiam nos horários das refeições, e principalmente, à noite, depois do jantar, quando alguns vizinhos se juntavam para algumas horas de lazer; faziam pipoca, doces, ouviam música, brincavam, cantavam e dançavam ao som do piano, instrumento que Larry tocava maravilhosamente.

Naquela época, perguntar a um jovem de 13 anos qual profissão pretendia exercer no futuro era deixá-lo sem resposta. Havia pouca referência em relação a profissões; todas eram muito iguais, e o acesso a informações era muito difícil. E Richard, na época um adolescente, passou a procurar o que fazer para ganhar dinheiro, já demonstrando seu desejo de se tornar independente. Quanto mais crescia, mais parecido fisicamente com o pai ficava, e como ele, não recusava trabalho; cortava grama, ajudava na arrumação das casas vizinhas e até trabalhava como *baby sitter*.

A felicidade aparentemente estava de volta à vida dos Fisk. Mas, mesmo assim, os filhos se preocupavam muito com a mãe. Apesar de ter dito não ao pedido de Herbert para que ficassem juntos novamente, a separação realmente mexera muito com ela. Foi algo difícil de aceitar, e por muitos anos motivo de lamentação. Era comum Sarah abrir o coração para os filhos e demonstrar a mágoa que carregava. Dedicar sua vida à família era tudo o que Sarah sempre sonhara. E havia sido assim até que Myra entrasse na vida deles. Quando adolescente, Sarah sonhava em se casar e ter seis filhos. E assim tinha sido, de seu casamento haviam nascido Richard, Lois, Bob, Larry e Herb; mas seu sexto filho não chegou a vir ao mundo em razão de um aborto espontâneo.

Sarah era muito agradável e sensata. Uma mulher de poucas, mas sábias palavras. Muitas pessoas amigas da família a procuravam para expor seus problemas e receber conselhos.

Estudar e trabalhar

Mr. Fisk nos tempos em que morou em Fulton

Richard sempre foi um jovem muito caseiro. Os maiores e principais amigos que tinha estavam dentro de casa: a mãe, a irmã e os irmãos. Ele não era de sair pelas ruas e conversar com outras pessoas, sua timidez o impedia. Assim, além dos Fisk, os amigos mais próximos que tinha eram pessoas mais velhas e para as quais ele fazia alguns trabalhos. Uma delas era Clara Beebe, uma senhora por volta de seus 40 anos. Aos sábados, ele costumava ajudá-la na limpeza da casa, e a recompensa pelo esforço era um delicioso *banana split* que, juntos, iam saborear em uma sorveteria.

No último ano da High School, Richard venceu sua timidez. Naquela época, ele era o indicado pela professora para, ao final das aulas, ler algumas notícias aos alunos a fim de que conseguisse manter os estudantes quietos nos minutos finais das aulas. No início, Richard ficava muito nervoso, mas aos poucos foi se soltando. Ele adorava estudar e estar na escola, e não imaginava que essas leituras, além de ajudar a vencer a timidez, seriam de grande valia no futuro.

Certa vez, Richard foi convidado a dar uma aula, porque a professora tivera um contratempo e faltara. Como era um aluno exemplar, que estudava muito, o diretor da escola o convidou para assumir o papel de professor naquele dia. Ser um professor? Não, isso nem passava por sua cabeça.

Também no ano em que concluiu o colégio, Richard fez um curso comercial chamado "Práticas de Escritório". Nele, aprendeu a datilografar e a manusear várias máquinas utilizadas nos escritórios, como as calculadoras. O aprendizado lhe dava grande prazer, e o ajudaria muito profissionalmente, pois saber datilografar e manusear uma calculadora pesavam favoravelmente na hora de arrumar um emprego.

Apesar de pouco mais velha, 15 meses de diferença, Lois estava na mesma classe de Richard, porque repetira um ano, e, assim, juntos completaram a High School. Diferentemente de Richard, ela não priorizava os estudos, e projetara para si uma vida como a de Sarah, de mãe e esposa.

Como era muito econômico, Richard conseguia guardar dinheiro e fazer um pé-de-meia. Ele fazia questão de dar o mínimo gasto possível à família, embora isso jamais lhe tenha sido cobrado por seus irmãos Larry e Bob, que agora já trabalhava e ajudava no sustento da casa.

No verão de 1939, assim que chegou em casa, Richard viu Larry pensativo. Aquilo o deixou intrigado:

– Larry, você está bem? Tem alguma coisa que o incomoda?

– Sabe Richard, acredito que precisamos mudar de ares. Você quer ir comigo para o Sul, em Richmond, capital do Estado da Virgínia?

Richard quase perdeu o fôlego, mas, claro, aceitou o convite:

– Quero sim, Larry. Vamos juntos para o Sul.

Richard tinha muita disposição e vontade de aprender. Não era acomodado nem aceitava naturalmente a rotina. Era um rapaz de muita garra, e sua ansiedade cresceu nos dias que antecederam a viagem. Dias depois da decisão, Lois se casou e levou a mãe para morar com ela. Assim, a família decidiu devolver a casa alugada. Quanto a Bob, optou por alistar-se voluntariamente no Exército.

Como toda mudança, aquela tinha vantagens e desvantagens. A que mais incomodava era a distância entre a mãe e os irmãos. Mas, em contrapartida, Larry e Richard deixariam de viver no frio e iriam em busca de mais oportunidades financeiras e de trabalho. Larry tinha algumas economias e Richard acabara de receber o salário do trabalho que tinha realizado durante o verão. Juntaram tudo o que puderam. E com "todo" esse capital e alguma bagagem subiram no ônibus rumo a Richmond, Virgínia. Depois de acomodados, Richard abriu a janela e ouviu o último conselho da mãe:

– Torço por vocês. Tenham juízo e cuidado. Que Deus os proteja.

Assim que ela terminou de falar, o ônibus partiu. Richard e Larry estavam alegres, eufóricos. Sarah procurava esconder o coração apertado com um sorriso no rosto.

Durante a viagem, que levou quase 15 horas, os irmãos trocaram confidências e sonhos que tinham para a nova vida. Tiveram uma conversa tão franca como jamais ocorrera antes entre eles, talvez em razão do grande respeito que Richard tinha por Larry.

Quando chegaram à cidade, estavam cansados e felizes. Ambos ficaram impressionados ao perceber como o povo de lá era amável e hospitaleiro. Na verdade, Richard estava ansioso por viver em uma cidade grande:

– Larry, apesar de acabarmos de chegar, sinto que estou em casa. Acredito que seremos muito felizes aqui.

Não tardou, Larry arrumou emprego em um laboratório de remédios para animais, chamado Sergent's. Os clientes entravam em contato com a empresa através de cartas. Um dos que recebia essas cartas era Larry. Depois de lê-las e conhecer os problemas dos animais, veterinários eram consultados e receitavam os remédios ideais para a cura das doenças. Era uma excelente relação profissional, já que Larry adorava trabalhar na empresa e a direção da companhia estava feliz com seu desempenho.

Algumas semanas depois foi a vez de Richard, que arrumou emprego para vender assinaturas de revistas populares no sistema porta-a-porta. Ele e o grupo selecionado de vendedores percorreram as cidades entre Richmond e a Carolina do Sul. Não precisou muito tempo no negócio para que Richard percebesse que aquilo não era para ele; bastava ver o resultado das vendas, com pouquíssimos pedidos emitidos. Pelo menos, a experiência serviu para mostrar-lhe que realmente não tinha aptidão para vendas. O grupo de vendedores estava na Carolina do Sul, e foi lá mesmo que Richard pediu demissão poucos dias depois de ter começado.

Da Carolina do Sul, Richard resolver ir, na base da carona, até São Petesburgo, na Flórida, onde moravam Ernest e Lottie, seus tios-avós paternos. Nada tinha a perder, porque Larry já havia arrumado um bom emprego, estava feliz e ganhando razoavelmente bem, mas ele não. Enquanto aguardava carona, o gosto pela leitura o fez ir até uma loja de livros. Assim que entrou, um título chamou-lhe a atenção: *How to win friends and influence people – Como conquistar amigos e influenciar pessoas –*, escrito por Dale Carnegie, em 1936, e o comprou.

Assim que saiu da loja, começou a lê-lo. O livro o impressionou muito e, como diz o título, realmente influenciou sua forma de ser, agir e pensar. Despertou, inclusive, o interesse em ler outros títulos semelhantes e que colaborassem tanto na relação com outras pessoas quanto na sua conduta de vida.

Richard aprendia agora que pequenas ações podiam fazer grandes diferenças. Alguns ensinamentos lhe mostraram como é importante se antecipar nas atitudes e ações, mesmo quando a iniciativa deve ser da outra pessoa. Um outro de seus aprendizados o alertou para o fato de que quando se pede desculpas a alguém, mesmo estando com a razão, o efeito na outra pessoa é incrível.

Como conquistar amigos e influenciar pessoas foi tão importante, que Richard o leu e releu inúmeras vezes. A cada releitura, novas palavras e frases eram grifadas e novas interpretações eram dadas ao texto. A grande identificação com a leitura se deu porque a maioria das idéias vinha ao encontro da forma de Richard ser – pacato, sincero e educado – e pensar. Serviu também para que ele aceitasse a forma como gostava de agir, sempre buscando evitar conflitos, e o fez entender que, agindo e sendo assim, poderia ser feliz e viver amigavelmente com as outras pessoas.

Ernest e Loottie Fisk, tios-avós

Richard conseguiu carona e chegou, sem aviso, à casa dos tios-avós. Surpresos, eles levaram um grande susto ao abrir a porta e ver Richard. A surpresa causou certo desconforto aos tios-avós, felizes em recebê-lo, mas preocupados:

– Richard, quase não há empregos em nossa cidade. Nosso neto morou aqui todo o ano passado e não conseguiu trabalhar em lugar algum. Tememos que o mesmo aconteça com você.

Enquanto ouvia, Richard só conseguia pensar que carregava no bolso 40 cents de dólar, quase nada. Mas, mostrou otimismo:

– Bem, espero ter sorte melhor que o neto de vocês.

E realmente teve. Dias depois, começou a trabalhar em um hotel de uma forma inusitada.

Naquela época era comum as pessoas passarem o inverno na Flórida, e entre maio e abril retornarem para o norte dos Estados Unidos. Muitas fechavam pacotes de seis meses no verão com os hotéis do norte, e outros seis meses no inverno com hotéis do sul.

A temporada em São Petersburgo tinha começado, e Richard entrou no hotel para saber se havia alguma vaga à qual pudesse se candidatar. Já na entrada, viu um rapaz colocando uma cortina, e decidiu lhe perguntar:

– Você sabe se tem emprego por aqui?

– Não sei. Mas fui empregado há poucos dias.

Vendo a dificuldade do rapaz com a cortina, resolveu ajudá-lo enquanto esperava o casal dono do hotel. Quando eles chegaram, o marido entrou direto e a mulher se dirigiu a ele:

– Você deve ser o novo rapaz que veio trabalhar aqui. Como se chama?

– Richard, mas pode me chamar de Dick.

– Bem rapaz, continue a colocar a cortina. Depois, preciso que dê um jeito na mesa que está no sótão.

Uma casualidade? Talvez... A mulher pensou que Richard havia sido contratado pelo marido, e vice-versa. Ele ficou, trabalhando e ganhando salário, que, aliás, só soube de quanto seria e quando receberia uma semana depois de iniciar porque, com medo de perguntar e alertar o casal sobre o engano ocorrido, achou melhor esperar para ver.

Passadas três semanas, Richard agradeceu a hospedagem aos tios-avós e alugou um pequeno quarto perto do hotel.

Tudo ia bem até que, certo dia, Richard perdeu a hora, chegou atrasado ao trabalho e levou uma bronca da patroa, que ameaçou despedi-lo. Ela era muito brava, ao contrário do marido, um homem bom e tranqüilo. A primeira coisa que fez ao final do expediente foi ir até uma loja e comprar um despertador para que aquilo não se repetisse.

Mas Richard não ficou muito tempo nesse emprego, pois não suportava a patroa, porque era muito agressiva quando dava ordens ou mesmo reclamava de algo.

Certa tarde, depois de passar o pano na recepção, a mulher chamou sua atenção aos berros, criticando a limpeza feita. Aquilo o deixou muito constrangido e magoado. Ninguém jamais havia se dirigido a ele daquela maneira, com tanta agressividade, até porque, desde criança, sempre procurara fazer tudo da melhor maneira possível. Mas a mulher era assim. Por isso a rotatividade de funcionários no hotel era grande. Richard sabia que já tinha agüentado demais; aquela era a gota d'água de um copo já transbordando, por isso se demitiu.

Mas sua estrela realmente brilhava. Mal saiu do hotel e imediatamente arrumou outro emprego em um restaurante, onde passou a ganhar mais: sete dólares por semana. A carga era pesada; ele trabalhava todos os dias da semana, mas tinha direito a realizar três refeições diárias.

Inicialmente, Richard trabalhava na limpeza. Mas rapidamente recebeu uma promoção e passou a ser *bus boy*, responsável por levar a louça suja para ser lavada. Assim, além do salário, ele ainda ganhava 10 cents de cada garçonete, pois quanto melhor era seu desempenho, mais rápido o cliente era atendido. Outra forma de reforçar o salário era com as gorjetas que recebia das entregas de refeições que fazia na vizinhança. A cada café da manhã, almoço ou jantar entregue, sempre lhe sobrava algum trocado.

Ele havia começado no restaurante em dezembro. Como era econômico, poupava todo o dinheiro que recebia, e nada de gastos extras ou desnecessários. Do que ganhava, usava apenas o essencial, para pagar o aluguel e a lavanderia, porque as refeições ele fazia no trabalho. Assim, cinco meses depois, em maio, Richard já tinha juntado 150 dólares no banco, o que era um bom dinheiro para a época.

Mas, como ninguém é de ferro, Richard comprou um dos primeiros rádios portáteis produzidos na época, do tamanho de uma maleta, e passou a levá-lo para a praia, onde ficava durante o descanso de três horas que tinha no trabalho, entre o almoço e o jantar. Este era seu único lazer, e lhe dava uma sensação de liberdade.

Em maio, Richard resolveu sair de São Petersburgo e ir visitar a mãe. Por que estava indeciso, sem saber se voltaria, acrescentou o nome do tio-avô na conta bancária. Seu tio se encheu de orgulho, porque já respeitava muito o sobrinho por sua garra, afinal, ele chegara à cidade sem nada e, em muito pouco tempo, conseguira emprego e se tornara independente.

Após visitar a mãe e Lois, Richard resolveu instalar-se novamente em Richmond, Virgínia, e voltou a morar com Larry. O apartamento deles, apesar de pequeno, era aconchegante e ficava em um bairro bem simpático.

Era junho de 1940, e logo Richard completaria 18 anos de idade. Como sabia da necessidade de ajudar nas despesas da casa, foi em busca de emprego e logo começou a trabalhar em uma loja de departamentos, chamada McCrory's, como estoquista e repositor. Foi um período duro, em especial nas primeiras semanas. Richard não conseguia entender o que sua chefe falava, porque ela era do sul e tinha um sotaque terrível, com ritmo e marcação de fala diferentes.

Ele trabalhava no andar superior e ela ficava no piso térreo da loja. Para não contrariá-la, ele subia e descia as escadas cada vez que ela dava uma ordem. Na verdade, ele fazia isso porque não entendia o que havia sido pedido, por isso, sempre era melhor receber a ordem frente a frente a fim de entender um pouco melhor. Tempos depois, Richard não só pegou o jeito dela de falar, como também passou a se comunicar com o mesmo sotaque sulista.

Naquele momento, a Segunda Guerra Mundial ganhava espaço nas notícias e nas conversas entre as pessoas. Richard e Larry sabiam que seriam convocados para defender o país. Bob já estava no exército, havia se alistado voluntariamente.

Enquanto trabalhava, Richard estudava no período noturno, no Business College. Fazia cursos na Faculdade de Virgínia focados em Gerenciamento de Fábricas, que era a continuação do curso comercial que freqüentara na High Scholl.

O trabalho na McCrory's não durou mais do que alguns meses. Mas, logo que saiu, Richard começou a trabalhar novamente em uma outra loja de departamentos, que ficava bem perto do antigo emprego, chamada Thalhimer's. Contratado como empacotador, rapidamente foi promovido a estoquista do departamento de jóias. Além de cuidar da entrada de mercadorias, era responsável por escrever, em letras e números minúsculos, a especificação e o preço das peças. Às vezes também vendia algumas jóias. Richard adorava a empresa, onde o ambiente de trabalho e a relação com os colegas eram maravilhosos. Ele e os companheiros e companheiras se divertiam muito.

Mas, certo dia, sumiu um anel de brilhante da loja, uma peça cara que realmente significava encrenca da grossa. Richard ficou apavorado com a notícia, pois se lembrava de ter registrado a entrada da peça. E, claro, quando some algo tão valioso, todos se tornam suspeitos. Richard e os companheiros jamais foram acusados de nada; apenas lhe perguntaram sobre o anel, e ele confirmou que o tinha visto e registrado.

Com o incidente, Richard ficou assustado e desmotivado. Estava com 20 anos de idade e resolveu procurar outro emprego. Dias depois, foi chamado para trabalhar na Du Pont, lotado na portaria, responsável pelo registro de todo o movimento de entrada e saída de pessoas na fábrica. Era um trabalho muito intenso, mas que trazia pouca satisfação. O que realmente gostava na empresa era de ficar ao PABX. Ele acordava diariamente às 5 horas da manhã, pegava o bonde e estava na porta da Du Pont pouco depois das 6 horas. Até as 8 horas da manhã, quando chegava a telefonista, Richard atendia as chamadas. Aquele era um trabalho encantador, porque podia conversar e se relacionar com as pessoas, além de cumprir à risca a função. Ele gostava tanto de ficar ao PABX que sempre substituía a telefonista quando ela precisava se ausentar por alguns minutos; e quando isso acontecia, nem a pressionava para que voltasse logo e reassumisse o controle do aparelho.

Depois do trabalho, Richard ia para a University of Virgínia, onde continuava a fazer cursos específicos de datilografia, taquigrafia e estrutura para escrever cartas comerciais. A que mais o impressionou e agradou, porque aprendeu lições que levou e aplicou por toda a vida, era intitulada *Time and motion study – Estudo do tempo e do movimento*, que ensinava como maximizar o tempo e realizar um trabalho com maior qualidade e menor desgaste físico e mental. O curso lhe mostrou a importância de se reciclar e de se adaptar às situações, além de fazê-lo entender que sempre é possível melhorar o que se faz. A base deste aprendizado era a organização, algo que depois de décadas se tornaria um ramo empresarial, quando muitas empresas foram criadas para pensar formas de melhorar a comodidade, o conforto e a praticidade das pessoas, tanto em casa quanto no trabalho.

Após alguns meses na Du Pont, passou a pleitear uma vaga no escritório. Não demorou muito e foi transferido para o setor de controle de estoque da Du Pont.

A vida de Richard e Larry estava bem tranqüila nessa época, até haviam trazido a mãe para morar com eles. Mas, por opção, Larry decidira ser voluntário para servir à Marinha. O serviço militar era algo obrigatório, do qual não se conseguiria escapar, ainda mais naquele momento delicado, em plena Segunda Guerra Mundial, iniciada em 1939, quando a Alemanha invadiu e dominou a Polônia, alastrada depois por mais países da Europa e de outros Continentes. Os amigos de Fisk e dos seus irmãos iam sendo chamados um a um.

Capítulo 3

Segunda Guerra Mundial

Em novembro de 1942 Richard foi convocado para o Exército, o que o fez deixar o emprego. Até então era obcecado pelos estudos e pelo trabalho. Daquele momento em diante teria que deixar o que amava de lado para servir ao país. Sua convocação trouxe para os Fisk mais um abalo emocional, mas não para ele, porque sabia que mais cedo ou mais tarde aquela hora chegaria.

Logo depois foi a vez de Howard, marido de Lois, apelidado Slim, de tão magro que era, ser também chamado para servir ao Exército dos Estados Unidos.

Richard procurava sempre trocar cartas com Bob para saber mais sobre o serviço militar. O irmão, que já servia ao Exército há dois anos e trabalhava na enfermaria, desejava fazer carreira militar.

Bob havia acompanhado os ataques a Pearl Harbor. Alguns anos depois, levou Richard para ver onde ele estava enquanto as bombas explodiam. Décadas antes, o Japão tinha iniciado uma perigosa estratégia de expansão econômica e territorial, que incluiu o domínio de Taiwan, na China. Essa ação provocou represálias dos Estados Unidos, do Reino Unido, da Austrália, dos Países Baixos e da Liga das Nações, da qual o Japão retirou-se. Em 1939, os Estados Unidos iniciaram forte pressão contra o Japão e encerraram relações comerciais entre os dois países. Com isso, além de continuar com as ações militares na China, o Japão ainda assinou um acordo, conhecido como Pacto do Eixo, com a Alemanha Nazista e a Itália, de regime fascista, entre outros países, para juntos formarem os poderes do Eixo.

Por conta deste acordo, os Estados Unidos e aliados enviaram uma nota ao Japão, um ultimato para que as tropas japonesas deixassem a China e os territórios em volta daquele país. Ao invés disso, o Japão preparou a ofensiva. Os ataques a Pearl Harbor, em Oahu, no Havaí, foram realizados sem prévio aviso pela Marinha Imperial Japonesa contra a frota do Pacífico da Marinha e das forças de defesa dos Estados Unidos, em 7 de dezembro de 1941. Entre as baixas, além dos carros e aviões, mais de 2.400 militares estadunidenses morreram, além de dezenas de civis. No dia seguinte, em 8 de dezembro, o presidente dos Estados Unidos, Franklin Delano Roosevelt, declarou guerra ao Japão, e a invasão a Tóquio foi ordenada. O ataque a Pearl Harbor marcou ainda a entrada dos Estados Unidos na Segunda Guerra Mundial, pois em 11 de dezembro de 1941, quatro dias após os ataques pelo Japão, a Alemanha também declarou guerra aos Estados Unidos.

Mr. Fisk com o uniforme do Exército norte-americano

Com a convocação de Richard, sua mãe voltou a morar com Lois, e ele precisou vender todos os móveis, pois ninguém mais ocuparia o apartamento.

Ao entrar para o Exército, logo aconteceu uma seleção para definir as funções que cada um teria, em especial no caso de irem para a Segunda Guerra, e foi numa dessas seletivas que, ao ouvir o sargento gritar: “Quem sabe datilografar e trabalhar em escritório?”, Richard rapidamente levantou o braço.

No Exército, Richard se preocupava em selecionar os soldados com quem teria um relacionamento mais próximo. Seu grupo se restringia a poucos amigos, porque muitos dos convocados viviam pedindo dinheiro emprestado; faziam parte do grupo daqueles que só tinham dinheiro no dia do pagamento, porque, depois, "queimavam" tudo em jogatinas com outros soldados, na ilusão de que poderiam faturar algo a mais. Quando um deles o abordava para pedir empréstimo, Richard sempre respondia de forma educada:

– Desculpe, mas não tenho. Mandei todo o dinheiro que restou para minha mãe.

E o Exército também queria tornar o grupo mais seleto. Os soldados considerados de QI mais elevado passaram a ser encaminhados para escolas a fim de estudarem. Richard, um deles, recebeu a notícia de que iria, em 1943, para a Oklahoma Agricultural and Mechanical University. Lá ele estava no paraíso, dormindo em um dos quartos bem equipados e montados que alojavam os estudantes. Ao lado do prédio em que ficavam, havia os alojamentos das mulheres, que serviam à Marinha e também estudavam. A rotina compreendia, além dos estudos e das refeições, bailes todas as noites. Assim, fácil é prever que eles sempre arrumavam namoradas naqueles "bons tempos".

O grupamento viaja para a Europa

Os irmãos Larry (à esquerda) e Bob, também serviram ao Exército

Richard concluiu o primeiro ano da Faculdade de Engenharia como sempre com ótimas notas em todas as matérias. Mas havia algo que o atrapalhava, a álgebra. Desde os tempos da High School, ele ia bem em matemática, inclusive, naquela época, tirara nota 10 no exame estadual de matemática comercial, algo até então inédito, que deixou Richard e a professora eufóricos. Mas jamais tinha tido contato com álgebra. Os amigos de sala até o ajudavam a estudar, mas ele não conseguia entender a matéria.

O que mais o deixava temeroso era o fato de que repetir em álgebra poderia fazê-lo perder a bolsa de estudos. E no final, ele não conseguiu realmente atingir a nota necessária para passar de ano. Mas como seu desempenho e postura eram considerados brilhantes, a diretoria da Universidade relevou a falta de nota em álgebra e o deixou seguir no curso.

Depois de terminar o primeiro ano de faculdade, Richard voltou aos treinos e preparativos normais, afinal, ainda poderia ser enviado para a guerra. E não tardaria para isso acontecer.

Com o coração apertado, Richard recebeu a notícia de que teria de ir para o campo de batalha. Sem tempo sequer para se despedir pessoalmente da mãe, ele o fez por telefone:

– Mãe, fui convocado para lutar na guerra. Reze por mim.

Sarah não conseguiu esconder a emoção, mas procurou não deixá-lo ainda mais tenso e apreensivo:

– Vai dar tudo certo, querido. Deus está com você. Contarei os dias até seu retorno. Seja forte, Richard. Vai dar tudo certo.

No outono de 1943, Richard seguiu com outros integrantes do Exército dos Estados Unidos para a Europa. Ao chegarem a Marseille, no sul da França, a temperatura era baixíssima. Dois dias depois, a tropa embarcou num trem e seguiu país adentro, passando por várias linhas, tomadas por incêndios, e várias cidadezinhas francesas.

Richard trabalhava no escritório, cuidando da administração e burocracia do regimento. Vivia em condições relativamente tranqüilas na guerra; dormia no chão, em colchonetes, assim como os outros soldados, podia se alimentar com regularidade, e, ainda, recebia da mãe os produtos que solicitava por carta. Mas não parava de trabalhar um momento sequer, pois eram processos e mais processos que Richard era obrigado a datilografar, organizar, acompanhar e arquivar.

Em 1944, o Exército dos Estados Unidos já estava na Alemanha com o objetivo de dominar o exército adversário. Durante o trajeto, os soldados haviam encontrado barris de vinho nos celeiros das casas. A entrada no país se deu então regada a vinho e ao som de uma cantoria desordenada, em que às vezes predominava o Hino Nacional dos Estados Unidos, o que servia para tirar um pouco da tensão e por algumas horas aliviar o clima de guerra.

O Exército norte-americano rumou até o sul da Alemanha. Ali, os alemães saíam das próprias casas e as cediam aos norte-americanos; a maioria deles se colocava à disposição para, durante os períodos da manhã e da tarde, arrumar a casa, lavar e passar as roupas dos soldados. Eram gestos que, na verdade, visavam, principalmente, cuidar da própria casa, pois o perigo de que fosse apossada por outra família alemã no futuro era grande e algo comum de acontecer durante a guerra.

Os alemães eram muitos, e a tomada da região não parecia fácil. Mas, para surpresa de Richard, apesar de estarem em grande número, eles eram desorganizados e desunidos. Não estavam preocupados e sequer focavam a guerra; estavam cansados dos transtornos que a guerra, que já durava cinco anos, causara, e desejavam somente seu fim. E foi este o ponto explorado pelos americanos, e que mais chamou a atenção de Richard. Esta estratégia lhe daria outra grande lição, como escreveu em seu diário: "Com organização, poucos podem dominar muitos. Qualquer grupo de pessoas que esteja bem organizado pode dominar uma multidão".

Outro detalhe também chamou a atenção de Richard Fisk. Nas casas de campo, os animais eram colocados estrategicamente embaixo das casas, a fim de que aquecessem um pouco mais seus moradores nas épocas de frio extremo. Bem verdade que aquilo era anti-higiênico, porque o cheiro das fezes dos animais tomava conta de tudo, mas Richard percebeu que, pela necessidade, as pessoas se forçavam a se acostumar, porque era uma forma de economizar carvão. Nos Estados Unidos, as pessoas colocavam pás cheias de carvão nos fornos, mas, durante a guerra, as famílias alemãs costumavam colocar para queimar apenas um pedaço de carvão, produto raro, que não podia ser desperdiçado, assim como os poucos e escassos alimentos de que dispunham.

Perto do final do ano, a Alemanha avançou bastante, com seu exército ganhando terreno por poucos meses. Mas, com o transcorrer da guerra, o país se enfraqueceu diante da frente formada pelos Estados Unidos em parceria com outros países de tradição na Europa. Assim, os alemães passaram a ser cada vez mais dominados, o que acenava com a possibilidade do fim da guerra. O grupo de Richard passou por várias cidades alemãs, mas em nenhuma delas havia confraternização, troca de diálogos ou gentilezas com os alemães. Esta era uma regra imposta pelos comandantes de altas patentes do Exército norte-americano. A própria diferença entre as línguas já inibia e complicava a conversação. O tratamento era frio, mas respeitoso.

Mas Richard nem mesmo tinha tempo para conversas, porque trabalhava perto de 12 horas diárias. O tempo que lhe restava era usado para tomar banho, fazer a barba e bater um breve papo com os companheiros. Principalmente durante as refeições, enquanto comiam carne, batata e verdura, uma comida rica em nutrientes, mas sem sabor. Muitas vezes, Richard comia em pé, com colher e em prato de alumínio. Durante a refeição, aquela falta de sabor fazia com que Richard sentisse saudades das mesas montadas pela mãe, principalmente dos seus molhos saborosos. Muitos dos alimentos durante a guerra vinham dos Estados Unidos; a maioria das comidas era enlatada e outros alimentos, como o açúcar, eram adquiridos da França ou da Inglaterra. Comprar alimentos dos alemães era perigoso, pois a comida poderia estar envenenada.

Este era um dos motivos que provocava frieza nas pessoas que serviam ao Exército. O clima era mesmo matar ou morrer. Depois de certo tempo acompanhando as barbaridades que acontecem em uma guerra, o coração endurece; eram histórias e mais histórias terríveis, que envolviam jovens cheios de vida e planos para o futuro: "*Fulano* morreu cheio de balas no corpo", "*Sicrano* ficou mutilado porque uma granada explodiu perto dele", "*Beltrano* estava ao lado de outro soldado e contou que, ao verem um soldado inimigo que agonizava no chão, o rapaz disse: 'Vamos comer algo. Voltamos depois que ele morrer'". Como ter amor e compaixão no coração depois de ver, ouvir e assistir a tanta desgraça? A "melhor" das imagens era a dos corpos sendo jogados no caminhão como sacos de cimento. Era comum ouvir entre os sobreviventes: "Antes ele do que eu...". Era a triste realidade. Assim como era triste também ver os alemães pegarem bitucas de cigarro no chão para fumar. Até mesmo as crianças catavam os tocos de cigarros e vendiam aos adultos. Aquela era a forma mais chocante de expressar a pobreza vivida pelo povo alemão.

Por isso, Richard procurava cada vez mais se concentrar no trabalho que tinha, e que era em grande volume. Quanto mais no escritório ficasse, menos exposto a esse tipo de situação estaria. Por isso, a guerra para ele sempre foi representada pela imagem de uma mesa, uma cadeira e uma máquina de escrever. No cumprimento do dever, Richard aprendeu a importância de obter alto índice de acerto na vida profissional. Porque os processos eram datilografados em quatro vias, toda vez que se cometia um erro aquilo virava uma tortura. Era preciso apagar página por página para que a correção ficasse perfeita, e não eram permitidas rasuras ou mesmo rebater uma letra ou número. Depois de apagado o erro, as vias deveriam ser novamente sobrepostas com perfeição para que a letra ou palavra a ser novamente datilografada se encaixasse no lugar certo. Quando algo saía do controle ou o conserto era impossível, recorria-se ao oficial superior para pedir um visto sobre o erro cometido. Mas esta era realmente a última das opções, porque era vexatório e fazia com que o soldado perdesse "pontos" com os superiores. Por isso, Richard procurava fazer o trabalho com muita ordem, limpeza, atenção, foco e concentração.

Ele aprendeu também que tudo na vida precisa estar enquadrado dentro de regras, pois, quando elas são cumpridas, não há exceções ou injustiças. Esta postura profissional, Richard levou pela sua vida afora, aplicando-a tanto nos estudos quanto no trabalho.

Com todos os desencontros e aflições, Richard foi se tornando mais maduro, talvez mais preparado para enfrentar as dificuldades da vida. Durante a guerra viu mudar até sua forma de encarar a morte. Claro que todo falecimento é sentido, mas Richard presenciou como é doloroso ver um jovem cheio de sonhos e esperanças perder a vida, por isso passou a aceitar a morte de pessoas de idade com mais naturalidade.

Mas nada disso tirava dele ou de qualquer outro soldado o medo de morrer na guerra. Claro que, para quem se lança em uma situação dessas, morrer pode fazer parte do processo. Portanto, este era um temor com o qual todos tiveram de aprender a conviver. Mas, apesar do medo, morrer era algo que Richard sentia estar longe de acontecer porque, na maioria das situações, estava em condição relativamente segura.

Viver aquela experiência de servir ao Exército valeu a Richard uma grande lição, que procurou seguir no decorrer da vida.

Certa vez, um amigo, o sargento Hanes, o convidou para acompanhar o julgamento de um dos soldados. Tanto o acusador quanto o acusado eram negros. Em determinado momento, a vítima foi colocada frente a frente com três pessoas negras. Um deles era o acusado; os outros dois, também negros, foram colocados ali apenas para confundi-lo, ou melhor, para reforçar que o acusador sabia perfeitamente quem queria indicar. Curiosamente, na relação dos "possíveis" acusados havia um Juiz de Direito. A iluminação era muito ruim. E a pergunta foi feita à vítima:

– Por favor, indique o culpado.

Depois de alguns segundos de hesitação, a resposta:

– É aquele ali, o da esquerda.

O sujeito acabara de indicar como criminoso o Juiz de Direito. A pergunta foi repetida, e a resposta também:

– É o sujeito da esquerda.

Um mal-estar tomou conta do ambiente. As pessoas que assistiam mal respiravam de tanta ansiedade. Ciente de que poderia haver um mal-entendido, o juiz refez a pergunta:

– Por favor, concentre-se e indique aquele que você acredita ser o criminoso.

O sujeito, então, olhou um por um fixamente. Depois, voltou o rosto para o meio da fila e gritou:

– Eu me enganei. O criminoso é o do centro. Tenho certeza, ele é o criminoso.

Todos respiraram aliviados; o culpado finalmente tinha sido identificado. Ao final do julgamento, Richard sentiu-se feliz por ter vivido aquela experiência, para ele tão gratificante e enriquecedora. Depois do jantar, ele comentou com o amigo Hanes:

– Hoje tive um grande aprendizado. Entendi que, sempre que temos que tomar uma decisão sob pressão, nossa chance de errar é enorme. Por causa dessa pressão podemos acabar prejudicando inocentes. Portanto, jamais agirei por impulso ou movido pela emoção. Buscarei sempre tomar decisões baseado na análise dos fatos.

E realmente foi assim que Richard passou a tomar as decisões, apoiado na justiça, sem nunca prejulgar as pessoas.

A derrota alemã

Apesar de a tropa receber poucas notícias em relação ao que acontecia em outras áreas, era nítida a fraqueza do exército adversário, tanto que, quando o grupo de Richard se encontrava no Oeste alemão, em 1944, a Alemanha já podia ser declarada derrotada, bastava somente o anúncio oficial. O ambiente de guerra, então, relaxou, e até a convivência com os alemães ficou mais amena. Foi nessa época que Richard e seus amigos receberam a notícia de que a famosa alemã Marlene Dietrich, uma das principais estrelas de cinema da época, faria um show para todos os soldados, independentemente do Exército. Seria um dia de trégua, de confraternização, um dia para descontrair um pouco e esquecer por algumas horas, o clima de guerra com o qual todos conviviam. Ele e outros soldados norte-americanos foram ao show, muito alegres, apesar de aquela ser mais uma das noites escuras e sem iluminação que se tinham na Alemanha.

Como Richard e os amigos chegaram relativamente cedo, conseguiram se posicionar perto do palco. Aproximadamente uma hora depois Marlene Dietrich apresentou-se à platéia. Richard ficou encantado com a beleza dela e seu show excepcional. Ele e os amigos cantaram, dançaram e extravasaram as emoções pesadas da guerra. Ao final do show, quando cantou a última música, Marlene Dietrich virou o corpo em direção ao ponto em que Richard se encontrava. Ele acenou para ela de forma eufórica. Como se tivesse entendido o recado, ela caminhou para mais perto dele e devolveu o aceno, fazendo ainda um gesto como que atirando um beijo na sua direção. Richard quase não se agüentou de tanta alegria. Mais que isso, começou a chorar, de tanta emoção. Marlene, naquele momento, representava a vida... Representava os Estados Unidos... Era uma verdadeira heroína...

Mas a surpresa não ficou apenas restrita ao show. No dia seguinte, Marlene, vestida com o uniforme do Exército norte-americano, almoçou com o grupo de soldados e oficiais dos Estados Unidos. Novamente Richard se emocionou. Ele conseguiu se aproximar dela, e, além de trocar algumas poucas palavras, posou para uma foto ao lado da estrela.

Da Alemanha, o Exército dos Estados Unidos seguiu para a Áustria. Depois de alguns dias em Innsbruk, chegou o comunicado oficial:

"*A guerra acabou! A guerra acabou!*".

O anúncio vinha aos gritos de um soldado, que corria eufórico para avisar os companheiros espalhados pelos prédios onde estavam instalados. Aquela notícia já era dada como certa, mas, mesmo assim, as reações foram as mais diversas possíveis. Lágrimas, sorrisos, gargalhadas, abraços... Era 1945 e, com o final do conflito, no mesmo ano foi criada a ONU (Organização das Nações Unidas), que nascia com o objetivo principal de manter a paz entre as nações.

Apesar do final da guerra, ainda havia muito trabalho burocrático a ser feito. Depois de concluir sua tarefa na Áustria, Richard foi convocado para ir a Praga, na então Tchecoslováquia. Terminada mais esta fase, ele decidiu gozar seus dez dias de folgas ainda pendentes viajando para conhecer a Inglaterra e a Escócia. Como o tempo era curto, e o dinheiro também, esses dois países representavam a viagem mais longa e proveitosa que poderia fazer no tempo que tinha disponível. Aproveitar a viagem, sem se preocupar com luxo, mas em conhecer o máximo possível de cidades e da cultura desses países, era seu objetivo.

Com a Alemanha vencida, não havia qualquer risco em viajar fardado, poupando-o de ter de se preocupar com roupas e sapatos, e muito menos com o dinheiro para a passagem, porque nesta, assim como em todas as viagens que realizou depois de sair do Exército, e antes de dar baixa, ele sempre conseguiu carona, até porque, dificilmente alguém negava ajudar a um homem que havia defendido seu país.

Richard tinha muito pouco dinheiro. Na Inglaterra, ao passar por uma banca de frutas, sua boca encheu-se de saliva ao ver lindos, grandes e saborosos cachos de uva. Sem poder resisitir, escolheu um dos maiores e o entregou para a moça, que o pesou e disse o preço. Richard ficou consufo, não entendeu quanto deveria pagar, e repetiu a pergunta:

– Desculpe, não entendi. Quanto custa este cacho de uva?

– No seu dinheiro, são oito dólares.

O desejo passou na hora. Oito dólares? Era uma fortuna... Mesmo para uvas especiais, o que não era o caso. Jamais gastaria tanto dinheiro para comer uvas. Ele recebia do exército um salário mensal que não chegava a 100 dólares, dos quais ainda mandava parte para a mãe nos Estados Unidos, e aquele valor representava quase 10% do salário. Cabisbaixo, agradeceu, balançou a cabeça e saiu em direção à rua. Saiu sem as uvas, mas com os oito dólares no bolso.

Findos os dez dias de viagem, Richard voltou à Tchecoslováquia. Lá foi informado, por integrantes da Cruz Vermelha, de que seu pai estava mal de saúde. A notícia viera através de uma carta enviada pela mãe, Sarah – foi também pelas cartas da mãe que soube que Larry, Bob e Slim, o cunhado, haviam saído ilesos da guerra. No exército, doença na família era um motivo forte o bastante para solicitar dispensa militar. Richard assim fez, e em meados de dezembro, abaixo de muita neve e frio, foi liberado. Para ele, a saída do exército era mesmo um alívio; representava o fim do uniforme, do gorro e da arma que fora obrigado a carregar pelo tempo em que estivera no exército.

Apesar de se desligar por causa da doença do pai, Richard deixou a área de concentração do Exército sorrindo e com muita paz de espírito. Ainda que tenha sido um período duro, de lembranças marcantes, servir ao Exército o fez mudar sua forma de pensar sobre muitos assuntos. Ele passou a valorizar ainda mais as pequenas coisas da vida, como um bom prato de comida, uma boa cama, uma boa noite de sono...

Da Europa, Richard foi para os Estados Unidos, de onde seguiu direto para ver o pai. Durante a longa viagem, refletiu sobre tudo que havia vivido na Guerra. Quem participa de uma batalha, jamais esquece os momentos por que passou, as baixas entre os amigos, as histórias dos enfrentamentos sangrentos contra outros exércitos, as decepções, as encrencas provocadas por jovens que não sabem viver em grupo e respeitar o espaço do próximo, o medo da morte... Foi durante essa reflexão que Richard reencontrou um pouco de paz e privacidade, coisas tão raras quando se está servindo ao Exército.

Ao chegar a Vermont, no dia 18 de dezembro, Richard encontrou seu pai se arrastando, com o lado esquerdo do corpo paralisado, resultado de um derrame. Ele tentou não demonstrar, mas aquela cena o deixou muito deprimido, porque seu pai era um homem ainda jovem, com apenas 52 anos de idade.

Richard passou o Natal com o pai, e, depois, foi para Fulton, onde comemoraria o Ano-Novo com a mãe e os irmãos. Estava com muita saudade da

Bob, Sarah e Larry

família, da comida caseira e das saborosas tortas preparadas por Sarah e, junto com ela, passou merecidos dias de descanso.

Richard servira ao Exército por 37 meses, dos quais 13 na Europa, o que lhe garantia o privilégio de cursar a universidade gratuitamente, porque a instituição dava aos militares um ano de bolsa de estudo integral para cada ano servido nos Estados Unidos. Mas como ele estivera por um ano no campo de batalha, essa bolsa integral dobrava de tempo. Com esse benefício poderia estudar os quatro anos do curso universitário sem nenhum custo, o que representava um grande alívio.

Por isso, nessa época, ele aproveitou para ir até Syracuse e se matricular na universidade. Sua matrícula foi aceita, e em fins de 1945, Richard apresentou a baixa do Exército, documento que lhe franquearia as aulas na universidade..

Com o fim da guerra, muitos soldados ainda seriam transportados da Europa para os Estados Unidos. Mas o problema maior residia em reconstruir a vida de quem foi e de quem ficara no país. A guerra mobilizou a todos. Centenas de milhares de soldados norte-americanos morreram e se feriram durante todo o período da Segunda Guerra Mundial, e as seqüelas permaneceram, em maior ou menor grau. Richard foi um dos que conseguiram reconstruir a vida a partir daquele momento.

Capítulo 4

A vida pós-Segunda Guerra

De volta à faculdade

O início das aulas na Universidade de Syracuse aconteceu logo nos primeiros dias de janeiro de 1946. Richard entraria no segundo ano de Relações Internacionais, pois já havia cursado o primeiro antes de ir para a Europa. Ainda sem ter local definido para morar, Richard conheceu um jovem, colega de classe, chamado Chester Rackowski, descendente de poloneses que também tinha servido o Exército norte-americano na Segunda Guerra Mundial. Como a situação dos dois era parecida, pois ambos tinham a faculdade e os livros pagos pelo Exército dos Estados Unidos e recebiam um salário mensal de US$ 75 – um valor que lhes permitia passar o mês sem fazer nenhum tipo de extravagância –, decidiram procurar moradia juntos.

Rock, como Richard costumava chamá-lo, era casado e viajava para ver a esposa nos finais de semana. Os dois travaram uma forte amizade – que durou décadas – e permaneceram juntos durante os anos seguintes de faculdade.

Depois de muita pesquisa, Richard e Rock encontraram o alojamento ideal na A.C.M., Associação Cristã de Moços, que ficava bem próxima à Faculdade. Os quartos eram limpos e aconchegantes, e o preço, razoável. As acomodações eram relativamente grandes e havia duas camas e duas mesas para os estudos. Como pretendiam ficar até o final da faculdade, os dois resolveram "decorar" e colorir o ambiente, pois aquela seria a casa deles por alguns anos. Chegaram até a comprar alguns objetos e uma cortina de papel para quebrar a luminosidade que entrava pelas janelas.

Depois de estar devidamente instalado e freqüentando as aulas, Richard recebeu a triste notícia do falecimento de Herbert. Havia pouco a fazer, a não ser chorar, lamentar e relembrar os momentos agradáveis que a família tivera no passado.

Após a morte do pai, Richard e a maioria dos irmãos nunca mais foram à casa de Myra. Em algumas situações nas quais se encontraram em Tunbridge o tratamento foi de muito respeito e as conversas não muito demoradas, sempre em torno das respectivas vidas e de situações que se lembravam dos tempos em que haviam morado juntos. Não houve desavenças ou ressentimentos, apenas cada um buscou seguir o próprio rumo.

Entre os Fisk, Herb era o que mantinha mais contato com a família de Myra, em especial com seu filho mais velho, Clifton, de quem era amigo. Herb costumava ir com a família para a casa de veraneio que construíra no Lago Champlain, ao norte de Vermont, nos finais de semana e dias de folga. Algumas vezes, ele passava na fazenda de Myra e visitava alguns dos parentes que ainda moravam em Vermont.

Apesar da morte do pai, Richard procurou não se abater e continuar firme com os estudos.

Sua intenção era se tornar um diplomata. Nos tempos de guerra, analisara e percebera a dificuldade que o Exército americano havia tido em se comunicar com os russos na guerra. Por isso, fizera do seu objetivo preparar-se para cumprir missão diplomática na Rússia, e começou a estudar a dificílima língua russa.

Richard criou sua própria metodologia: passava as palavras e frases do russo para o inglês, e vice-versa e, assim, desenvolvia o vocabulário e aprendia a formar frases. Também pesquisava e lia livros sobre a cultura russa, a fim de entender o modo de vida e os costumes daquele povo. Além disso, Richard idealizava depois de formado morar na Rússia por alguns anos. Na sua visão, os laços entre Estados Unidos e Rússia passariam a ser mais estreitos depois da Segunda Guerra, porque, até então, o pouco intercâmbio que havia ficava restrito ao esporte e à cultura, o que mostrava um grande caminho de relações comerciais a ser desenvolvido.

Além dos US$ 75 que ganhava do exército, o que ajudava Richard na renda mensal era o emprego que arrumara em um hotel à noite, onde ganhava diária de US$ 1, além das gorjetas recebidas por carregar as malas dos hóspedes, o que lhe rendia U$ 3, em média, por uma noite de serviço. Richard cumpria cinco horas diárias, das 19 horas à meia-noite. Mas, caso a noite estivesse rendendo boas gorjetas, esticava a jornada. Às vezes, o horário também se estendia pelas agradáveis conversas que tinha com os hóspedes. Como era um jovem muito culto, conversar com ele era um agradável passatempo. Numa dessas conversas, Richard deu boas gargalhadas quando soube que seu antecessor naquela função era um senhor de uns 70 anos de idade, cuja maior distração era, ao invés de eliminar, alimentar os camundongos que circulavam pelo local.

Aquele trabalho, além de reforçar a renda, permitia que Richard se dedicasse aos estudos. No hotel havia uma mesa disponível, na qual podia estudar as matérias bem acomodado, já que o movimento noturno era pequeno e bem tranqüilo. Agora, como antes, sua rotina era a mesma: estudar e trabalhar. Pela manhã cursava a faculdade; à tarde estudava, geralmente na biblioteca ou no quarto; e à noite, enquanto trabalhava, estudava também. Às vezes, o cansaço era tão grande que Richard dormia sobre os livros na biblioteca, o que era proibido, mas sensibilizava a bibliotecária, que fazia vista grossa, pois conhecia sua vida atribulada. Foi nessa época que Richard criou o hábito de dormir um pouco depois do almoço para repor as forças. O resultado sempre foi bastante positivo, porque melhorava o desempenho no período da tarde.

Quanto aos esportes, Richard nunca foi um praticante voraz, mas, como era obrigatória a escolha de uma atividade a ser praticada na faculdade, optou pela natação, porque nunca gostou de esportes de contato, como futebol ou basquete. Outras modalidades que apreciava e praticava eram vôlei e *softbol*, uma derivação do beisebol. Alguns esportes que necessitam de equipamentos, como o tênis, ele até gostava, mas o dinheiro não lhe permitia tal luxo. Richard também adorava andar pelas ruas de Syracuse, por isso, quase nunca pegava ônibus para se locomover; preferia sair mais cedo e ir a pé, que era mais agradável, saudável e econômico.

Aos finais de semana, costumava viajar para visitar a mãe e os irmãos. Era uma forma de esfriar um pouco a cabeça e se revigorar para a semana seguinte. Richard sempre teve grande prazer nas viagens, que encarava como uma adorável forma de lazer e prazer.

Assim como Richard, o amigo Rock tinha os dias bastante intensos. Mas a personalidade de ambos era bem diferente. Tanto, que Rock se enfronhou na política da A.C.M. e não tinha tempo para mais nada. Ao invés de estudar, ele usava seu tempo para resolver os problemas que surgiam na Associação. Nas épocas de prova, Richard ajudava Rock a estudar, e lhe ensinava as matérias mais difíceis.

O momento do dia que Richard mais curtia era o jantar, quando ele, Rock e outros colegas se reuniam. Como Richard entrava às 19 horas no hotel, eles jantavam por volta das 18 horas, sempre variando o cardápio. Durante a Segunda Guerra, os soldados americanos passaram por países da Ásia e Europa, onde conviveram com outras culturas e conheceram comidas diferentes, de paladares mais exóticos ou temperados. Ao retornarem aos Estados Unidos, esses soldados queriam relembrar os poucos momentos agradáveis dos tempos de guerra, e a melhor forma era encontrar nos Estados Unidos as comidas saboreadas em outros continentes. Assim, restaurantes japoneses, chineses, italianos, alemães, franceses, entre outros, foram abertos e espalhados pelos Estados Unidos. Além dos jantares entre amigos, Richard tinha como passatempo os bailes, nos quais se divertia, também na companhia dos amigos, e, por ser um bom dançarino, era sempre um dos preferidos pelas garotas para ir à pista.

Apesar do cansaço, Richard passou de ano na Faculdade com excelentes notas. Em fins de maio de 1947, foi visitar a mãe, em Fulton, no Estado de Nova York, para depois planejar as férias. Após estar por alguns dias com a mãe e os irmãos, na casa da irmã Lois, que nesses dias deu à luz ao terceiro filho, a quem chamou Lance, Richard resolveu fazer uma longa viagem até a Califórnia, 4.000 km distante de Fulton. Antes de partir, visitou a irmã e o sobrinho no hospital e, de lá, levado pelo cunhado até a cidade, partiu para sua viagem na base da carona.

Naquele tempo, carona era algo comum, e Richard, a fim de melhor se apresentar, sempre estava bem vestido e de barba feita, além de levar consigo duas malas pequenas que ostentavam o símbolo da faculdade que cursava, evitando que o confundissem com um arruaceiro. E a estratégia era perfeita, porque a cada carona que pegava, o próprio condutor se incumbia de garantir a próxima, dizendo a outros motoristas:

– Este rapaz vai até a Califórnia. É gente boa e decente. Vou deixá-lo aqui. Você pode levá-lo mais adiante?

Assim as caronas se sucediam sem mais problemas. Com todos os motoristas Richard entabulava praticamente a mesma conversa, falando da família, da vida, dos pais, dos estudos... E todos ficavam perplexos no mesmo ponto:

– O que você estuda, meu jovem?

– Estudo Relações Internacionais e o idioma russo.

– Você é comunista? Por que estuda russo?

– Não sou comunista. Estudo russo porque pretendo trabalhar na minha área, em Relações Internacionais. Quero ser diplomata na Rússia. Estreitar as relações norte-americanas com aquele país.

Durante a viagem, Richard decidiu visitar alguns primos que moravam em Minneapolis, Minnesota, a mais de 1.000 km de Fulton, onde ficou alguns dias passeando pela cidade e visitando os parentes. Lá mesmo, pelo jornal, soube de um rapaz que oferecia carona para mais quatro pessoas que aceitassem dividir as despesas rumo ao oeste, no Estado de Oregon. Assim, Richard chegou ao Oregon, procurou um lugar para ficar alguns dias, e, depois, conseguiu carona até San Francisco, 800 km adiante.

Na Califórnia, Richard decidiu arrumar emprego a fim de levantar algum dinheiro para ajudar na seqüência da viagem, e começou a trabalhar em um restaurante. Como temia não ser contratado, preferiu não dizer ao dono do estabelecimento que era universitário e voltaria para a Faculdade. Seu desempenho agradou tanto, que logo foi convidado pelo proprietário para assumir a gerência do estabelecimento. Lisonjeado, não pôde aceitar a proposta, e acabou por confessar que somente estava de passagem.

Malas prontas novamente, Richard agora seguiria para Los Angeles, cidade pela qual tinha muita curiosidade.

Em San Bernardino, nos arredores de Los Angeles, quando já fazia o trajeto de volta para casa, Richard viu um homem de boné, elegantemente vestido, passar em um Buick novo, conversível, com placas do Kansas. Ele era magro, de boa estatura, e aparentava ter uns 60 anos. Curiosamente, o homem também o notou. Vendo Richard com uma mapa na mão, concluiu que talvez estivesse procurando uma carona, então, parou o carro e o chamou. Richard educadamente se aproximou:

– Olá, meu jovem. Quer carona?

– Olá. Quero ir até Las Vegas. Por acaso o senhor vai rumo a essa cidade?

– Sim, vou até lá. Pode entrar que o deixo em Las Vegas.

Rapidamente Richard se apresentou e acomodou-se no banco da frente. Como forma de retribuir a gentileza, Richard colocou-se à disposição para dirigir o carro, caso o homem estivesse cansado. O motorista se apresentou, dizendo chamar-se Mr. Warrick. E qual não foi a surpresa de Richard ao descobrir que ele era pai de Ruth Warrick, uma famosa atriz de cinema da época. Ela não interpretava papéis principais, mas sempre era coadjuvante de destaque nos filmes.

Depois de um bom tempo de viagem e de agradável conversa entre eles, Warrick perguntou:

– Richard, importa-se em dirigir o restante do percurso?

– De forma alguma. Será um prazer.

Warrick parou o carro. Richard assumiu o volante e saiu cuidadosamente, dirigindo com atenção. Mas seu coração batia eufórico, afinal, lá estava ele, com as mãos no volante e o pé no acelerador de um Buick novo e conversível. Quanta emoção! Durante as seis horas de viagem, Richard dirigiu pelo menos metade do caminho. Ele contou ao novo amigo que, de Las Vegas, seguiria até o Estado de Nova York. Warrick ofereceu-se para levá-lo até Kansas City.

Em Las Vegas, eles procuraram um hotel, se hospedaram e cada um foi para seu quarto tomar banho e descansar, combinando de se encontrarem uma hora depois para o jantar. Já no final da refeição, Warrick começou a definir o roteiro do dia seguinte. Ele pretendia ir para Denver, no Colorado:

– Richard, tenho muitas coisas para fazer em Denver. Você levará o carro até a cidade e ficará com ele enquanto resolvo o que preciso. Aproveite esse tempo livre e passeie, conheça a cidade. Vá me buscar depois de umas três horas.

De volta ao hotel, conheceram dois rapazes que pretendiam fazer o mesmo trajeto. Warrick ofereceu carona, e eles aceitaram. No dia seguinte, os quatro partiram bem cedo. A viagem mais uma vez foi muito agradável, com conversas ricas e descontraídas. Warrick era muito expansivo e divertido. A previsão era a de chegarem a Wichita City, no Kansas, perto do meio-dia, pois Warrick havia marcado um almoço com seu primo. Trajeto cumprido, Warrick ficou na casa do primo, e os três rapazes saíram de carro. Depois de alguns minutos, um deles perguntou:

– Richard, como é que Warrick deixa o carro com você? Ele o conhece há tão pouco tempo!

– Acredito que ele confiou em mim. E devo ter dado motivos para isso.

Depois de almoçar, os três rapazes saíram a passeio. Mesmo longe de Warrick, Richard manteve cuidado ao dirigir o carro. No meio da tarde, como combinado, foram buscar Warrick e seguiram até a casa de seu irmão, em Kansas City, aonde chegaram no final da tarde, depois de deixarem os outros dois rapazes na entrada da cidade. Richard, agora, completava, desde que saíra de Fulton, aproximadamente 6.000 km de viagem, um terço dos quais na agradável companhia de Warrick.

Quando chegaram em frente à casa do irmão de Warrick, Richard ficou boquiaberto diante da enorme e linda mansão. Warrick pediu que Richard o esperasse no carro, porque não demoraria e logo o deixaria na estrada para que seguisse viagem. Era o término da parceria, Warrick ficaria em Kansas City. Enquanto aguardava, Richard ficou admirando a maravilhosa casa e os detalhes da construção. Depois de uns 20 minutos, Warrick saiu e levou Richard a um ponto da cidade em que seria mais fácil pegar carona. Era um domingo, dia difícil de conseguir carona, pois as famílias viajavam juntas e os carros estavam geralmente lotados. Ainda que a carona fosse oferecida, a viagem era desconfortável e constrangedora; era preferível pegar carona com alguém que viajasse sozinho.

Ao se despedirem, Warrick deu um forte abraço em Richard e lhe disse:

– Rapaz, foi um grande prazer conhecê-lo Continue assim, tão correto, educado, atencioso e competente.

Richard agradeceu muito aquelas palavras, a gentileza e a confiança nele depositada, mas não trocaram contato; Richard se arrependeu de não ter anotado o endereço do amigo, porque poderia pelo menos mandar-lhe uma carta. Logo depois da despedida, um homem que viajava sozinho parou e ofereceu carona. Richard aceitou, e os dois viajaram boa parte da noite até chegarem ao leste do Estado do Missouri; encontraram um hotel, registraram-se, deixaram as malas nos quartos e saíram para jantar, e, entre conversas sobre a vida, sonhos e projetos, o novo amigo revelou ser um *T-man*, funcionário do Departamento do Tesouro Nacional, cargo muito respeitado e de grande responsabilidade à época.

Richard ainda levou por volta de dez dias para chegar em casa, de volta à faculdade e a sua rotina. Ele sabia que havia sido um aventura preciosa, porque se aproximara e conhecera pessoas e lugares maravilhosos, saboreara as comidas locais, trabalhara, adquirira experiência de vida... Enfim, ele havia aproveitado tudo ao máximo, mas sem extravagância. Uma experiência que o enriqueceu em todos os aspectos, deixando em sua lembrança as imagens das planícies, desertos e das capitais, de arquiteturas tão modernas e repletas de prédios. Ao todo, Richard acredita ter gasto uns US$ 400, embora ainda tenha voltado com dinheiro no bolso, porque trabalhou durante a viagem.

Além de tudo, Richard aprendeu a verdadeira regra do caronista, na qual deve-se respeitar o *short stop*, ou seja, quando se chega a um local onde há uma ou mais pessoas na frente, a prioridade da carona é de quem chegou primeiro. Nada de "furar fila". Apesar da regra, a escolha sobre quem entra no carro é do motorista. E, é evidente, entre uma pessoa suja, maltrapilha e barbuda, e outra, como Richard, estudante e de boa aparência, a segunda sempre levava vantagem. Por várias vezes ele foi convidado a pegar carona, mesmo tendo chegado depois de outras pessoas.

Richard também logo aprendeu a criar as próprias estratégias quando conseguia uma carona. Inicialmente, dizia pretender ir para locais mais próximos do que o planejado. Assim, a qualquer momento ele poderia abandonar a carona caso algo não o agradace, como um motorista que gostasse de beber ou que dirigisse mal. Mas, se tudo corresse bem, podia pedir que a carona fosse prolongada.

No primeiro dia depois da volta à rotina em Syracuse, Richard e Rock aproveitaram o dia livre para colocar a conversa em dia e contar o que cada um tinha feito durante as férias:

– Rock, fiz uma viagem maravilhosa. Depois que minha irmã deu à luz, viajei de carona para...

E por toda a tarde e parte da noite os dois amigos contaram suas aventuras, e foram dormir a fim de se preparar para a manhã seguinte que daria início à rotina. A segunda metade de 1947 e a primeira de 1948 foram intensas. As cargas de trabalho e estudos continuavam fortes para Richard. Mas tudo valeu a pena porque, ao final da temporada, formou-se na Faculdade. Quanta alegria ao conferir as notas e confirmar que havia passado em todas as matérias.

Durante a cerimônia de graduação, Richard estava muito orgulhoso. Não deixou transparecer a emoção, mas, internamente, sabia que havia vencido uma importante batalha até aquele momento da vida. Sua família estava muito orgulhosa, ele era o primeiro entre os irmãos a conseguir o diploma de faculdade.

Depois de cumprir todo o protocolo, Fisk foi ao encontro dos familiares. Ao estar com Bob, o irmão lhe fez uma surpresa, quando o abraçou com um pequeno embrulho nas mãos:

– Dick, você é o orgulho da nossa família. O único entre nós que estudou e se formou. Estou muito orgulhoso, feliz e realizado em vê-lo diplomado. Por isso quero lhe dar este presente.

Richard não tinha palavras. Ganhar um presente de Bob! Ele era mesmo assim, sempre demonstrando carinho muito mais com atos do que com palavras. Bob era parecido com sua mãe. "O que será?", Richard pensou, pegando o presente. Depois de encarar o irmão por alguns segundos, começou a abrir o presente. Era um lindo anel de formatura:

– Bob, meu irmão, que surpresa! Que maravilhosa surpresa!

Richard não conseguia parar de olhar para o anel. Depois de colocá-lo no dedo anular esquerdo, deu um forte abraço em Bob e sussurrou ao seu ouvido:

– Nada disso seria possível se eu não tivesse o carinho e o apoio de vocês.

Mr. Fisk no dia de sua formatura

Agora, o mestrado

No último ano de faculdade, Richard já havia se candidatado ao mestrado em duas outras instituições de ensino. Seu desejo era iniciar o mestrado e ir em busca do título imediatamente após a formatura. Ele não queria perder tempo, principalmente porque teria outra vez bolsa integral oferecida pelo governo dos Estados Unidos.

As duas faculdades em que ele pretendia estudar estavam em Washington, a enorme Faculdade de Georgetown, e a pequena School of Advanced International Studies. Ambas ofereciam o mestrado em Relações Internacionais pelo período de um ano intensivo de estudos. Richard escolheu a menor, porque queria maior integração com o grupo de trabalho e com as pessoas da faculdade, e também por entender que seria mais interessante ter esse convívio próximo com profissionais que estariam no mesmo mercado que ele.

As primeiras aulas do curso de mestrado tiveram início no verão. O tempo provou a Richard que estava certo ao optar por uma faculdade menor. Aquele ano de estudos foi de grande realização pessoal e profissional, com visitas a monumentos, estudos na biblioteca do Congresso e convivência com pessoas que se espalhariam pelo mundo e levariam consigo a responsabilidade de representar os Estados Unidos.

Nessa época, um dos momentos marcantes foi a palestra de Richard Nixon, que em 1949 era senador e anos mais tarde se tornaria presidente dos Estados Unidos (de 1969 a 1974).

Entre os orientadores, a professora de língua russa era sua preferida, e sobre quem corria o boato de que seria uma princesa. Mas, independentemente do possível título, ela utilizava um método de ensino excepcional. Richard também gostava das aulas de cultura oriental, ministradas pelo professor Alger Hiss, cujo irmão havia sido acusado por Richard Nixon de ser informante dos comunistas, embora jamais se tivessem confirmado tais denúncias. Alger Hiss era de uma família nobre dos Estados Unidos, o que não impediu de seu irmão ser perseguido e investigado. Através de algumas cartas, constatou-se que a máquina utilizada para escrevê-las fora realmente a dele, o que resultou ao irmão de Alger uma grande difamação pessoal, associada à traição ao país. Para os menos esclarecidos, aquilo era o pior dos crimes cometidos, até porque se vivia então uma época de relações tensas entre Estados Unidos e Rússia.

Em 1949, enquanto cursava o mestrado, Richard enviou uma carta ao governo russo, solicitando a oportunidade de morar por um ano no país. Ele pretendia colocar em prática o que tinha idealizado há alguns anos. Mas a resposta, apesar de aguardada com grande ansiedade, não veio. Com o passar do tempo, Richard terminou por descobrir que a Rússia nem mesmo abria suas portas aos turistas, e sequer os norte-americanos se sentiam à vontade na relação com os russos, pois a imagem do país era a de ter um povo comunista.

Larry e Sarah Fisk no embarque de Nova York para a América do Sul

Com a aproximação do fim do mestrado, Richard começou a se preocupar com a falta de perspectivas profissionais. Depois de tanto se dedicar, vislumbrando um futuro melhor, até aquele momento da vida nenhuma grande oportunidade profissional havia se apresentado.

Ao contrário de seu irmão Larry que, tão logo começou a trabalhar para a embaixada dos Estados Unidos, em 1948, foi transferido para a Venezuela, levando Sarah para morar com ele na América do Sul. Em novembro de 1949, Larry havia sido novamente convocado para outra mudança, e desta vez havia ido morar com a mãe no Brasil. Meses depois da mudança, Richard recebeu uma carta do irmão.

Capítulo 5

1950: O convite para conhecer o Brasil

"Richard, eu e mamãe gostaríamos que viesse nos visitar no Brasil. Moramos em São Paulo, em um apartamento espaçoso. É uma grande cidade; cheia de recursos e oportunidades. O que acha?"

Assim terminava a carta de Larry ao irmão. Aquele convite mexera com a cabeça de Richard.

Concluído o mestrado, Richard foi morar com Bob em Nova York, um período de muita decepção, frustração e depressão. A indefinição profissional pesava ainda mais. Bob levava a vida tranqüilamente; ele havia se preparado e freqüentado cursos de cabeleireiro, e agora trabalhava em um dos bons salões da cidade. O irmão mais velho, Herb, estava casado e trabalhava como gerente de uma pequena indústria de leite pasteurizado e derivados, um trabalho bastante intenso e pesado, mas que o fazia feliz. A irmã Lois levava a vida que havia planejado: era dona de casa e mãe de família.

Depois de se formar na Faculdade de Syracuse, em 1948, e de concluir o mestrado em 1949, como um dos primeiros alunos em ambos, Richard queria trabalhar, pois o dinheiro guardado ele já havia gasto quase todo com suas despesas. Um ano antes, ele havia recebido uma proposta de emprego do governo dos Estados Unidos, mas preferiu concluir o mestrado, e a vaga foi preenchida. Não havia novas oportunidades de trabalho no governo naquele momento, por isso, Richard idealizou trabalhar em uma grande empresa norte-americana, fazer carreira em alguma companhia, e Nova York era o lugar certo para achar esse emprego.

No começo, Bob supria as despesas da casa. Mas Richard não conseguia emprego, e aquela situação começou a incomodá-lo, porque sempre gostara de ser independente e de não sobrecarregar os irmãos. Sem opção de escolha, depois de muito procurar ele começou a trabalhar em uma escola técnica no período noturno, apenas para garantir o sustento. Mesmo sem muito entusiasmo, Richard buscava encontrar fórmulas e idéias para dinamizar o negócio. Muitas de suas sugestões foram aceitas e implantadas, e uma delas foi de que a escola iniciasse turmas aos sábados, o que lhe rendeu um aumento de cinco dólares no salário.

Paralelamente ao trabalho, diariamente ele comprava o jornal, separava os anúncios que interessavam e mantinha contato para apresentar-se como postulante às vagas oferecidas. Richard sabia que era muito capaz e preparado, e que sempre fora muito estudioso e ciente das responsabilidades. Mas naquele momento as empresas pouco contratavam. Estavam com as vagas repletas e as oportunidades eram mínimas. Aqueles que não serviram ao Exército e haviam sido empregados antes ou mesmo durante a guerra, aproveitaram as melhores oportunidades de mercado. Algumas empresas usaram o momento, em que havia muitas pessoas qualificadas desempregadas, para receber os currículos e arquivar para uma eventual necessidade futura. Outras terceirizavam o serviço de contratação e passavam a responsabilidade a profissionais especializados em oferecer a vaga, recrutar e selecionar os candidatos, para depois indicá-los às empresas com as quais mantinham parceria – uma atividade que décadas depois passaria a ser conhecida como *Head Hunter*, caçadores de talentos.

Apesar de o histórico de Richard impressionar os avaliadores, ele se deparava, a cada contato ou entrevista, com o maior problema dos recém-formados: a falta de experiência. O que mais ouvia era: "Procuramos alguém com pelo menos cinco anos de experiência". Mas, como adquirir essa experiência se ninguém lhe dava oportunidade, se ninguém acreditava que ele seria capaz de, apesar da pouca idade, desenvolver as tarefas com qualidade?

Havia outra justificativa que o deixava ainda mais arrasado: "Você é muito qualificado para a vaga. Logo estará insatisfeito com a condição que oferecemos". Sequer era dada a possibilidade de argumentação. As conversas eram secas e duras; ninguém se preocupava em orientá-lo para encontrar uma boa oportunidade. Apesar das longas conversas com Bob, Richard sentia muito a falta de um conselheiro, das palavras de alguém mais experiente. Estava literalmente perdido, sem saber o que fazer para reverter a situação.

Apesar de seu descontentamento, Richard sabia que aqueles que tentavam lhe mostrar a realidade tinham razão e procuravam poupá-lo para uma melhor oportunidade. Mas não era fácil, nem confortável, ouvir que seu maior problema era ser muito capaz e competente, e que seu excesso de qualificação o atrapalhava. O que queria era uma primeira chance, não importava em qual função, ainda que abaixo de suas qualificações. Ele precisava disso para mostrar na prática as aptidões a fim de alavancar uma carreira. Mas, naquele momento, nem mesmo o governo dispunha de vagas.

Aos 27 anos, Richard pensava em trocar de ares. A juventude provocava-lhe a curiosidade, a necessidade de conhecer outras culturas e costumes. Sua primeira opção havia sido passar um ano na Rússia, e para isso se preparara cursando Relações Internacionais a fim de se tornar um diplomata.

Mas, terminada a Segunda Guerra Mundial, as relações entre norte-americanos e russos foram rompidas. A Rússia, por sua vez, fechou suas portas ao mundo. Tinha, então, início a Guerra Fria, entre Estados Unidos e União Soviética, as duas superpotências, disputando a hegemonia política, econômica e militar no mundo, que só encontraria seu final em 1990 com a dissolvição da União Soviética.

Richard Fisk entendeu o cenário mundial e decidiu que poderia ser uma boa oportunidade conhecer o Brasil. Lá ele descansaria por um tempo, estaria com a mãe e Larry, e conheceria um país sobre o qual quase nada sabia. Nenhum amigo seu havia ido ao Brasil; nem mesmo nos filmes a que costumava assistir jamais havia visto uma citação sobre o país. Tudo que estudara até então era relacionado à Rússia: economia, população, costumes, influência do país na Europa e na Ásia e as participações nas Guerras. Estar na América do Sul era algo que até então sequer havia passado por sua cabeça; tanto, que precisou de um mapa para localizar as cidades do Rio de Janeiro e de São Paulo.

O pouco que os norte-americanos sabiam dos latinos era que alguns deles costumavam imigrar ilegalmente para os Estados Unidos e viviam de subempregos, seguindo o mesmo caminho dos que emigram buscando novas e melhores condições de vida.

Richard sempre procurou estar preparado para todas as oportunidades e novidades, e, agora, sua primeira providência foi comprar um livro que ensinasse a língua portuguesa. Em fevereiro de 1950, a passagem estava comprada e tudo pronto para a viagem, que teria início em Nova York. Em razão da necessidade de economizar, Richard viajou em navio cargueiro, no qual havia acomodação para apenas 12 passageiros. Mas a viagem foi bastante agradável, com excelentes refeições, e Richard devorando o livro para ter as noções básicas do português.

A primeira parada do navio no Brasil foi no porto do Rio de Janeiro. Richard ficou hospedado no próprio navio e aproveitou para conhecer um pouco da cidade e das praias maravilhosas.

Depois de quase duas semanas de viagem, em 7 de março o navio que o trouxe ao Brasil, cujo presidente na época era o militar Eurico Gaspar Dutra, ancorou no porto de Santos. Lá estavam Larry e Sarah para recepcioná-lo, e ambos ficaram boquiabertos quando ouviram Richard dizer:

– Bom dia! Sinto saudades! Que calor!

Em meio a beijos, abraços e risadas, ele confidenciou como aprendera aquelas palavras. Os três foram no carro de Larry para o apartamento alugado, na Avenida Brigadeiro Luiz Antônio, Bairro da Bela Vista. Durante o trajeto, Richard ficou impressionado com o grande número de propagandas espalhados pelas ruas, e comentou com a mãe e o irmão que gostara da comunicabilidade do povo brasileiro.

Mr. Fisk com a mãe na chegada dele ao Brasil em 1950

No apartamento de Larry, que tinha até telefone, coisa rara então, privilégio concedido pelo fato de trabalhar no Consulado dos Estados Unidos, Richard tomou banho e organizou os pertences no quarto que o irmão lhe destinara. Depois, os três sentaram-se à mesa, onde já estava servida a deliciosa comida e os molhos especiais preparados pela mãe. Ali eles conversaram muito e mataram a saudade. Richard contou como estava a vida nos Estados Unidos e sobre Bob, Herb e Lois. Larry e Sarah falaram do Brasil e das experiências vividas na Venezuela.

No dia seguinte, como coração de mãe é muito sensível, Sarah aproveitou que Larry saíra para trabalhar e chamou Richard para uma conversa. Ela sentia que algo não estava bem com o filho:

– Richard, eu o conheço muito bem. Sei que algo o incomoda. Conte-me, querido, o que o tem deixado deprimido?

– Sabe mãe, dediquei minha vida ao estudo e não consegui arrumar um emprego decente nos Estados Unidos, algo que estivesse de acordo com minha qualificação.

Sarah sentiu seu coração ficar apertado, principalmente por saber que Richard era sem dúvida o mais dedicado aos estudos entre os filhos. Desde criança levara a sério a escola. Ela escolheu as palavras certas para não desestimulá-lo ainda mais:

– Richard, não busque encontrar culpados. Nada melhor que um novo dia para que as oportunidades apareçam. E você, além de um novo dia, está em um país diferente, cheio de vida e promissor.

Richard reanimou-se com as palavras da mãe e percebeu, como nunca, a falta que sentira daquele carinho materno. Seu rosto mostrou uma suavidade, que não passou despercebida de Sarah.

– Você tem um histórico maravilhoso. Tenho certeza de que uma grande oportunidade o aguarda. Mas, agora, esqueça isso. Aproveite esses momentos ao nosso lado e para conhecer melhor São Paulo e o Brasil.

Richard sorriu e ganhou um forte abraço da mãe. Agora ele sentia que acertara realmente em vir ao encontro de Sarah e Larry.

Dois dias depois da chegada ao Brasil, Richard decidiu sair à procura de emprego. Algo que lhe trouxesse dinheiro para ajudar nas despesas da casa. Ele sabia que Larry jamais lhe exigiria um centavo sequer, mas não se sentia confortável com aquela situação. Desde os 17 anos sempre tinha sido responsável pelo próprio sustento. Agora, aos 27 anos de idade, não ia querer sobrecarregar o irmão.

Num domingo de manhã, Richard comprou o jornal e separou um anúncio que lhe chamou a atenção, principalmente porque dizia "Necessitamos de profissional com inglês fluente". Durante o almoço, contou à mãe e ao irmão sobre o anúncio.

Desde que chegara ao Brasil, Fisk em nada estranhou o ritmo de vida ou a alimentação do país, até porque era a mãe quem cozinhava. Ela mantinha no Brasil os mesmos hábitos que tinham nos Estados Unidos, agora acrescidos pelas frutas, em razão da época em que Sarah e Larry haviam morado na Venezuela e se adaptado a uma alimentação mais saudável.

O primeiro emprego no Brasil

Na manhã da segunda-feira, Richard estava no endereço do anúncio. A empresa, Óleo Galena Signal, pertencia à Companhia Texaco e prestava serviço em estradas de ferro. O escritório ficava ao lado do Teatro Municipal, no Anhangabaú, centro de São Paulo. Depois de preencher a ficha e passar pela entrevista, a resposta foi afirmativa:

– Senhor Richard, esteja aqui amanhã, no primeiro horário. Boa sorte na nossa empresa.

Aquelas palavras lhe soaram como uma massagem no ego. Boa sorte! Como era maravilhoso ouvir aquilo. Mesmo há poucos dias no Brasil, ele já tinha arrumado um emprego relativamente bom, algo que não tinha conseguido nos Estados Unidos. Brasil... São Paulo... As coisas pareciam mesmo que iriam mudar... E mudar para melhor...

Como o escritório da empresa ficava relativamente perto do apartamento, Richard muitas vezes ia e voltava a pé. Além de estudar diariamente o português, Richard passou a praticá-lo na marra. Seu chefe, chamado Droke, também norte-americano, estava há cinco anos no Brasil e não falava quase nada do português, mas, pelo cargo que ocupava, tinha à disposição uma secretária bilíngüe que traduzia todas as cartas e documentos importantes. Mas Richard não tinha essa mordomia, e precisava se virar sozinho, e, em poucas semanas, já conseguia se comunicar bem em português. Seus colegas de empresa também foram importantes, porque sempre conversavam bastante com ele, ajudando-o a se desenvolver. A partir de então, Richard, que já falava excepcionalmente o inglês e bem o russo, passou a dominar também o português. Sua força de vontade contagiou Droke, que começou a se interessar mais em aprender a língua portuguesa.

Mesmo estando contente no emprego, Richard desejava conseguir mais um reforço na sua renda mensal. Naquela época, existiam poucas escolas de idiomas, e o interesse das pessoas pelo aprendizado da língua inglesa também era pequeno, e atraía basicamente a elite.

A União Cultural Brasil/Estados Unidos manteve convênio com o Consulado norte-americano, que indicava nativos para os cursos. Por isso, o primeiro a saber das vagas para professores foi Larry, que se dirigiu até a escola, fez um rápido exame e foi aprovado.

Imediatamente após ter sido aceito, Larry perguntou se haveria a possibilidade de empregarem seu irmão. A resposta foi afirmativa, e Larry sugeriu a Richard que também se candidatasse. Richard foi à escola, preencheu uma ficha, passou por uma prova e recebeu a notícia: “Você foi aprovado. Queremos que participe do nosso quadro de professores”.

Assim os irmãos começariam a dar aulas na União Cultural. Richard passaria a trabalhar durante o dia na empresa coligada à Texaco e à noite daria aulas de inglês para duas turmas, com 20 alunos cada. Ao chegar em casa, Richard contou a boa notícia para a mãe e o irmão. Aquela era mais uma prova de que as palavras de Sarah eram sábias. Durante a conversa, a mãe reforçou o que havia dito dias antes: “Richard, sinto que uma grande oportunidade está à sua espera”.

Sarah estava mesmo certa. Depois de conhecer o Brasil, Richard entendeu ter feito a melhor escolha. Ao contrário do Brasil, a Rússia era um país de clima extremamente frio, característica que também servia para definir seu povo. O fato de lhe ter despertado o interesse pela língua russa, por ter enxergado uma oportunidade profissional, fez com que Richard entendesse que também o povo brasileiro deveria se interessar em aprender outras línguas, em especial o inglês, que Richard tão bem dominava.

A primeira aula foi marcada já para a noite seguinte. Richard procurou se dividir durante o dia entre as atividades da empresa e o preparo da aula. Ao final do expediente, estava ansioso com o grande momento que se aproximava. Perto das sete da noite já estava na sala de aula. Seu coração batia forte e as pernas estavam trêmulas. Como não se sentia seguro o suficiente para encarar a turma em pé, resolveu iniciar a aula sentado. Mas não precisou de muito tempo para se ambientar com tudo aquilo, e em menos de dez minutos levantou-se da cadeira. Richard procurava encarar os alunos e demonstrar firmeza e segurança naquilo que ensinava. Encerrada a aula, o cansaço bateu, mas um cansaço gostoso, de quem havia vivido um dia intensamente e se satisfeito por completo.

Richard se realizava com as aulas. Sentia que havia uma entrega total por parte dele naquela atividade. Após as aulas, estava feliz, certo de ter acrescentado conhecimento àqueles alunos.

No primeiro exame que aplicou a uma das turmas, Richard colocou a seriedade acima da amizade, porque não permitiria que nada perturbasse a ordem ou a disciplina em sala de aula. Após cumprimentar os alunos, foi incisivo:

– Caros alunos, boa noite. Quero deixar claro que não admitirei conversas paralelas ou qualquer comportamento que não o silêncio e a concentração individual. Portanto, peço que respeitem as regras. Bom exame.

Depois de passar as questões, Richard ficou com os olhos atentos aos movimentos do grupo. Até que, na parte de trás da sala, dois irmãos tentaram se comunicar. Aquilo, efetivamente, era um desrespeito às regras, algo que deveria ser rigorosamente punido. Imediatamente, Richard pediu que ambos devolvessem as provas. Criou-se um clima de mal-estar na sala. Outros alunos tentaram em vão interceder em favor deles, mas Richard, em nome da ordem, manteve-se firme e anulou a prova dos dois. Apesar de reprovar os irmãos, ele ganhou ainda mais o respeito do grupo, além de mostrar aos alunos que o carinho e a amizade que ele dispensava em sala de aula nada tinham a ver com a seriedade que se deve ter para levar o curso adiante.

Depois de se sentir seguro e adquirir certa experiência em sala de aula, Richard optou por candidatar-se a professor em uma escola que estava começando as atividades e ainda em fase de conclusão do primeiro livro, o

Instituto de Idiomas Yázigi, que ficava na Rua Líbero Badaró, no centro de São Paulo. Seu currículo agradou e ele foi contratado, passando a ganhar um salário melhor.

De imediato Richard pegou algumas aulas. Seu trabalho deixou a direção da escola tão satisfeita, que cada vez mais aulas lhe eram destinadas. Até que chegou o momento em que teve de escolher entre assumir todas as aulas disponíveis ou continuar na Texaco. Como Droke, que era seu chefe e de quem Richard se tornara amigo, inclusive de sua família, iria retornar aos Estados Unidos, optou por seguir a carreira de professor, assumindo a partir dali aulas nos três períodos: manhã, tarde e noite.

Nessa época, Fisk fez amizade com uma de suas alunas, Zélia de Toledo Piza, uma moça muito bonita, simpática e de família tradicional, cujo pai era médico. Apesar de muito nova, Zélia era separada do marido e tinha três filhos pequenos, que a impediam de trabalhar fora de casa. Mas era uma mulher muito independente que, para garantir o sustento da família, fazia doces em casa para vender e pagar as despesas. Como forma de melhorar sua qualificação profissional, pois queria entrar no mercado de trabalho assim que os filhos crescessem um pouco mais, Zélia foi estudar inglês. Entre eles nasceu uma grande amizade, que anos mais tarde viraria casamento.

Hebe Camargo, Airton e Lolita Rodrigues, foram alguns dos alunos de Richard que depois se tornariam artistas famosos.

A mudança de rumo

Sorte! É com esta palavra que se define, de maneira simplória, a capacidade que algumas pessoas têm de transformar determinadas situações em grandes oportunidades profissionais. Mas a melhor definição de sorte é: estar no lugar certo, na hora certa e preparado para a oportunidade.

Imagine, como um exemplo, que um diretor de cinema vá almoçar e veja no restaurante uma moça exatamente com o perfil que precisa para determinado papel. Isto é estar no lugar certo e na hora certa, porque, se ela tivesse ido cortar o cabelo antes de almoçar, perderia a chance. Mas, para que essa situação se torne uma grande oportunidade profissional, ela precisa ter capacidade e apresentar potencial para ser desenvolvido, estar preparada para interpretar e interessada em fazer o teste que a avaliará para o papel.

E esta definição de sorte foi reforçada com mais um bom exemplo, o de Richard.

No início de 1951, o Yázigi fez parceria com os Diários Associados, empresa fundada por Assis Chateaubriand, que abrangia todos os meios de comunicação da época: rádio, jornal e a TV Tupi. A parceria visava desenvolver um projeto que previa a apresentação de aulas de inglês na televisão, a reprodução dessas aulas na Rádio Tupi e a publiação concomitante no jornal da empresa. Antes de o projeto começar, os diretores da escola pensaram em uma fórmula para caracterizá-la como realmente a melhor, que possuía diferenciais. A solução encontrada foi a escolha de um professor jovem, de boa aparência, carismático, e que fosse norte-americano. A pronúncia fluente da língua inglesa e o português arrastado mostrariam que, no Yázigi, os professores eram nativos e que lá se aprenderia o mesmo inglês falado nos Estados Unidos. O único professor que se encaixava exatamente neste perfil era ninguém mais que Richard Hugh Fisk.

Mas, se Richard não tivesse disposição e competência para transformar aquela situação em uma grande oportunidade profissional, nada daquilo serviria. E se fosse antipático ou tímido no vídeo? E se entendesse que o trabalho na TV não era investimento, e sim perda de tempo? Afinal, poucos tinham condições financeiras para comprar o aparelho. E se preferisse se divertir ao invés de trabalhar de graça nos programas televisivos? Era comum os amigos perguntarem: "Richard, quanto é que você recebe para aparecer na televisão?". Sua resposta: "Nada". E se ele não enxergasse o futuro da TV como meio de comunicação de massa? E se ele não colocasse na balança o fato de fazer algo inédito, o de ser o primeiro a dar aulas de inglês na TV?

Mas Richard desenhou e definiu tudo isso de forma muito clara em sua mente. E caso isso não acontecesse, com certeza, abriria mão do "atalho" que aproveitou para chegar ao sucesso.

A verdade é que naquele momento Richard entendeu que nem sempre o que investimos em nós mesmos é dinheiro. Pode-se investir tempo, trabalho, aprendizado... Ele sempre se preparara para trabalhar em público e ter o domínio da palavra; havia tido até aulas de teatro, fundamentais para quem quer ganhar expressão corporal, interpretação e desenvolver formas de prender a atenção do público. E tudo começara com as leituras das notícias que fazia timidamente nos tempos da High School.

Apesar de visualizar claramente toda a situação promissora, Richard aceitou a proposta, principalmente, porque faria o que gostava e amava: relacionar-se com as pessoas e ensinar inglês, até porque, nem tinha ainda grandes ambições em relação ao Brasil. Larry voltaria logo para os Estados Unidos, assim que findasse a missão diplomática, e ter a própria escola de inglês sequer passava pela cabeça dele.

Mas, apesar de tudo isso, Richard estava na hora certa, no lugar certo, e preparado para a oportunidade!

Assim, ele começou a apresentar os programas, representando o símbolo do curso: Mr. Pep. Apesar de a televisão estar ainda no início, a imagem de Richard começou, cada vez mais, a se tornar popular. Pouco a pouco as pessoas passaram a reconhecê-lo em locais públicos, e diziam: "Olha o rapaz que ensina inglês na TV". Criada em 1950, a televisão ainda não era popular, principalmente se comparada ao rádio. Mesmo assim, vagarosamente, Mr. Pep tornou-se muito conhecido e querido pela criatividade que impunha às aulas.

Depois das aparições na TV, Richard passou a ser o mais requisitado para dar aulas. Inclusive pelo próprio pessoal da imprensa, porque o Yázigi havia destinado algumas bolsas de estudos para os funcionários dos Diários Associados. Todos queriam aulas com Mr. Pep. Em uma dessas aulas, o grupo de estudos, formado por pessoas que trabalhavam na empresa de comunicação, o deixou sensibilizado.

Certo dia, antes de iniciar a aula, Richard contou aos alunos a "bola fora" que havia dado:

– Um dia, ao chegar em casa, fui para o quarto me trocar. Percebi uma pequena mancha na minha gravata e decidi removê-la. Peguei então uma lata, que pensei ser de fluido de isqueiro. Mas, ao invés de removedor, aquela era uma lata de óleo. Conclusão: a mancha, que era pequena, tornou-se enorme...

A história, somada ao jeito extrovertido de Richard, ficou muito engraçada. Os alunos riram muito, e a aula foi iniciada. No dia seguinte, ao entrar na sala, Richard viu um pacote sobre a mesa. Imediatamente perguntou se alguém tinha esquecido o pacote ou se era de algum aluno. Os alunos apenas se entreolharam, até que um deles disse:

– Mr. Pep, este é um presente nosso para você.

Richard ficou comovido. Um presente de pessoas que ele nem conhecia direito e com as quais se relacionava apenas profissionalmente. O povo brasileiro era realmente muito carinhoso e especial. Aquela era mais uma demonstração disso. Algo semelhante já havia acontecido na União Cultural, onde também era sempre presenteado. Uma aluna até chegou a bordar para ele o nome nas camisas que usava.

Ao abrir o pacote, Richard ficou ainda mais sensibilizado. Eram duas gravatas, duas lindas e caras gravatas. Além de os alunos lhe fazerem aquela surpresa, ainda haviam tido o cuidado de comprar algo para repor a gravata estragada pela mancha de óleo.

Richard sorriu, e sentiu sua garganta apertada... Recuperou-se, e tocou a aula adiante.

Nasce Mr. Fisk

Antes de voltar com a mãe para morar nos Estados Unidos, Larry alertou o irmão para um problema que poderia acontecer futuramente, de ele realmente se transformar em Mr. Pep e as pessoas não se lembrarem mais de seu verdadeiro nome. Aquele alerta fez Richard solicitar a mudança. Seu pedido foi aceito e, na abertura do programa, passou a constar: *Richard Hugh Fisk, representando Mr. Pep.*

Apesar do sucesso, o programa deixou de ser veiculado em 1953. Tempos depois, Richard decidiu sair do Yázigi e dar aulas particulares, que aconteciam na casa dele, na casa dos alunos, nas empresas e nas repartições públicas. Mesmo assim, manteve um excelente relacionamento com a direção da escola, sendo inclusive convidado para a inauguração de uma nova sede, construída anos depois. A relação entre ele e a direção do Yázigi sempre envolveu muito respeito.

Quando passou a dar aulas particulares, Richard promoveu uma mudança estratégica. A partir dali, adotou o nome Mr. Fisk, não mais Richard, muito menos Mr. Pep. Ele percebeu que muitos alunos que o procuravam haviam abandonado as outras escolas porque os seus métodos de ensino não os faziam desenvolver a conversação.

Problema posto, Fisk começou a procura de uma didática que superasse totalmente o que era apresentado pela concorrência. Nascia ali, pelo menos na idéia, o que conheceríamos mais tarde como "Método Fisk de Ensino", e que por décadas seria o grande diferencial do trabalho por ele desenvolvido.

Experiência no comércio, e de volta às aulas

No final de 1955, apesar de ter vários alunos, Fisk entendeu que poderia ser mais bem-sucedido em outra área. Havia certa limitação de ganho como professor particular, e ele desejava participar de outro tipo de negócio, ter uma empresa. A amiga Zélia, e agora também namorada, lembrou-lhe que Áurea, sua irmã, e o marido, Massimo Terrana, tinham uma loja de artigos esportivos, onde ela também trabalhava, e perguntou:

– Fisk, você quer conhecer a loja? Gostaria de associar-se a eles?

Ele aceitou a sugestão, e os dois foram até a Rua Líbero Badaró, no centro de São Paulo. A loja, chamada Esporte Nacional, era muito conhecida na época. Áurea estava na Itália. Quando da sua volta, eles marcaram uma conversa. Depois de alguns encontros, no início de 1956 Fisk associou-se à empresa. Richard gostou do negócio, principalmente da idoneidade do casal. Aquilo significava o início de uma nova etapa profissional e o fim das aulas particulares.

Em 1954, uma fatalidade abalou a política brasileira. Depois de se reunir com ministros, na qual foi aconselhado a renunciar, o então presidente Getúlio Vargas suicidou-se na madrugada do dia 24 de agosto. Com a sua morte, o vice, Café Filho, do partido UDN, União Democrática Nacional, assumiu a presidência.

Getúlio Vargas foi o sucessor do general Eurico Gaspar Dutra, o então presidente quando Fisk desembarcara no Brasil.

A gestão de Vargas foi marcada por medidas polêmicas, como as leis sobre restrição da remessa de lucros das empresas estrangeiras para o exterior, de crimes contra a economia popular e do monopólio estatal da exploração e produção de petróleo. Outra medida que não agradou aos militares, que protestaram publicamente, em forma de manifesto à nação, foi um polêmico reajuste de 100% no salário mínimo. Além disso, o governo Vargas sofreu fortes acusações de corrupção.

Os quatro, Zélia, Fisk, Áurea e Massimo, passaram a administrar a loja. Fisk assumiu a responsabilidade de comandar o estoque e realizar as compras. No primeiro ano, tudo foi às mil maravilhas. Mas daí em diante a relação entre Fisk e Massimo ficou complicada. Nada muito ostensivo, mas havia um

Conhecido por JK, Juscelino Kubitscheck foi eleito em turno único com 36% dos votos e cumpriu mandato entre 31 de janeiro de 1956 e 31 de janeiro de 1961, quando passou o poder a Jânio Quadros.

Sob o *slogan* "*Cinqüenta anos em cinco*", as ações do novo governo visavam ao desenvolvimento econômico do país e à abertura do comércio externo, e, assim, teve início um forte processo de industrialização, principalmente da área automobilística. Com a entrada de multinacionais no país, alguns profissionais foram transferidos para o Brasil a fim de difundir o *know-how*, e a comunicação passou a ser preponderantemente em inglês. Ainda, conseqüência desse movimento, começaram a chegar ao Brasil as literaturas técnicas, também em inglês.

JK estabeleceu para seu governo 31 metas, divididas em seis áreas: transporte, energia, alimentação, indústria de base, educação e a mudança da capital do país para Brasília.

Além do desenvolvimento econômico, que determinou a abertura ao comércio externo, ainda estavam estabelecidas metas, como construção de hidrelétricas, incentivo à educação e construção de estradas.

Aliado a isso tudo, aconteceu mais uma série de medidas incentivadoras ao crescimento, como a redução e isenção de taxas e impostos, e uma forte política de crédito e financiamento para as empresas.

Outra medida de JK foi incluir entre as prioridades estreitar as relações entre o Brasil e os Estados Unidos, intercâmbio que incentivou as pessoas a aprenderem a falar inglês.

Mesmo com o alto endividamento externo e o aumento da inflação, que chegou a 25% ao ano, o período do mandato de Juscelino Kubitscheck na presidência foi lembrado como "Anos Dourados".

Fisk foi um dos que os viram dessa forma.

confronto de idéias que incomodava Fisk, algo inédito para ele.

Fisk e Zélia decidiram sair da sociedade em meados de 1957 (anos mais tarde, Áurea mudou a loja para a Rua Teodoro Sampaio, no bairro de Pinheiros, zona sul de São Paulo). Foi uma experiência importante, que permitiu a Fisk entender que nada que não fosse ensinar inglês seria interessante profissionalmente dali em diante. Assim, retomou as aulas particulares e rapidamente conseguiu remontar uma turma de alunos suficiente para garantir-lhe o sustento.

Naquele período, Fisk percebeu uma grande transformação no Brasil.

Diferentemente do início da década, a partir de meados dos anos 1950, aprender inglês começou a deixar de ser um privilégio das classes mais abastadas para se transformar em necessidade profissional. O que provocava esse crescimento do interesse pelo idioma era a forma de gestão de Juscelino Kubitscheck na presidência do Brasil.

Brios feridos

Em fins de 1957, no período das férias Zélia e Fisk se casaram, e ela se mudou com os filhos para o apartamento dele. A vida de casado deu um novo ânimo a Fisk, e seu apartamento na Avenida Brigadeiro Luis Antônio, que vivia vazio, passou a ficar cheio de gente e mais alegre, agitação que ficava por conta de Celso, Marcos e Roberto, os filhos de Zélia, e das brincadeiras que Fisk adorava programar para se integrar e interagir com eles. Era uma divertida disputa entre os quatro para ver quem ficava com os brinquedos. O envolvimento era tão grande que as crianças o chamavam de *daddy* (papai). Apesar do pouco tempo para descontração e diversão, todos estavam felizes e unidos. As refeições eram momentos de grande satisfação, e mais ainda quando saíam para passear ou viajar. Fisk não tinha carro na época, e os passeios eram feitos de ônibus ou trem.

Em dezembro, Zélia deixou os filhos com a irmã e viajou com Fisk para os Estados Unidos, pois ele queria apresentá-la à sua família.

Fisk fez questão de levá-la até Vermont e mostrar-lhe um pouco de sua origem, além de aproveitar para rever os parentes que ainda moravam lá. Aquela era a primeira vez, depois de alguns anos, que Fisk retornava ao lugar em que morara praticamente por toda a infância e parte da pré-adolescência. Ele aproveitou aqueles dias também para estar o máximo de tempo possível ao lado da mãe e dos irmãos.

A viagem não foi muito longa, e em janeiro de 1958 Fisk e Zélia já estavam no Brasil, pois ele não queria perder os alunos das aulas particulares.

Zélia e Mr. Fisk com Sarah, nos Estados Unidos

Mr. Fisk, a mãe Sarah e os irmãos Bob e Larry (da esquerda para a direita)

Mas, para sua surpresa, ao ligar para os alunos na tentativa de montar a agenda de aulas, quase que invariavelmente ouviu:

– Fisk, agora não dá. Vamos deixar para março.

No final das ligações, surgiu o problema para o qual Fisk não havia se preparado. Alunos particulares só pagam os meses de atividade, e não os de férias. Como ele e a família viveriam durante janeiro, fevereiro e até mesmo março? Sua responsabilidade agora era muito maior, e mais "faminta"...

Nessa época, Fisk fazia dublagem de três músicas em inglês na TV Paulista, e não demorou muito para surgir um convite do Yázigi para voltar a apresentar programas na TV Tupi. O convite chegou para aliviá-lo. Uma bem-vinda forma de melhorar a fonte de renda.

Os programas, planejados na casa de Fisk, eram mais diversão do que realmente trabalho. O "elenco" era formado por Fisk, Zélia, seus filhos e alguns amigos que participavam das gravações. Como as crianças não falavam inglês, tinham de mascar chiclete para dar a impressão no vídeo de que estavam cantando. Zélia sempre preparava um lanche para ser saboreado entre as gravações, dentro, é claro, do que o dinheiro permitisse. Para aprimorar ainda mais a plástica da dublagem, Fisk e Zélia tomaram aulas de canto, algo que os agradava muito.

Apesar do sucesso que o programa fazia, enquanto Fisk e Zélia estavam em viagem aos Estados Unidos, um dos integrantes da equipe de Fisk, chamado Paulo, que interpretava um tipo de galã do programa, foi procurado por um diretor do Yázigi. Na verdade, era mais uma sondagem.

– Paulo, acredito que você tem condições de apresentar o programa sem o Fisk. Você aceita nosso convite?

– Aceito sim. Farei o programa.

Com Paulo no lugar de Fisk, os custos do programa seriam bem menores. Afinal, Fisk já era considerado uma celebridade, um *pop star* dos programas de inglês. Além de Paulo, alguns integrantes da equipe mudaram de lado.

Sem que Fisk soubesse o motivo, seu contato na escola pediu-lhe que o programa fosse suspenso momentaneamente. Mas a informação acabou vazando. Um dos membros da equipe soube e foi procurá-lo:

– Fisk, preciso lhe contar algo. Um representante do Yázigi foi procurar o Paulo. Ele aceitou fazer o programa no seu lugar. Você pode falar com alguém? Tentar reverter isso?

– Acredito que posso. Vou até lá conversar.

No dia seguinte, logo pela manhã, Fisk foi até a sede do Yázigi. A fim de esclarecer a situação, pediu para falar com um dos donos da escola, Fernando Silva. Em pouco tempo Fisk foi atendido. Depois da troca inicial de cumprimentos, Fisk entrou no assunto que o interessava:

– Fernando, o que está havendo? Por que vocês foram procurar o Paulo e outros integrantes do meu grupo se já havíamos acertado tudo para que eu fizesse os programas?

– De forma alguma, Fisk. Queremos você no programa. Fique tranqüilo, vou resolver esse assunto. Vou checar o que aconteceu e voltarei a procurá-lo rapidamente.

Depois de ouvir isso do próprio presidente da empresa, Fisk ficou tranqüilo. Foi para casa e convocou uma reunião com os que realmente haviam ficado ao seu lado:

– Quero que saibam que fui falar com o Fernando. Ele disse que nós faremos o programa.

Todos se sentiram mais tranqüilos. Mas nada do que Fernando dissera naquela conversa foi confirmado na prática. Os dias se passaram e nenhum contato foi mantido. Então Fisk voltou a procurar Fernando para pedir providências, e ouviu as mesmas palavras:

– Fique tranqüilo. Logo vamos procurá-lo!

Mas esse logo nunca chegou. O programa, tendo Paulo como apresentador, foi mesmo ao ar na TV Tupi. Fisk se sentiu imensamente magoado, mas, como era seu hábito, depois de tudo não sobrou rancor. O que o consolava é que alguns programas que foram ao ar nunca empolgaram; estavam longe de obter o sucesso que ele e seu grupo haviam alcançado. No fim, o programa durou somente alguns poucos meses.

Mas Fisk realmente não guardou rancor. O ocorrido foi tranformado em grande dose de força para que ele buscasse, como se costuma dizer, a "carreira solo". Anos depois, ele entendeu claramente que aquela experiência foi um enorme impulso para começar sua trajetória. Fisk já sabia, como ninguém, dar aulas, escrever e corrigir apostilas, relacionar-se com os alunos, apresentar programas de TV... Só faltava mesmo era testar-se como um administrador de empresas, como empreendedor. Ele mal sabia que esta era juntamente uma das suas principais qualidades.

Capítulo 6

O início da trajetória empresarial da ESCOLAS FISK

Fins de maio de 1958. O que fazer depois daquela rasteira?

Como o próprio Fisk confidenciou à esposa, foi um "chute na canela". É verdade que ele dava aulas particulares de inglês para se manter, mas o fato de os alunos suspenderem as aulas no período de férias tornava a atividade economicamente inviável, e aquilo o incomodava. Vender os programas? Talvez. Mas a quem oferecê-los? A experiência do passado com as vendas das revistas de porta em porta já lhe havia mostrado que não era bom nisso. Questões como essas lhe renderam uma longa noite de reflexão. Muitas idéias lhe passaram pela cabeça. Grandes e arrojadas idéias. Ao acordar bem cedo, como de costume, Fisk tomou banho e foi para a mesa do café da manhã, mas com um ar diferente. Já havia organizado seu projeto durante toda a noite. Quando chegou à mesa, brincou com a esposa:

– *Darling, the life is so beautiful!!!*[4]

– O que deu em você, Fisk? Está diferente hoje, com cara de quem vai aprontar alguma...

– E eu preciso mesmo aprontar alguma... Zélia, tenho 35 anos de idade, não tenho carro, minha renda é suficiente apenas para nos manter e pagar as

---

4 Querida, a vida é tão linda!!!

despesas... – de repente, o rosto de Fisk se transformou. O sorriso deu lugar à seriedade: – Zélia, tive uma longa noite de reflexão. Continuar a dar aulas particulares não nos proporcionará um futuro diferente ou melhor do que a vida que levamos agora. Não sairemos do mesmo lugar. Posso até ganhar um bom dinheiro, mas, como professor particular há um limite para isso.

– E o que você tem em mente, então?

– Tenho que acreditar no meu potencial, querida. Se o Yázigi conseguiu abrir escolas, por que é que eu não posso? Se ele pode, eu posso. Posso, e vou abrir!

– Mas...

Fisk nem deixou sua mulher concluir o raciocínio:

– Querida, posso e vou abrir! Ou melhor, podemos e vamos abrir a escola! Preciso da sua ajuda. E tenho tanta convicção de que prosperaremos que o nome será Escolas Fisk, no plural! – ele fez uma pausa, e continuou: – Só tenho uma única certeza: não quero sócio. Cansei de presenciar sociedades que tinham tudo para dar certo mas ficaram no meio do caminho. Não gosto de ser pressionado. Confirmei isso quando trabalhamos na loja Esporte Nacional.

A esposa beijou a testa de Fisk e passou as mãos pelos seus cabelos e rosto. Era desse carinho e confiança que Fisk precisava para seguir adiante e transformar o sonho em realidade. Aliás, para ele aquilo nunca foi um sonho, mas, sim, algo muito palpável e próximo de acontecer.

– Zélia, sei que existem escolas que já são consideradas grandes e modelos de sucesso. O que elas têm a mais do que eu, agora, é dinheiro, pois foram criadas há alguns anos. Com trabalho sério e determinação, também posso criar uma empresa para ser um sucesso dentro de alguns anos – dessas palavras nascia o maior empreendedor de escolas de idiomas que o Brasil conheceu.

Decisão tomada, agora era hora de lotar a escola de alunos. Fisk sabia da força da propaganda, por isso fez anúncios na TV Tupi e nos jornais dos Diários Associados, onde estavam estampados a foto de Zélia e o número do telefone da casa deles, além de alguns dizeres que identificavam a presença de Fisk como professor e diretor da escola. Aos poucos, o telefone começou a tocar. As pessoas ligavam e demonstravam interesse em iniciar o curso. E as matrículas cresciam gradativamente.

Mas havia ainda um detalhe importante: Qual o endereço da escola?

Embora Fisk já tivesse feito propaganda e até algumas matrículas, o local em que a escola seria montada não estava definido, apenas sua determinação de que a escola fosse instalada longe de onde funcionava o Yázigi. Fisk não queria ser acusado de antiético ou de querer "roubar" alunos da casa em que trabalhara por alguns anos.

Unidade da Rua Francisca Miquelina/SP

Assim resolvido, Fisk passou a visitar os endereços agendados pelos corretores. Não demorou muito e o imóvel apareceu: Rua Francisca Miquelina, nº 118, no Bairro da Bela Vista. Era relativamente perto de sua casa, mas longe do Yázigi. Sua atitude fez com que o respeito e admiração que já tinha dos antigos patrões crescessem ainda mais. Ninguém tem o direito de proibir as pessoas de irem em busca dos próprios sonhos e objetivos, e era exatamente isto o que Fisk fazia naquele momento ao abrir a escola de inglês. O respeito dos antigos patrões contagiou também seus companheiros, que falavam pelos corredores: "Fisk é um homem determinado. Poderia dar aulas onde bem quisesse, mas trocou a segurança do emprego pelo próprio negócio".

Mr. Fisk no final da década de 1950

Fechada a locação do imóvel, imediatamente teve início o trabalho para a montagem da escola. Fisk não podia perder tempo. Para se diferenciar das concorrentes, comprou cadeiras em madeira com o assento e o encosto em lona. Eram de montar e desmontar, semelhantes àquelas que ficaram marcadas como cadeiras dos diretores de cinema. Eram também muito confortáveis e coloridas, e possuíam uma adaptação para que fosse encaixado o braço, ou seja, o apoio para os alunos na hora de escrever.

Fisk as colocou, na sala de aula, em círculos, a fim de permitir que os alunos ficassem lado a lado, facilitando a comunicação entre eles, sem a necessidade de olhar para trás ou virar o rosto para falar com os colegas; eram os diferenciais idealizados pela criatividade de Fisk.

Além disso, Fisk foi até uma empresa que conhecia, que fazia luminosos e placas para pontos comerciais. Ele não podia investir muito dinheiro naquilo, embora soubesse da importância que tinha para o negócio. Enquanto se dirigia ao local, pensou nos dizeres que queria colocar. Depois de negociar o preço e a forma de pagamento, o rapaz que o atendeu perguntou o que deveria ser escrito no letreiro. Ele encheu o peito e respondeu:

– Escolas Fisk.

O nome deveria, mesmo, estar no plural, tamanha era a confiança de Fisk no negócio que iniciava.

Com o pouco tempo que faltava para a inauguração, ele, Zélia e as pessoas próximas literalmente colocaram a mão na massa. Pintaram a casa e fizeram uma pequena reforma no local. A decoração era muito simples, o móvel da recepção era um bar do apartamento improvisado como mesa. A secretária que Fisk contratou, chamada Aurora Silva, irmã do professor Paulo Silva, ex-aluno de Fisk e o primeiro professor a ser contratado, sempre dizia aos alunos que procuravam a escola:

– Vamos preencher os dados da ficha de inscrição nesta mesa mesmo, enquanto a minha não chega da fábrica.

Fisk divertia-se com aquilo, pois sabia que a mesa não tinha previsão nenhuma de chegar, até porque não havia sido comprada.

Foi Aurora também quem recortou as letras que formavam as palavras Escolas Fisk e colou-as na janela, para dar visão a quem passasse pela rua enquanto o luminoso não chegava. Desde o início da escola, Fisk entendeu que, como diz o ditado: "a primeira impressão é a que fica". Portanto, ter uma secretária expansiva, simpática e que falasse bem o português e, claro, se possível também o inglês, era fundamental. Uma secretária competente era capaz de convencer o aluno a matricular-se na escola, mas também, se não agisse corretamente, poderia dar motivos para que se optasse pela concorrente.

Em agosto de 1958, com um tímido coquetel, a escola foi inaugurada. Uma festa reservada, só mesmo para não deixar passar em branco o primeiro dia de aulas da escola.

Mas Fisk sabia que existiam alguns problemas em relação ao imóvel. O pior deles é que os alunos tinham que passar pelas outras salas quando se dirigiam até o local em que teriam aula. No total, eram seis salas. Até o quadro-negro era disposto de forma que pudesse ser dividido entre as pequenas salas.

Os primeiros meses de escola foram muito bons. Os grupos iniciais haviam se formado basicamente com aqueles das aulas particulares e somaram aproximadamente 60 pessoas. Havia ainda algo de que Fisk não abria mão: ter no máximo oito alunos por sala de aula. Outras escolas mantinham grupos bem maiores, com mais do dobro disso.

Com o nível excepcional das aulas, em dezembro a escola atingiu 100 alunos. Uma grande alegria para Fisk, pois, com esse número de alunos, ele já poderia continuar a fazer propaganda na televisão. Seria um investimento que consumiria boa parte do que era faturado. Um investimento alto, mas válido e necessário.

E a marca merecia uma comemoração, por isso Fisk programou uma nova festinha.

Nasce o Método Fisk de Ensino

Como a grande maioria dos alunos que compunham as salas de aulas da Escolas Fisk, e também dos alunos particulares, era formada por adultos, Fisk pensava em criar o primeiro livro dirigido a quem tinha mais de 16 anos e certa base em inglês. Outro ponto que reforçava seu interesse em criar material próprio era o fato de que, nas turmas mais avançadas, Fisk utilizava livros importados. Mas ele não conseguia adotar o mesmo material para todas as turmas, porque alguns se esgotavam e não eram repostos pelas importadoras, o que o incomodava muito. Ele também tinha consciência de que o método e os livros adotados pelas escolas significavam a personalização do ensino de cada uma delas, além, é claro, do nível das aulas dadas pelos professores nas salas.

Assim, Fisk começou a engendrar planos para escrever os livros da escola, que criariam o método próprio de ensino da Escolas Fisk. Naquele estágio, já estavam definidos os nomes dos três primeiros estágios do curso:

Basic, Junior e *Senior.* A idéia foi retirada dos tempos da High School, e as denominações foram muito bem-aceitas não só pelos alunos, conforme veremos adiante, mas até por alguns concorrentes, que passaram a adotar as mesmas terminologias.

Nas escolas públicas e privadas de ensino, o inglês e o francês eram matérias obrigatórias, embora muitas optassem por uma ou outra língua. Mas era difícil trabalhar esses idiomas em salas compostas por grande número de alunos, onde alguns, ou muitos, não tinham o mínimo interesse no aprendizado e buscavam apenas tirar a nota exigida para serem aprovados.

Mesmo assim, isso fazia com que os alunos tivessem um conhecimento básico, comumente vocabulário e regras gramaticais, mas não conseguiam formar frases, principalmente perguntas. Pensando sobre isso, uma luz se acendeu na cabeça de Fisk, e com ela começou a nascer um método sustentado na estrutura do inglês, além de muito reforço para a conversação em salas de aulas: o livro *Basic.*

A estrutura do aprendizado de uma língua funciona como se fosse a construção de uma casa, que precisa de uma base. A necessidade da conversação também foi desenvolvida por meio de uma organização bem planejada e didaticamente sólida. Fisk sabia que os alunos sempre querem falar um novo idioma, mas se esquecem de certas estruturas que formam a base do aprendizado. Seria como aprender a tocar um instrumento sem conhecer e estudar as notas musicais. E, costumeiramente, seus alunos perguntavam sobre a utilização dos verbos auxiliares:

– Mr. Fisk, por que em algumas situações se usa o *do* (presente) e em outras o *did* (passado)? Não consigo entender isso.

Imediatamente Fisk pegava uma caneta, um pedaço de papel, e escrevia: *do* (presente), *did* (passado), *will* (futuro), *would* (futuro do pretérito), e explicava como fazer perguntas e respostas curtas com o uso dos verbos auxiliares:

– Imagine o verbo *work*, trabalhar. Você pode elaborar as seguintes perguntas e respostas: *Do you work?* (Você trabalha?); *Did you work?* (Você trabalhou?); *Will you work?* (Você trabalhará?); *Would you work?* (Você trabalharia?). E as respostas afirmativas são, respectivamente: *Yes, I do; Yes, I did; Yes, I will; Yes, I would.*

Com o carisma que lhe era peculiar, Fisk fazia um verdadeiro teatro em sala, usando a interpretação para clarear a mente dos alunos. Por exemplo, ao explicar o verbo *work,* fazia mímica e gestos de datilografar, marretar, desenhar, manusear máquinas, dirigir... Enfim, inúmeras atividades profissionais. Quando os alunos acertavam a palavra em inglês, ele abria um largo sorriso e puxava uma salva de palmas para quem acertara a resposta. Mas a cada palavra errada, ele balançava negativamente a cabeça, franzia as sobrancelhas e fazia aquela cara de poucos amigos. Os alunos deliravam com as aulas e, obviamente, aprendiam muito.

Assim que fazia aquela rápida explicação, permitindo-se uma "escorregadinha", uma leve explicação em português, a resposta dos alunos era sempre a mesma:

– Agora entendo essa diferença!

Fisk sempre foi contrário às metodologias utilizadas nas escolas que proibiam terminantemente que a língua nativa fosse falada em sala de aula.

Para facilitar o aprendizado, ele destinava entre três e quatro minutos, das aulas de 60 minutos, para fazer comparativos e transformar frases, verbos e palavras do inglês para o português. Com o tempo de aula e o aumento do aprendizado, cada vez menos esse recurso era utilizado. O método desenvolvido por ele agilizava e facilitava as tarefas no aprendizado da língua inglesa.

Ao final das aulas, os alunos lhe pediam para que escrevesse rapidamente as dicas que acabara de explicar na sala, que anotasse aquela estrutura básica e que tanto abria a cabeça dos alunos que estavam no início do curso. Fisk atendia a todos e escrevia em pedaços de papel o que os alunos chamavam de "fórmulas". Depois de tantos e reiterados pedidos, Fisk realmente entendeu que esse método era algo inovador, inédito, pois muitos alunos que vinham de outras escolas se impressionavam com os ensinamentos. E esta certeza veio depois de uma das aulas:

– Mr. Fisk, eu gostaria que escrevesse essas fórmulas no meu caderno.

– Sem problemas. Por que você quer que eu faça isso?

– Porque abriu minha mente. Parece que tudo ficou mais fácil depois dessa explicação.

Outros alunos passaram a endossar as palavras do companheiro de grupo. Agora, Fisk, que já tinha certeza da importância daquele método, enxergava naquilo uma grande oportunidade. Sabia que estava confirmando o que aprendera anos atrás: que muitas vezes os detalhes podem mudar o rumo de uma vida. Era um método de ensino perfeito e criado de acordo com seus aprendizados adquiridos no passado, quando fez o curso *Time and motion study*, cuja dinâmica era facilitar, organizar, criar praticidade e maximizar o tempo.

Naquele dia, Fisk se despediu dos alunos e pensou na situação durante o trajeto para casa. No ônibus, pegou algumas folhas, uma caneta, e começou a rabiscar. Quando chegou em casa, não encontrou Zélia e as crianças, que haviam saído, e aproveitou a tranqüilidade para fazer o que queria: continuar a esboçar o livro que imaginava ser o método ideal de aprendizado.

Naquela noite, Fisk deve ter ficado por volta de três horas na mesa de jantar da sala, que ele fazia de escritório, concentrado no trabalho. Os dias que se sucederam também tiveram suas horas vagas destinadas à construção do livro. Zélia percebia o alto estágio de concentração de Fisk naquela mesa da sala, e um dia perguntou:

– Fisk, o que é que tem mantido você tão entretido nesses últimos dias?

Para não perder o ritmo, ele respondeu:

– Zélia, no momento certo conversaremos sobre isso. Quero preparar melhor o material antes de apresentá-lo a você.

Dias depois, Fisk pediu a Zélia que conversassem. Eles esperaram as crianças dormir, porque Fisk precisava de tempo para explicar tudo. Sentados àquela mesma mesa, Fisk disse:

– Zélia, você nem acredita o que tem acontecido nas aulas...

– Fisk, não faça mistério. Conte logo – ela estava curiosa e impaciente.

E ele começou a detalhar tudo o que acontecia:

– Zélia, minha maior preocupação é fazer um curso básico em que o aluno pelo menos entenda a estrutura das frases, principalmente das perguntas. E tenho conseguido isso com os alunos. Ensino a eles os verbos e os tempos em que podem ser aplicados, como passado, presente, futuro... Com isso, eles conseguem ter uma clara noção da criação de frases. Ou seja, um aluno do curso básico consegue falar e entender inglês, mesmo que ao modo dele e dentro das limitações de aprendizado que ainda possui. É mais ou menos como se fosse um corpo humano que já realiza movimentos, embora ainda de forma mais dura, mecânica, robotizada. Mesmo assim, ele já consegue andar e se locomover. É este o inglês que eles podem falar. E à medida que se desenvolvem, esse corpo humano ganha sincronismo, agilidade, velocidade e perfeição nos movimentos.

– Mas isto é maravilhoso, Fisk.

– Claro que é Zélia. Temos um enorme diferencial nas mãos. Agora, precisamos nos concentrar na criação de livros próprios. Chega de adotar métodos tradicionais e livros importados. Criarei o "*Método Fisk de Ensino*", fundamentado nas formas dos verbos auxiliares.

– E quanto à falta de vocabulário dos alunos?

– Buscarei contornar isso com *this, that, these* e *those,* embora o vocabulário deles seja razoável. Eles podem não saber determinada palavra, mas se usarem um desses pronomes demonstrativos conseguirão se expressar.

– Fantástico, Fisk!

Daquele momento em diante, ambos se concentraram na criação do livro. Fisk, que se dividia entre as aulas e a elaboração do material, desenvolvia o método e a estrutura do livro; Zélia se responsabilizava pelas revisões e traduzia para o português as palavras que Fisk ainda desconhecia, além de ajudar no vocabulário. Ela também alertava para possíveis problemas e dúvidas, o que ajudava a lapidar ainda mais o método. O primeiro professor contratado por Fisk, Paulo Silva, também colaborou nessa etapa. Ele havia sido um dos melhores alunos de Fisk.

Foi um árduo período de trabalho naquele ano de 1958 para que parte do livro estivesse pronta. Mas tudo aconteceu dentro de uma naturalidade impressionante. Os fundamentos da base do inglês formavam o conteúdo do material. Era como se Fisk concebesse a seqüência do livro. A primeira lição já continha 20 verbos e 20 complementos, na qual ele apresentava os verbos auxiliares: *do, did, will, would*, para fazer perguntas e dar respostas afirmativas, e *don't, didn't, won't* e *wouldn't*, para respostas negativas. Essas formas eram repetidas várias vezes até ficarem muito claras na cabeça dos alunos. Fisk também exigia que eles ressaltassem o verbo auxiliar – como o *do* – nas confecções das frases: *Do you have a pencil?* (Você tem um lápis?).

Quanto ao livro básico, ou *Basic*, como era conhecido, Fisk conseguiu concluí-lo poucas semanas depois da inauguração da escola. Com o mesmo ineditismo da primeira lição, obedecendo a seqüência, outras se sucederam. A segunda lição foi com *does*; a terceira com *we, you* e *they*; a quarta explorou *what, where, when* e *why*, seguidos pelos auxiliares; a quinta lição foi com o verbo *to be* (ser, estar) e as comparações; depois vieram outros verbos auxiliares: *may, can, could, should e must;* a décima-segunda lição, que fechava o livro, era sobre o verbo haver (*there*), acrescido do verbo *to be* conjugado (*will there be, can there be...*). Assim Fisk trabalhava a formação de perguntas e respostas com os alunos.

Uma a uma as lições eram muito intensas e amarradas de forma que a lição seguinte estivesse sempre ligada à lição anterior. E a elas, Fisk ainda aplicava o aprendizado de números, horários, dias da semana, meses etc. A semente estava plantada. Ao final das doze lições, Fisk tinha uma certeza: era o maior patrimônio que tinha conquistado até aquele momento de sua vida. Ele havia criado um método revolucionário.

Não demorou e um *zum-zum-zum* sobre o livro de Fisk começou a ser ouvido no mercado. Mas, como ele costumava usar e permitir a tradução das palavras para o português, os concorrentes entendiam que seu método estava desatualizado. Mal sabiam eles que aquela era uma estratégia que o próprio Fisk havia utilizado quando aprendera russo, traduzindo algumas palavras para o inglês. O professor queria mesmo é que os alunos aprendessem a língua com a leitura de jornais escritos no idioma e decorando as palavras em russo. Por conta própria, Fisk fazia fichas, que podiam ser carregadas nos bolsos, com 50 palavras em russo e suas traduções para o inglês.

Aquilo o fizera entender que se tivesse aprendido a estrutura da língua ao invés da tradução pura e simples, o aprendizado seria muito maior e mais rápido. Além disso, por sua experiência adquirida, os alunos adultos não aprendem apenas com a repetição das palavras, como acontece com as crianças; eles precisam saber o significado das palavras para aprendê-las. Uma criança assimila com maior facilidade as palavras, principalmente quando se consegue associar a imagem: mostrar uma janela e dizer *window*, mostrar uma porta e falar *door*, e assim por diante. Já os adultos costumeiramente pensam em português antes de falar o inglês: ele olha a porta, pensa na palavra em português e depois transporta para o inglês, *door*.

Era impossível afirmar que o livro seria bem-aceito, mas, interiormente, Fisk tinha certeza de ter dado o melhor de si na confecção daquele trabalho.

Sentia-se satisfeito com o produto criado. E ele sempre fora extremamente exigente consigo mesmo enquanto escrevia as lições, pois se cobrava demais e era muito autocrítico.

Livro pronto, Fisk saiu em busca de uma gráfica. Encontrou uma perto de casa, onde imprimiu lição por lição. À medida que ficavam prontas, elas eram distribuídas aos alunos. Fisk também usava gibis dos personagens de Walt Disney, escritos em inglês, para trabalhar em sala de aula com os alunos.

Nas aulas, principalmente dos alunos que estavam no primeiro livro, Fisk evitava corrigir constantemente pequenos deslizes na pronúncia. Claro que se fosse um erro grave, ele intervinha; por exemplo, se ao pronunciar *what* o aluno dissesse *vát* ao invés de *uát,* ele seria corrigido imediatamente. Isso acontecia porque, na concepção de Fisk, corrigir e pronunciar a palavra *não* por várias vezes consecutivas poderia criar um bloqueio na mente dos alunos. Por isso, exigia que eles tivessem a base do inglês fundamentada e deixava que a pronúncia correta acontecesse com o decorrer do tempo. O que Fisk sempre exigia é que os alunos não tivessem medo de cometer erros, e os alertava constantemente:

– Quero que vocês soltem a língua. Falem sem medo. Não se esqueçam de que estamos em sala de aula. E não há lugar mais apropriado para cometer erros do que as salas de aulas...

Mr. Fisk sempre acreditou no sucesso da sua empresa

Junior – o segundo livro

Logo depois Fisk iniciou a construção do segundo livro, denominado *Junior.*

No início, o termo assustou um pouco os alunos, pois júnior, no Brasil, significa algo voltado para crianças, infantil (nos Estados Unidos, o termo é utilizado para adolescentes, e indica o terceiro ano de colégio). Esse segundo livro estava fundamentado em conversação – como os alunos já tinham o conhecimento da base do inglês solidificado, era hora de soltar a língua literalmente, e Fisk decidiu explorar as conversas corriqueiras e profissionais que eles poderiam enfrentar se tivessem que viajar para os Estados Unidos – e também continha conversões e medidas (por exemplo: pesos, distâncias, temperaturas, moedas, entre outras).

O próximo passo foi preparar o terceiro livro, chamado *Senior* (equivalente ao quarto ano de colégio nos Estados Unidos).

Nesse estágio, muitos grupos eram encerrados, pois alguns alunos desistiam de seguir o curso e comprometiam a seqüência da turma. A melhor opção para manter os alunos que queriam continuar o aprendizado era remanejá-los para outros grupos, um problema que o tempo se encarregaria de buscar soluções e criar ferramentas para amenizar, como o telemarketing.

O livro de Fisk ensinava a preparar cartas comercias. Assim, os alunos teriam como conversar e, agora, também, se corresponder profissionalmente com pessoas ligadas a empresas dos Estados Unidos; além disso, esse estágio também era fundamentado nas rotinas diárias vividas pelas pessoas, como, por exemplo, as refeições: *What did you have for breakfast? What time did you have breakfast? Where did you have breakfast?* (O que você tomou no café da manhã? A que horas você tomou o café da manhã? Onde você tomou o café-da-manhã?).

O quarto livro foi o *Intermediate,* e o quinto, *Advanced.* E assim por diante os livros foram sendo elaborados, impressos e publicados.

Anos depois, em meados da década de 1970, Fisk mudou a nomenclatura dos livros. Os livros *book one* (livro 1) *e book two* (livro 2) eram dirigidos, por assim dizer, a quem tinha menos de 12 anos. Os considerados mais adultos já podiam iniciar com o *book three* (livro 3), e assim por diante. Com isso, havia certo massageamento no ego de quem tinha condições de iniciar no terceiro livro, pois já ficava subentendido que o aluno estaria em estágio mais avançado. Foi uma estratégia comercial que surtiu excelentes efeitos práticos.

No início de 1959, Fisk começou a sentir na pele algo semelhante a "espionagem" comercial. Era comum alguns alunos se matricularem, receberem o material e nunca aparecerem para assistir às aulas. Provavelmente, esses livros eram levados a pessoas que se interessavam em saber que tipo de material Fisk utilizava na escola; outra possibilidade era a de alguns desses alunos estarem a mando de professores particulares que, em poder dos livros, poderiam tirar cópias e adotá-los nas aulas por eles ministradas.

Na verdade, Fisk corria certo risco, mas na época nem lhe passava pela cabeça a idéia de registrar o material. Claro que era também uma época em que a postura ética das pessoas era diferente. A concorrência era pequena e quase não havia livros produzidos no Brasil. Sendo assim, quem é que poderia se interessar em registrar uma marca e alguns livros de idiomas? Mas os tempos mudaram, e Fisk também, principalmente em relação à forma de se portar sobre o assunto, ou seja, o registro de marcas e direitos autorais.

O método Fisk de ensino na TV

Quanto à sua escola, ia muito bem. O número de alunos crescia gradativamente. Tanto, que Fisk decidiu intensificar a propaganda da escola na televisão. Ele manteve contato com um seu conhecido diretor da TV Paulista e marcaram encontro. Antes mesmo que Fisk pudesse dizer o formato que pretendia do comercial e até saber o custo da veiculação, o diretor da emissora lhe fez a seguinte pergunta:

– Fisk, o que você acha de fazermos um programa de inglês, como aquele que você apresentava tempos atrás?

Era tudo o que ele desejava. Fisk sabia que não havia propaganda melhor do que apresentar um programa de inglês na televisão, que, naquela época, já começava a ficar difundida nas casas dos brasileiros. Portanto, a resposta não poderia ser outra:

– Aceito. Estou muito feliz com o convite. Vamos fazer um maravilhoso trabalho juntos.

Fisk voltou a preparar os programas da Escolas Fisk para serem exibidos na TV Paulista. Ele e a esposa Zélia reuniam em casa os integrantes da equipe para as gravações. Fisk acertava tudo: preparava o cenário, os textos, dividia as funções... Tudo aconteceu de forma rápida, e dez dias depois o primeiro programa foi apresentado, baseado no método de ensino adotado na Escolas Fisk. Novamente o programa foi um sucesso.

Mas algo inesperado aconteceu. Fisk foi mais uma vez procurado pelo diretor do Yázigi. Mesmo que tentasse adivinhar, ele jamais imaginaria o motivo que provocara a conversa, que aconteceu durante almoço marcado por ambos. E foi o executivo da concorrente que abriu o diálogo:

– Fisk, você sabe que temos um grande carinho e respeito por você. Temos uma relação profissional sólida. Por isso, quero que você volte a dar aulas nas escolas Yázigi do Rio de Janeiro e de Belo Horizonte.

Voltar a dar aulas no Yázigi? Deixar de se dedicar ao próprio negócio para trabalhar na concorrente? Para quem analisa de fora, a situação parece bem confusa. Mas Fisk não entendeu assim. Foi exigente na proposta e avaliou que, se aceita, poderia lhe dar certo suporte financeiro. Além disso, daria aulas em cidades onde não tinha escola própria. Dessa forma, o dinheiro arrecadado na Escolas Fisk poderia ser totalmente investido no negócio:

– Bem, minhas condições para aceitar são essas. Se vocês concordarem, começo já na próxima semana.

E eles realmente aceitaram o que Fisk havia proposto. O salário pedido foi calculado em horas-aula, com base naquilo que Fisk ganharia se estivesse dando aulas na própria escola. Além disso, foram incluídas despesas com passagens de avião, táxi e hotel, já que as aulas seriam ministradas fora do Estado de São Paulo.

E lá foi Richard, defendendo a Escolas Fisk de um lado, e dando aulas no Yázigi do outro. Na verdade, o fato de Fisk ser dono de uma escola de inglês foi um segredo guardado a sete chaves entre ele e o diretor do Yázigi. Como ele só dava aulas no Rio de Janeiro e em Belo Horizonte, ninguém ficou sabendo da vida dupla que levava que, com certeza, não seria bem-aceita.

Nos primeiros meses de 1959, Fisk foi convidado pela direção da TV Tupi para realizar um programa de música sinfônica no Teatro Municipal de São Paulo. A idéia era de que o programa fosse apresentado em quatro idiomas: português, alemão, francês e inglês, missão que ficaria para Fisk. Claro, suas qualidade e desenvoltura no vídeo, dos tempos em que apresentava os programas do Yázigi, haviam deixado boas lembranças para a direção da emissora. Depois de conversarem sobre o trabalho, que aconteceria sempre nas manhãs de domingo, e definirem o cachê, Fisk aceitou apresentar o programa, que seria transmitido não só pela TV, mas também pela rádio Tupi em ondas curtas. Na interminável agenda de Fisk, ele até arrumou tempo para, nessa mesma época, fazer a dublagem, do português para o inglês, de um filme longa-metragem.

Na sua escola, Fisk sabia que era importante ter no quadro de professores pessoas nascidas fora do Brasil, exatamente como havia acontecido com ele ao chegar ao país, então, passou a recrutar profissionais. Um dos entrevistados era um jovem sul-africano, chamado Ismail Essop Hatia, que morava no Brasil há três anos e já lecionava em outras escolas. Durante a conversa, ambos se sentiram à vontade, houve uma grande empatia e sinceridade mútua:

– Muito prazer, Ismail. O que o trouxe até a nossa escola?

– Mr. Fisk, tenho ouvido falar muito bem do método criado pelo senhor. Cheguei a ler o livro e fiquei impressionado com a estrutura. Acredito que seja uma fórmula de sucesso, o que me leva a querer participar do grupo de trabalho. Ninguém colocaria o próprio nome na escola se não tivesse confiança naquilo que faz.

A observação de Ismail, avaliada por Fisk como muito interessante, arrancou risos dele:

– É... bem observado, Ismail. Sabe, você tem um sotaque interessante. De estilo britânico.

– Sou da África do Sul, onde sofremos influência inglesa.

– Bem... isso explica. Como você já deixou claro que quer trabalhar na nossa escola e eu gostei de você, quando pode começar?

– Mr. Fisk, estou pronto para assumir as aulas. Posso começar imediatamente.

Ismail selou assim sua contratação, e em pouco tempo assumiu algumas turmas. Ali começava mais do que uma relação de trabalho, tinha início uma longa e inseparável história de amizade e parceria. E quanto mais o tempo passava, maior era a confirmação das primeiras impressões que Ismail teve de Mr. Fisk: de que se travava de um homem extremamente dócil, sincero e honesto.

A multiplicação da rede de escolas

A vida de Fisk se restringia exclusivamente ao trabalho. Ou estava na Fisk, dando aulas e preparando o material e os professores; ou ia para o Rio de Janeiro e Belo Horizonte dar duas aulas semanais para o Yázigi; ou apresentava os programas de televisão do curso de inglês da Escolas Fisk; ou participava do programa sinfônico. Esta era sua rotina em 1960.

Com essa carga de trabalho, dificilmente conseguia trabalhar menos que 12 ou 14 horas diárias, de segunda a sábado. Aos domingos, Fisk ainda aproveitava para fazer alguns ajustes e, merecidamente, descansar.

Também no início da década de 60, Fisk passou a ser convidado com certa freqüência para fazer propagandas para empresas de outros segmentos. Elas queriam aproveitar o sotaque nativo de Fisk para sofisticar a apresentação dos próprios produtos. Alguns convites ele aceitou, mas a grande maioria foi recusada. Fisk pensava apenas em associar a imagem dele à escola e à abertura de novas unidades.

Naquele momento, Fisk tinha a vida equilibrada e conseguia, com o dinheiro da escola e das outras atividades, pagar as despesas e economizar um pouco para dar o próximo passo: a abertura da segunda unidade. Mas o capital que possuía na época era pouco, muito aquém do que precisava ser investido na montagem de uma nova escola. Fisk, então, consultou os irmãos sobre a possibilidade de um empréstimo. A resposta foi positiva. Todos colaboraram na medida de suas possibilidades. Herb emprestou US$ 2 mil; Larry e Bob, US$ 1 mil cada; um seu amigo, que morava no Brasil, chamado Bob Moody, também emprestou US$ 2 mil, totalizando assim US$ 6 mil. Fisk começaria o negócio já com o compromisso de pagar a dívida aos irmãos e ao amigo. Mas aquele dinheiro serviria, principalmente, como capital de giro para a escola.

Unidade da Alameda Santos/SP

Depois de pesquisar alguns bairros e ruas, decidiu-se pela Alameda Santos, na zona sul da cidade de São Paulo (rua que anos depois se tornaria uma das principais paralelas da Avenida Paulista, mais importante cartão de visitas da capital paulista). Mas, para fechar o contrato de locação, Fisk precisava de um fiador que tivesse certas posses para cumprir as exigências contratuais. Ao comentar com a esposa, Zélia encontrou a solução:

– Acredito que possamos falar com a Áurea.

Fisk ficou um pouco desconfortável com aquilo, mas não tinha muita escolha, e eles foram até a casa da irmã de Zélia para fazer a consulta. Depois de explicarem toda a situação, Fisk perguntou:

– Áurea, acredito naquilo que faço. Sei que o futuro da escola é promissor. Quero abrir a segunda unidade e preciso de um fiador. Você pode me ajudar?

A cunhada nem pestanejou ou ensaiou algum tipo de desculpa:

– Fisk, também acredito em você. Sei que é um homem sério e competente. Pode contar comigo. Traga o contrato que eu assino.

Ouvir aquilo deixou Fisk emocionado. Ele acabava de receber um importante voto de confiança. E esse voto se estendeu por muito tempo; tanto que nos contratos de locação fechados por Fisk no futuro, Áurea continuou a ser sua fiadora.

Tudo certo, restava assinar o contrato e começar a trabalhar no imóvel da Alameda Santos. Em favor do local pesou também o fato de que a secretária que já trabalhava com Fisk, Aurora Silva, morava bem próximo do endereço em que seria aberta a escola, e foi designada para cuidar da segunda unidade da Escolas Fisk. A inauguração deixou Fisk muito feliz. Ele confidenciou à esposa:

– Parece um sonho. Estamos crescendo, querida. A partir de agora, fazemos jus ao plural do nome Escolas Fisk.

A escola estava bem localizada e recebeu um bom número de alunos nos primeiros meses. Agora Fisk podia contar com o faturamento de duas escolas, o que facilitaria a abertura da próxima unidade.

E não demorou para vir a terceira escola, na Rua XV de Novembro, no centro da cidade de São Paulo. Era um imóvel alugado, que ficava no oitavo andar de um prédio comercial, onde foi possível montar cinco salas de aulas.

A partir daí, o lema de Fisk passou a ser: "Quando uma escola montada já estivesse pagando as despesas e sendo auto-suficiente para os investimentos necessários, era hora de investir em uma nova unidade".

Eleito presidente do Brasil com a votação mais expressiva do país até então, Jânio da Silva Quadros cumpriria mandato de cinco anos, de 1961 a 1966. Mas seu governo durou apenas sete meses.

Em 25 de agosto, Jânio entregou sua carta-renúncia, que foi prontamente aceita pelo Congresso Nacional, onde não tinha sustentação. Em meio a muitas discussões e sem o apoio dos militares, o vice João Goulart, que estava em viagem diplomática à República Popular da China, assumiu o poder a duras penas. Para que ele não fosse conduzido à presidência no sistema presidencialista, o Parlamento criou o regime parlamentarista, e Goulart se tornou Chefe de Estado.

Em 1963, o povo brasileiro participou de um plebiscito e votou pelo retorno do sistema presidencialista. Assim, João Goulart foi conduzido à presidência do Brasil com plenos poderes. Mas, no ano seguinte, os militares promoveram um Golpe de Estado, o Golpe de 1964, destituindo João Goulart da presidência e conduzindo o Marechal Humberto de Alencar Castelo Branco ao poder, além de implementar uma ditadura que durou pouco mais de 20 anos, até 1985.

Ao montar a segunda e a terceira escolas, Fisk ficou seguro de si. Sentiu que a empresa que criara caminhava para o sucesso, mas também estava preocupado, pois assumira o triplo de compromissos e contas para pagar. Nesse ritmo, Fisk rapidamente percebeu que deveria dar oportunidade de crescimento às pessoas que haviam iniciado com ele e acreditado no crescimento e no sucesso da Escolas Fisk. Ele também avaliou que a necessidade cada vez maior que as pessoas tinham do domínio do inglês, resultado dos planos de desenvolvimento projetados pelo governo de Juscelino Kubitschek e que surtiram grande efeito no mercado ao longo do tempo, ajudara a impulsionar o negócio. Mas, então, vivia-se o ano de 1961, um delicado momento político.

Expansão para outras cidades

Em 1961, Ismail Essop Hatia, um dos professores que trabalhava com Fisk, comentou que morava em uma pensão e que seu colega de quarto era um estudante, natural de Campinas, cidade situada a 90 quilômetros de São Paulo. Como Ismail já havia passado um final de semana na casa do colega, ele acreditava que seria uma cidade interessante e próspera para se iniciar uma escola. E fez o convite a Fisk:

– Estive em uma cidade chamada Campinas, que fica bem próxima de São Paulo. Adorei o clima do local. Acredito que é um excelente mercado para a montagem de uma escola. O que acha de irmos passar um sábado ou domingo por lá?

Fisk concordou prontamente:

– Acredito ser uma boa idéia. Vamos nos programar para irmos até Campinas.

Dois finais de semana depois, Fisk, Zélia e Ismail saíram cedo de São Paulo e foram de trem até Campinas, onde encontraram o amigo de Ismail. Eles passearam pela cidade para conhecer seu potencial. Fisk percebeu tratar-se realmente de uma cidade promissora. Ismail já havia registrado o interesse em assumir a direção caso Fisk decidisse abrir a escola. Por volta de uma hora da tarde, Fisk levou todos para almoçar. Terminada a refeição, voltaram a andar pela cidade. Fisk estava decidido a abrir uma unidade na cidade:

– Ismail, adorei Campinas. Acredito que nos daremos muito bem aqui. Vamos procurar um bom ponto comercial para montar a escola.

Ao final do dia, não haviam encontrado nada que considerassem ideal, por isso tiveram de voltar no final de semana seguinte. Aí, sim, o tão esperado local foi definido. Eram salas localizadas no quarto andar de um prédio sem elevadores, em cima de uma funerária. É verdade que o ponto poderia estar bem localizado, mas, convenhamos, não era nada agradável para se montar uma escola...

Mas a estrela luziu! As salas estavam bem no centro de Campinas. Fisk acertou os detalhes do aluguel e montou a escola. A preferência de Fisk era montar escolas em salas de edifícios; claro que a melhor opção seria locar casas, mas o valor dos aluguéis era bem mais caro do que o das salas e sobrelojas dos edifícios comerciais.

Como Fisk havia prometido, Ismail assumiu a direção da escola e dava a maioria das aulas. Dali em diante, Fisk e Ismail passaram a ter contato constante em São Paulo, quando este ia buscar os livros utilizados na escola. Vez por outra, Fisk também ia a Campinas, para dar as aulas de música. Quando isso acontecia, o almoço era sempre na casa de Ismail, que se impressionava com a simplicidade de Mr. Fisk, pois ele jamais impunha alguma exigência e aceitava humildemente a comida que lhe era oferecida. Fisk sempre comia pouco, mas saboreava a comida com gosto, pois tinha um apurado paladar.

Geralmente, Fisk ia de trem e voltava de ônibus, pois o retorno acontecia sempre depois das 22 horas, quando não havia mais trens. Mesmo já dono de algumas escolas, Fisk ainda não tinha recursos para a compra de um carro, pois tudo o que entrava era investido na empresa.

Em São Paulo ou em Campinas, Ismail e Fisk conversavam bastante, principalmente sobre o andamento da escola. E a primeira pergunta de Fisk era sempre a mesma:

– Como andam as nossas matrículas?

Ismail adorava essas conversas, pois, além do carisma, Fisk sempre lhe transmitia grandes ensinamentos. Em especial no tocante a dinheiro:

– Fuja de bancos. Paute sua vida dentro daquilo que seu bolso pode oferecer. O crescimento talvez seja mais lento, mas acontecerá de forma sólida.

Unidade rua Dr. Antonio Bento/SP

Ainda em 1961, nova unidade, na Rua Doutor Antonio Bento, no bairro de Santo Amaro, na zona sul de São Paulo.

Mrs. Turner, que então já era professora na escola da Alameda Santos, assumiu a diretoria da nova unidade. Ela falava muito bem o inglês e tinha o respeito de Fisk, que a recompensou por seu esforço e dedicação dando-lhe a diretoria da nova escola.

De origem russa, Mrs. Turner havia fugido com a família para a China, em razão da invasão dos "russos vermelhos", que perseguiam os chamados "russos brancos" durante a guerra civil dos Bolcheviques (1917-1920), e ali tinha sido criada. Já casada, mudou-se com com o marido para o Brasil e foi viver no norte do país. Mais tarde, viúva, decidiu se mudar para a cidade de São Paulo.

Como Turner não tinha família no Brasil, sua vida era totalmente dedicada ao trabalho. Na escola de Santo Amaro, fazia de tudo, até mesmo na secretaria trabalhava. Ela tinha um jeito especial de ser e agir; por exemplo, Turner sempre tinha alguns bombons guardados na mesa da gaveta para recepcionar os alunos ou mesmo tratar de convencer aqueles que, geralmente por falta de dinheiro, decidiam sair da escola. Com muita psicologia, sinceridade e, claro, bombons, era comum reverter a decisão dos alunos.

Por muitas vezes Fisk aproveitava para almoçar com Turner na escola. Ela sempre pedia o almoço de uma confeitaria que ficava próxima. Quando Fisk chegava à escola, ela montava uma mesa especial e dizia:

– Essa refeição foi preparada especialmente para sua Alteza! – o que fazia os dois gargalharem.

Como Fisk ficava na escola até tarde da noite, aproveitando para dar as aulas de canto, Fisk e Turner voltavam juntos para casa, já que eram quase vizinhos. Eles pegavam o bonde, pois não tinham carro.

A vida de Turner seguiu assim por alguns anos. Ela fez amizade com outra professora da rede, que se chamava Mrs. Jansen, e juntas saíam nos finais de semana para ir ao cinema e tomar chá. Infelizmente, quis o destino que Turner e Jansen, na época com quase 60 anos, tivessem a mesma doença, câncer. Foi um duro baque para todos, em especial para Fisk, que assumiu as despesas e cumpriu com todos os seus direitos durante o período. Alguns meses depois, elas faleceram. Fisk perdeu duas funcionárias importantes, e, principalmente, a querida amiga Turner.

Ainda naquele final de 1961 Fisk viajou para os Estados Unidos. Mas a viagem, além do propósito de rever a família, teve um outro. Ele já havia devolvido o dinheiro que tomara emprestado do amigo Bob Moody para a abertura da segunda escola, e agora viajava para fazer o mesmo com relação a Herb, Larry e Bob. Assim, Fisk tirava um grande peso da consciência. Seus irmãos jamais o haviam cobrado, mas ele sempre detestara dever dinheiro a quem quer que fosse.

Enquanto esteve fora, Fisk deixou tudo sob o comando de Zélia. Ela cuidava da parte financeira da empresa com bastante rigidez.

Certa tarde, foi até uma das escolas, onde ficava a secretária Aurora Silva, para recolher o dinheiro. Ao comparar os recibos com o dinheiro, percebeu algo estranho: havia recibos sem o visto de Mr. Fisk, o que era impossível de acontecer.

Na época, havia uma secretária em uma das escolas Fisk chamada Mariazinha,[5] uma moça de hábitos simples, que parecia ter sido criada em fazenda.

Depois de uma análise minuciosa, Zélia percebeu que Mariazinha, apesar de seu jeito ingênuo, tinha desviado dinheiro da empresa. Sem outra opção, Zélia demitiu a moça e a fez assinar promissórias no valor que supostamente havia desviado; uma atitude dura, mas tomada para penalizar o erro cometido. Na volta de Fisk, Zélia confirmou que realmente aqueles recibos não tinham passado pelas mãos do marido.

---

5 Este é um nome fictício.

Diante de uma situação como esta, Fisk, de acordo com sua personalidade, dificilmente seria tão duro em sua decisão. Provavelmente pagaria os direitos da moça e a dispensaria, mas não a teria feito assinar as promissórias. Neste aspecto, o coração grande e doce de Mr. Fisk optaria pela decisão menos traumática possível. Mas não sua esposa. Ela fez a secretária pagar tudo o que roubara da empresa.

Fisk sempre amou empreender, tomar decisões importantes para o crescimento da empresa, investir, lecionar, escrever livros, abrir escolas, fazer os programas, motivar grupos de pessoas... Mas nunca gostou de dar ordens e tomar decisões em que tivesse de ser autoritário com as pessoas. Este papel cabia a Zélia, que o desempenhava com perfeição.

Ao término de 1961, Fisk já estava com cinco escolas e tinha certo poder de compra, o que o fazia negociar melhor com os fornecedores. Ele percebera então que quanto maior o volume do negócio, mais barata a estrutura. Por isso era preciso continuar com o crescimento, abrir mais escolas.

Mas Fisk chegara à conclusão de que continuar a investir na montagem de escolas no centro da cidade de São Paulo limitaria o crescimento, porque outras escolas continuavam a acreditar naquele formato de mercado contido na região central. Ele entendeu que o melhor seria crescer para os bairros, o que, a outros olhos, poderia parecer a contramão do negócio. E naquele momento realmente era. Mas ele visualizou o futuro da situação que o mercado adotaria, e seguiu sua intuição. O tempo provaria que estava certo, sua decisão logo se apresentaria como uma grande estratégia.

Unidade da Aclimação/SP

No início de 1962, outra escola foi aberta. No bairro da Aclimação, zona sul de São Paulo, Fisk encontrou um bom imóvel e o alugou. Da mesma forma que havia procedido com as outras escolas, a decoração era simples, mas dentro das exigências do mercado e de acordo com a expectativa dos alunos, que queriam ambientes limpos, com pisos brilhando de tão lustrados. Fisk gostava de colocar quadros e pôsteres na recepção.

Essa simplicidade foi uma tendência que perdurou por pelo menos 20 anos. Na década de 1980, diante de um novo cenário, as escolas Fisk passaram a ter decoração diferente. Casas maiores e prédios construídos com perfil próprio foram os diferenciais diante da concorrência.

Unidade Curitiba/PR

Em 1963, Fisk abriu a primeira escola interestadual, a sétima unidade da Escolas Fisk. A cidade escolhida foi Curitiba.

Um professor, chamado Per Bente, que já havia trabalhado na capital paranaense pelo Yázigi, foi quem lhe deu a dica.

Descendente de dinamarqueses, Bente queria voltar a morar em Curitiba. Fisk, depois de uma conversa com o professor, comprou sua idéia de abrir uma unidade no Paraná, e foi conhecer a cidade de Curitiba. Lá, teve certeza de se tratar de um excelente mercado para o segmento.

Fisk percorreu as cidades, vasculhando as ruas até encontrar a melhor propriedade para abrir a escola. Num primeiro momento, a opção mais interessante, uma casa grande, já estava alugada a uma senhora que montara uma pensão.

Fisk ainda voltou mais duas vezes a Curitiba para tentar encontrar um novo imóvel, mas nada o satisfazia. Decidiu então entrar em contato com a mulher, dona da pensão e locatária do imóvel, e propôs pagar-lhe algo semelhante a uma luva para ter o ponto comercial. Proposta aceita, a mulher desocupou a casa. Depois dos trâmites legais, a escola foi inaugurada com Per Bente como diretor e responsável pela contratação das secretárias e professores.

Para o início de suas operações, foi fechado contrato com uma companhia americana, segundo o qual Per daria aulas aos funcionários e faria as traduções da empresa, o que já rendia um bom dinheiro, do qual parte servia para pagar o salário de Per e o restante garantia as despesas da escola e os salários dos outros profissionais.

Mr. Fisk na década de 1960 em franca expansão da rede de escolas

Logo depois Fisk começou a também dar aulas no canal de televisão local, o que ajudou na divulgação da escola, que prosperou rapidamente, confirmando o acerto de sua decisão. Mais uma vez Fisk transformava idéias e projetos em realidade, porque realmente acreditava naquilo que fazia.

O diretor Per Bente sabia dirigir a escola, o que deixava Fisk tranqüilo. Em uma das vezes que Fisk esteve em Curitiba, Per apresentou-lhe sua namorada, Letice Clely de Araújo, uma mineira que também morava em Curitiba, com quem Per se casou logo depois. O casamento fez com que Per ficasse ainda mais focado no trabalho, alavancando a prosperidade da escola, assim como a vida do casal.

Naqueles primeiros anos, Fisk não tinha condições de viajar de avião para Curitiba. Ia até a capital paranaense de ônibus e lá ficava por dois dias, acompanhando a evolução da escola. Numa dessas vezes, Per Bente comentou que seus pais queriam vender uma linha telefônica. Tanto para ajudar Carmem e Richard, pais de Per, quanto para investir em algo difícil de se conseguir na época, Fisk aceitou fazer a compra. Em visita aos pais de Per Bente, que ainda moravam em São Paulo, para acertar os detalhes, Fisk encontrou dona Carmem acamada. Foi até o quarto conhecê-la, e aproveitou para elogiar o desempenho de seu filho.

– Quero que a senhora saiba que a escola de Curitiba é um sucesso. Devo esse desempenho maravilhoso ao Per, que é um exímio diretor. Tenha certeza de que um grande futuro o espera.

Ao ouvir o elogio, dona Carmem abriu um enorme sorriso e soltou um grito, espantando Fisk.

– Excelente!!! Você não sabe como isso me deixa feliz. Obrigado pelo apoio que sempre deu a ele. Você é um grande amigo!

Visita feita e negócio fechado, ficou acertado que Fisk voltaria na tarde do dia seguinte a fim de concluir a compra.

Quando chegou à casa dos pais de Per Bente, senhor Richard abriu a porta e pediu a Fisk que fosse até o quarto do casal. Ao entrar, ele se deparou com uma cena chocante. Dona Carmem estava imóvel, de olhos fechados. Ao se aproximar, encostou a mão no pescoço da mulher e o sentiu gelado; checou a pulsação, e nada. Dona Carmem estava morta.

Ela era uma senhora por volta dos seus 70 anos, e seu marido, aparentando mais idade, devia ter uns 75. Como contar-lhe que sua esposa havia falecido? Por alguns momentos Fisk ficou sem ação. Tentando se recompor, foi até a sala e pediu ao senhor Richard que chamasse um vizinho, porque dona Carmem não estava bem. Enquanto ele saía, Richard ligou para Per Bente, em Curitiba. Não teve coragem de contar a verdade, somente pediu-lhe que viesse o mais rápido possível porque sua mãe não estava nada bem. Quando o vizinho do casal chegou, Fisk confidenciou-lhe o que realmente havia acontecido. Todos esperaram até Per Bente chegar. Pessoalmente, Fisk lhe deu a triste notícia.

Depois do enterro da mãe, Per ficou mais uns dois dias em São Paulo para estar com o pai, antes de retornar a Curitiba. Três meses depois, senhor Richard sofreu um enfarto e também faleceu. Muito abalado com as duas perdas em tão pouco tempo, Per pediu a Fisk que autorizasse sua mudança para Belo Horizonte, onde vivia a família de sua esposa, propondo que fosse aberta ali uma nova escola da qual ele seria o diretor.

Unidade de Belo Horizonte/MG

Fisk não pensou duas vezes e consentiu com a mudança. Depois de conseguir um novo diretor em Curitiba, Fisk concluiu os trâmites. E uma nova unidade da Escolas Fisk estava inaugurada na capital mineira, mais uma para fazer história fora de São Paulo.

Mas, infelizmente a vida do casal Per e Letice não andava bem, e os problemas pessoais acabaram por afetar a carreira profissional de Per, levando consigo o resultado financeiro da escola, até então em expansão. Mesmo contra sua vontade, Fisk dispensou Per Bente e contratou um novo diretor. Durante o período da nova contratação, Fisk terminou por descobrir, a tempo de impedir o negócio, que Per tentava vender a escola sem sua autorização.

Depois da separação do casal, Fisk procurou apoiar Letice e se tornou um grande amigo, não só dela, como de toda sua família. Tempos depois, Letice casou-se novamente. Seu segundo marido, Alberto Maluf, que morava na Bahia, onde os dois haviam se conhecido, era permissionário de uma retransmissora local, e abriu as portas do Estado e de várias localidades para que o programa de aulas de Fisk fosse veiculado.

Em 1963, Fisk já não tinha condições de atender aos apelos para que desse aulas regulares aos alunos. Ele ia às escolas, dava aulas de canto, interagia com os grupos, mas não assumia oficialmente nenhuma turma. Mesmo assim, um pedido especial tocou seu coração.

Mário Rego Valença, um médico conceituado, e sua esposa Suzana o procuraram, por indicação de sua filha, ex-aluna de Fisk. No encontro, o médico foi categórico:

– Eu e minha mulher vamos viajar para os Estados Unidos, e só queremos ter aulas com Mr. Fisk. Minha filha nos fez esta recomendação.

Surpreso pelo ineditismo do pedido, Fisk terminou por propor o preço das aulas e definir que seriam ministradas às sextas-feiras. Eles se encontrariam na casa de Mário e Suzana, e as aulas teriam como cenário um jantar. Assim, aqueles momentos eram agradáveis, regados à língua inglesa, comidas deliciosas e leves drinks. E a amizade nascia tão forte, que Mário fazia questão de levar Fisk para casa a cada final de aula.

Anos depois, Mário se separou de Suzana e foi morar em Recife. Daí em diante, surgiu o revezamento. Quando Mário vinha para São Paulo ficava na casa de Fisk, e vice-versa. Até que, certo dia, Fisk saiu de casa e deixou as chaves na portaria para serem entregues a Mário. Mas, para sua surpresa, ao voltar para casa as chaves ainda se encontravam no mesmo lugar. Logo depois chegava a triste notícia: Mário falecera.

Em meados de 1963, Fisk decidiu montar uma escola técnica de conserto de máquinas para escritório. Fisk contratou uma pessoa para gerenciar o negócio, que acreditava ser promissor. Naquela época, encontrar um especialista em consertos de máquinas que passasse segurança naquilo que dizia e fazia era muito difícil, por isso Fisk optou pela escola técnica. Mas, infelizmente, a falta de investimento não permitiu que o negócio durasse mais do que alguns meses. Era preciso investir em propaganda, mostrar ao mundo que a escola existia. Com o fim do negócio, Fisk também reconheceu que, se tivesse destinado o investimento e o tempo dedicado ao novo negócio no ramo de escolas de inglês, com certeza teria aberto mais uma unidade.

Capítulo 7

A vida pessoal

Apesar da separação, a amizade e o respeito acima de tudo

Apesar do sucesso que se desenhava na vida profissional de ambos, Zélia e Fisk não mais conseguiam falar a mesma língua; pelo menos não sob o mesmo teto. O clima agradável do casamento chegava ao fim, os pontos de vista de Zélia e Fisk não mais se afinavam. Ela questionava a forma de ser de Fisk; na verdade, sua bondosa forma de ser:

– Fisk, aqui é o Brasil. Não estamos nos Estados Unidos. Você precisa mudar esse jeito de ser, endurecer o coração.

Mas, esperar isso de Fisk era exigir muito. Como pedir a alguém que preza e respeita tanto o ser humano para que seja mais duro com o próximo?

Em 1963, quando Fisk e Zélia questionavam muito a possibilidade de se separarem, receberam a visita de um médico que se tornaria amigo da família. Doutor Sérgio Ribeiro era terapeuta, especializado em psiconomia e análise da personalidade das pessoas através do estudo das feições e, tempos depois prestaria serviços a Escolas Fisk, analisando o perfil dos que se candidatavam às vagas disponíveis.

Durante a estada na casa do casal, Fisk pediu ao dr. Ribeiro sua ajuda, pois a relação com Zélia vivia tempos de questionamentos. Ele se prontificou a colaborar e, no mesmo dia, os três se reuniram. Depois do jantar, os três travaram uma longa conversa, e dr. Ribeiro disse a Fisk:

– Você trata a todos como se fossem da família; como um irmão ou irmã.

Zélia indagou:

– E com essa personalidade, Fisk tem dificuldades em dirigir, liderar?

A resposta do médico veio de pronto:

– Não foi isso que eu quis dizer, Zélia. Acredito que Fisk não distingue as diferenças entre as pessoas. Trata todos igualmente, do funcionário mais simples ao hierarquicamente mais importante; do aluno mais humilde ao mais abastado. E, com esta forma de ser, Fisk consegue tirar o máximo das pessoas. Portanto, Zélia, ele pode comandar sim, mas respeitando seu jeito e estilo.

E era exatamente assim que Fisk tocava a pulso firme a Escolas Fisk. Participava e definia tudo, mas passava a missão da disciplina da equipe para outros colaboradores. Assim encontrava o equilíbrio, respeitando sua forma de ser, para manter a ordem e as regras da empresa sem permitir privilégios a uns em detrimento dos outros. Muito cobravam que ele tivesse uma postura mais firme, que fosse aquele patrão mal-humorado e que impusesse as próprias opiniões. Mas, ao invés de repressivo, Fisk sempre foi adepto ao diálogo. Falar alto? Jamais. O que ele talvez faça mais alto é dar risadas. Gostosas e saborosas gargalhadas.

Aquela conversa com Dr. Ribeiro – da qual, por sua importância, Fisk anotou quase tudo – foi um marco na vida de Fisk. A partir dali, foi tirado um peso de suas costas. Fisk era realmente daquela forma, mas às vezes questionava se deveria continuar a agir assim. Ele jamais gostou de receber ordens, por isso também jamais gostou de dá-las, e isso era intrínseco à sua personalidade.

Fisk sempre foi inimigo de brigas. Evitava-as a qualquer custo. E nunca suportou conversas em tom elevado. Esta postura o acompanhou desde a infância, talvez por presenciar as discussões familiares, que provocavam um clima tenso dentro de casa, e reforçada em 1941, aos 19 anos, depois de ler *Como conquistar amigos e influenciar pessoas*, de Dale Carnegie, em 1936. No livro, o autor relata com clareza a forma ideal para se evitar brigas. Aquela leitura marcou a vida de Fisk, deixando gravados nele os ensinamentos do autor, principalmente aquele que diz que se deve assumir o erro, ainda que não se esteja convicto de tê-lo cometido. Fisk comprovou que, ao agir assim, a discussão cessa imediatamente. E, curiosamente, mesmo que inconscientemente, a outra pessoa começa a concordar e a defender a postura que você adotou. "Você não está completamente errado. Eu também tenho uma parcela de culpa nisso. Você errou em tais pontos, mas eu também não deveria ter feito aquilo ou dito isso...". Assim, uma ferrenha discussão cede lugar ao diálogo. Esta regra, tão sensata, verdadeira e realista, Fisk adotou como conduta de vida, desde então consciente de que uma palavra – *desculpa* – é capaz de desmontar até o mais intransigente dos seres humanos.

Esta forma de ser de Fisk contagiava o ambiente de trabalho. Ele sempre fez questão que os problemas fossem solucionados no exato momento em que acontecessem, e que o ambiente fosse o melhor e o mais transparente possível. Que as pessoas se cumprimentassem, colaborassem umas com as outras, conversassem...

Apesar da ajuda prestada pelo amigo dr. Ribeiro, em 1964 a separação foi definida em comum acordo. Para não deixar Zélia desamparada, Fisk lhe propôs que continuasse a morar com seus filhos no apartamento, mas ela optou por sair e alugar uma casa.

Na reta final do processo de separação, nasceu uma idéia em Fisk: a de ele e Zélia continuarem a trabalhar juntos, pois sabia que ela o completava profissionalmente:

– Zélia, tenho pensado muito sobre nós. Quero que saiba que você é uma mulher maravilhosa, com muitas qualidades. Acredito que o fato de sermos ambos tão independentes pode ter interferido em nossa relação. Realmente, é uma pena que nossa vida conjugal tenha sido interrompida.

Zélia ajeitou-se na cadeira, queria saber aonde Fisk pretendia chegar com a conversa. E ele prosseguiu:

– Mas isso não diminui em nada o respeito e admiração que sinto por você. Confio muito em você e no seu potencial. Por isso, quero que continue a trabalhar na empresa, com a parte financeira das escolas.

– Claro que aceito, Fisk. Você é meu melhor amigo, e quero que de alguma forma possamos continuar juntos.

Fisk sentiu-se aliviado. Zélia era a pessoa em quem ele mais confiava. Ele sabia que com ela à frente das finanças, seria possível focar os esforços no crescimento da empresa e dar continuidade à procura de novos locais para abrir futuras escolas. Ele se auto-intitulava "fura onda", sempre querendo encontrar e negociar a locação de imóveis para que pessoas que trabalhassem com ele finalizassem a montagem da escola.

Fisk conhecia muito bem as qualidades de Zélia, mulher séria, de grande caráter, culta, trabalhadora, honestíssima e econômica. Mas, a partir daquele dia, ele realmente conheceu a verdadeira Zélia, e vice-versa. Ele entregava todo o dinheiro nas mãos dela e, ao final do mês, o capital estava lá, intacto, contabilizado e disponível para novos investimentos. E se por acaso houvesse falta de um centavo na contabilidade, Zélia suava, virava a noite até encontrar a diferença.

A amizade entre Fisk, Zélia e seus filhos seguiu intacta. Fisk era muito ligado a Celso, Marcos e Roberto, os filhos dela, e continuou a visitá-los. Eles tinham um grande respeito uns pelos outros. A separação não deixou nenhum tipo de seqüela ou ressentimento entre eles. Fisk jamais mediu esforços para permitir que a vida da ex-esposa pudesse ser a mais agradável e confortável possível. E este alto nível de relacionamento estendeu-se à cunhada Áurea e família.

Fisk jamais gostou de interromper os contatos com as pessoas. Ao contrário, procurava, e adorava, se relacionar ao máximo com o próximo, e vibrava muito quando recebia a notícia de que amigos haviam prosperado na vida. Ele sempre acreditou que o bem triunfa sobre o mal. Por isso, mesmo em relação a pessoas com as quais não teve experiências positivas, nunca lhes desejou o mal, mas, sim, que seguissem o próprio caminho e que pudessem crescer com as dificuldades encontradas.

Muito trabalho, lazer às vezes, e mais expansão

Depois da separação, Fisk mergulhou ainda mais de corpo e alma no trabalho. Sobrava pouco tempo para o lazer. Nas escassas horas de folga gostava de ir a restaurantes, porque sempre apreciou a comida italiana e, principalmente, *strogonoff*. Suas cantinas preferidas estavam na Bela Vista, tradicional bairro de concentração da colônia e de restaurantes italianos. Fisk também gostava de teatro, em especial as peças estreladas por Sérgio Cardoso e Cacilda Becker.

Ele jamais se esqueceu da que mais o emocionou, *O dilúvio,* que assistiu por mais de uma vez. Apesar de também gostar, eram raras as vezes em que

Fisk se arriscava a assistir um show, por entender que aquela era uma diversão cara e, na época, fora dos seus padrões. Anos depois, Fisk não resistiu e foi ao show de Nat King Cole, no Teatro Paramount, que ficava no final da Avenida Brigadeiro Luis Antônio, bem perto de onde morava. Ele ficou maravilhado com o show, apesar da polêmica criada quando da divulgação de que o artista cantaria poucas músicas e que só admitia se apresentar com um piano branco. Outro show, muitos anos depois, desta vez da banda Village People, deixou Fisk encantado.

Quanto ao trabalho, com muita percepção, tino comercial e ousadia, a rede de Escolas Fisk começou a ganhar mais e mais unidades, e a se espalhar por São Paulo e por outros Estados, sempre sob a associação de um bom ponto comercial com a pessoa qualificada para tocar a escola. A prospecção que Fisk fizera tempos antes se concretizava. A cada nova escola, mais fácil ficava abrir a seguinte, porque o dinheiro para um novo investimento vinha um pouquinho de cada escola já consolidada.

O reforço comercial e a melhor propaganda que ele fazia do negócio provinham das aulas na televisão. Fisk gravava e distribuía as fitas pelos canais e retransmissoras espalhadas pelo país, onde tinha ou pensava abrir escolas. A estrela de Mr. Fisk realmente brilhava intensamente. Seus programas de TV finalmente foram qualificados como educativos, escancarando as portas das emissoras. Já naquele tempo Fisk abrira mão de algumas atividades extras, como, por exemplo, continuar a dar aulas para o concorrente.

Fisk passou a gravar os programas em Recife, São Paulo, Goiânia e Porto Alegre em diferentes épocas e a distribuir as cópias pelos Diários Associados. Um investimento importante para ser captado a médio e longo prazos,[6] porque, além de não ganhar para apresentar os programas, Mr. Fisk bancava todos os custos de viagens e produção. Para interagir e "amarrar" o telespectador, aquele que assistisse aos programas e mandasse carta para a matriz, recebia pelo correio a cópia das músicas que ele apresentava na TV, independentemente de onde morasse.

Fisk sabia perfeitamente a importância daquele investimento. Seu nome tomou âmbito nacional, e passou a ser sinônimo de escola de inglês, e Mr.

---

6 Fisk apresentou programas entre 1959 e 1985.

Fisk a principal *griffe* do segmento. Por onde andava ou viajava sempre aparecia alguém para cumprimentá-lo. Eram pessoas que ele não fazia a menor idéia de quem fossem, mas que o reconheciam em função dos programas: "Mr. Fisk, eu adoro suas aulas!", "Você é o Mr. Fisk!", "Você não é aquele professor de inglês da TV?"...

Uma surpresa muito bem-vinda

Em 1965, Fisk recebeu uma visita que o deixou muito feliz. Larry veio ao Brasil. Foram dias maravilhosos ao lado do irmão, de muitos passeios e visitas às escolas. Quando Larry decidiu voltar para os Estados Unidos, Fisk foi levá-lo ao aeroporto. Lá eles conversaram sobre futuro, e Fisk se surpreendeu ao ouvir os planos de Larry:

– Fisk, adoro o Brasil. Além de ser um país maravilhoso, você foi muito bem recebido e encontrou grandes possibilidades profissionais por aqui. Sabe meu irmão, penso em vir morar com você no Brasil depois de me aposentar – o sorriso de Fisk foi a resposta aos planos de Larry.

Depois que Larry entrou na sala de embarque, comovido com a declaração do irmão, Fisk foi tomar um café. Ali, por alguns segundos ficou olhando as pessoas andarem de um lado para o outro, trocarem despedidas, sorrisos e lágrimas; pessoas alegres, entretidas e emocionadas. De repente, sem nenhuma explicação aparente, caiu no choro. Lágrimas que expressavam saudades da família, saudades de Larry. Passados alguns minutos, ele se recompôs e balbuciou para si mesmo:

– Vamos, Fisk, siga em frente. A vida continua...

E continuou mesmo.

Capítulo 8

Agregar para crescer

A formação do grupo de trabalho

Em 1965, Fisk recebeu para entrevista Moriaki Hijo, um rapaz de 18 anos, vindo do interior paulista que queria ser professor de inglês. Contra ele pesava a negativa de uma escola de idiomas chamada Roosevelt em contratá-lo, sob alegação de que ele não tinha aptidão para dar aulas. Moriaki chegou a ser recrutado, mas foi reprovado. O rapaz fez questão de contar esta passagem para Fisk, que não se abalou:

– Moriaki, tudo é questão de treino e dedicação. Vamos fazer os treinamentos e você assume um grupo de alunos.

Além de treinar Moriaki, Fisk procurou motivá-lo, porque sabia que o jovem passava por um momento de indecisão e até baixa-estima por ter sido preterido no processo de seleção da escola concorrente. Fisk ministrou uma aula, deu explicações sobre o comportamento ideal a ser adotado pelo professor em sala e pediu que Moriaki mostrasse o que sabia fazer. Fisk o acompanhou atentamente e fez algumas correções.

Deu certo. Moriaki foi contratado para dar aulas na escola da Rua XV de Novembro e também nas empresas. Quis o destino que a escola Roosevelt perdesse Moriaki, e Fisk ganhasse um excelente professor.

À medida que as escolas e o número de alunos cresciam, aumentava também a necessidade de Fisk estar rodeado de profissionais competentes e dispostos a arregaçarem as mangas. Em 1966, um rapaz de apenas 16 anos candidatou-se a professor em uma das Escolas Fisk. Era Valter Bresolin Pinto de Moraes, que trabalhava em uma multinacional inglesa; ele dominava bem o idioma inglês e dava aulas particulares do idioma. O jovem foi contratado e começou a dar aulas na escola da Rua Santo Antônio, no centro de São Paulo. Mas, o que tinha levado Valter a procurar a Escolas Fisk havia sido a admiração que cultivava por Mr. Fisk, porque acompanhava suas aulas pela televisão e, para ele, foi um grande prazer participar dos treinamentos pedagógicos, ministrados pelo próprio Fisk. Valter ficou na unidade até 1969, quando decidiu morar nos Estados Unidos.

No final de 1966, Bruno Freitas Caravati, um rapaz de 24 anos, passava em frente ao Cine Paramount, que ficava no final da Avenida Brigadeiro Luis Antônio, e encontrou um amigo, que lhe perguntou:

– Bruno, você tem um tempinho de folga? Vamos comigo até o escritório central da Escolas Fisk. Fica logo ali, na rua de trás, a Francisca Miquelina.

O amigo ia fazer teste para ser professor da escola. Como Bruno tinha mesmo um tempo de sobra, porque havia saído da empresa onde trabalhara por quase nove anos, o Banco de Crédito Nacional, decidiu acompanhá-lo. Para sua surpresa, ao chegar à escola, um senhor paraplégico, chamado Antonio de Lima, então o braço direito de Fisk, sugeriu que Bruno também fizesse a prova. Como não tinha nada a perder, o rapaz aceitou o desafio. Era até uma forma de testar seu inglês, pois naquela época estudava na escola União Cultural Brasil-Estados Unidos, na Rua Santo Antonio, bem perto da sede da Fisk.

Depois que os amigos terminaram o teste, ficaram conversando enquanto aguardavam o resultado. Minutos depois, ambos foram convocados para saber o resultado.

– Avaliamos criteriosamente os testes. Infelizmente, meu jovem, preferimos deixar para contatá-lo em outra oportunidade. Já você, Bruno, foi aprovado. Se estiver disposto, pode começar a dar aulas na Escolas Fisk.

Bruno ficou constrangido, mas não havia nada que pudesse fazer em relação ao amigo. Então, aceitou o emprego e dois dias depois assumiu a primeira classe, na escola da Rua XV de Novembro, centro de São Paulo.

Como Bruno precisava muito trabalhar, colocou-se à disposição para assumir mais aulas, independentemente de dia, hora e local, e, assim, sua carteira de aulas aumentou rapidamente, inclusive com aulas particulares.

Naquela época, os pagamentos eram feitos semanalmente na matriz. Em uma dessas idas de Bruno ao escritório aconteceu seu primeiro encontro com Fisk. Foi um encontro profissional e superficial, mas suficiente para que ele percebesse a personalidade marcante e a humildade de Fisk. Com o desenrolar da trajetória de Fisk, Bruno tornou-se o mais importante executivo na história da organização.

Ainda naquele ano, depois de muito perder professores de qualidade, Fisk se rendeu ao pedido de uma das secretárias para que aumentasse o número de alunos nas salas de aulas. Até então ele se mantinha fiel ao máximo de oito, acreditando que seis seriam o ideal.

Era comum Fisk contratar, treinar e preparar professores que, depois de um tempo, migravam para escolas concorrentes. O diamante, depois de descoberto e lapidado pelo nativo Fisk, ia em busca de melhores condições financeiras. Até porque, com as salas maiores, comportando entre 15 e 20 alunos em média, as escolas concorrentes poderiam pagar muito melhor. Ainda mais se o professor citasse a seguinte referência:

– Trabalho há um ano para a Escolas Fisk e fui treinado e orientado por Mr. Fisk.

Basicamente, esta era a melhor parte do currículo de quem assim se apresentava.

Antes que fosse provocado a mudar o número de alunos por sala, Fisk foi pego de surpresa.

Naquele dia, ao chegar à escola em que a secretária trabalhava, dirigiu-se a uma das salas e observou que estava muito mais cheia do que de costume. Havia mais alunos do que o permitido. Fisk não gostou do que viu, e foi questionar a secretária:

– Por que há tanta gente na sala? São 14 alunos. Assim a aula não é produtiva. Por que você não dividiu a sala?

A secretária tentou se explicar:

– Mr. Fisk, nos dê a oportunidade de testarmos as salas com mais alunos. Eles gostam, os professores gostam e a dinâmica fica muito melhor.

Fisk ouviu com atenção, porque sempre fora um excelente ouvinte, principalmente das idéias e sugestões que poderiam agregar melhorias às escolas.

Naquele momento, refletiu sobre o que vinha ocorrendo com uma certa freqüência.

Algumas turmas chegavam a cair até para cinco ou quatro alunos, o que comprometia a rentabilidade da escola. Sete era o menor número de alunos que uma sala poderia ter. Este era o *breaking point*, o ponto de equilíbrio, o número suficiente para pagar as despesas daquele grupo específico.

Geralmente os grupos menores eram compostos por alunos mais adiantados, e Fisk fazia questão que isso fosse mantido. Além disso, respeitava muito os alunos, e muitas vezes chegou a manter grupos com dois ou três estudantes, mesmo sabendo do prejuízo. Tudo pelo respeito ao cliente; pelo respeito ao aluno.

No final Fisk resolveu dar um voto de confiança ao que a secretária havia dito. Por que não testar? Por que não reciclar os conceitos? Talvez esta fosse mesmo uma boa estratégia para que os alunos interagissem mais nas salas, para melhorar a rentabilidade dos professores e também das escolas. Na verdade, manter as salas com no máximo oito alunos não era praticado por nenhuma escola no mercado; essa era, sim, a certeza de proporcionar mais participação dos alunos que estudavam em grupos menores.

Com o passar do tempo, Fisk realmente entendeu que as salas com mais alunos eram também mais proveitosas, dinâmicas e interativas. Grupos com no máximo 20 alunos foram fechados e ganhou-se a vantagem de que, mesmo com a desistência de até 20% dos alunos, a dinâmica e o ritmo do grupo não seriam quebrados.

Um *case* de sucesso

Uma das escolas que se tornou um dos inúmeros *cases* de sucesso da rede Fisk foi montada na Avenida Rebouças, zona sul da cidade de São Paulo.

Em meados da década de 1960, Fisk entendeu que a região se tornaria um excepcional ponto comercial. Desde aquela época, a avenida já era pomposa, com casas enormes e luxuosas. Ele alugou um imóvel nesse estilo. Mas, qual não foi sua surpresa ao ser acionado pela fiscalização da prefeitura, sob a alegação de que ali era uma zona residencial, portanto, não era possível o estabelecimento de uma escola. Fisk procurou argumentar, pois sabia que aquela era uma avenida onde as casas residenciais cederiam espaço ao comércio.

O secretário da administração regional de Pinheiros, responsável pela região, ao invés de inviabilizar o negócio, pediu a Fisk alguns dias para que a situação da região se estabelecesse, pois o tipo de zoneamento local seria realmente alterado. Fisk estava bem informado, por isso pôde argumentar. Passados dois meses, a Avenida Rebouças teve alterado seu tipo de zoneamento e passou a receber o comércio de braços abertos. Em alguns anos, escritórios, lojas de móveis, casas de aluguel de roupas para festas, entre outros, invadiram a avenida, que se tornou um dos grandes pontos comerciais de São Paulo. Entre tantas outras lojas, lá estava uma escolas Fisk, que chegou a atingir mais de 600 alunos em 1980. Visionarismo, conhecimento do assunto e persistência são ingredientes da receita que levam um empresário ao sucesso.

Capítulo 9

A descoberta de como expandir o negócio

Aprender inglês tinha se tornado uma verdadeira febre. Quanto mais alunos aprendiam a nova língua, mais eles propagavam a importância do aprendizado.

Com esse grande interesse, as escolas passaram a prosperar e a ter muito sucesso. As redes já estabelecidas e bem administradas ganhavam cada vez mais terreno, e atraíam um número maior de alunos, conseqüentemente ampliando a quantidade de unidades.

O grande sucesso também despertou o interesse de outras pessoas em investir em escolas de inglês. Alguns professores que pretendiam construir carreira solo, como Fisk fizera há alguns anos, iniciavam novas marcas e partiam para a briga contra os "leões" do mercado.

Foi então que, a partir de meados da década de 1960, Fisk teve outra grande idéia, uma sacada comercial, afinal, ele já era um desses "leões". Ele chegou à conclusão de que uma forma de ampliar ainda mais rapidamente o grupo de escolas era permitir que outras pessoas explorassem a marca e utilizassem seu material didático. Mas este processo, naquela época, ainda não tinha um nome. Hoje, é muito fácil enxergar o que Fisk criou: Franquias. Mas, por volta de 1967, aquela era a ação de um empresário visionário.

Neste processo, tanto novas escolas foram abertas como algumas das já montadas foram transferidas para os diretores que acompanhavam Fisk há anos. Naquele momento nasciam parceiros que haviam estado ao lado dele por décadas. Fisk só não abriu mão de ser o único a manter escolas próprias em algumas praças, como, por exemplo, a cidade de São Paulo.

Fisk passou a ser procurado com freqüência por pessoas que queriam adotar seu método nas escolas de idiomas. Para tanto, elas deveriam também adotar a bandeira Fisk.

Mogi Mirim, interior de São Paulo, foi a primeira cidade a ter uma escola aberta sob esta modalidade. Fisk foi procurado por uma moradora local, que tinha a intenção de abrir uma escola. Após duas horas de conversa, ela saiu com a autorização verbal para explorar a marca Fisk e adotar os livros e seu método de ensino. Naquele tempo, o fio do bigode e a palavra dada valiam mais do que um documento assinado e com firma reconhecida no século 21.

Muitas outras pessoas tiveram a mesma iniciativa de Letícia. Infelizmente, nem todos prosperaram, mas muitos transformaram aquela parceria em uma empresa sadia e de sucesso. Alguns, inclusive, chegaram a ter mais de 1.000 alunos.

Agora, Fisk passava a ter tanto escolas próprias como em parceria. Das escolas próprias, ficava com todo o faturamento. Das franquias nada era cobrado pela exploração da marca, mas elas tinham de adquirir todo o material, principalmente o didático, utilizado nas salas de aula. Na linguagem atual, significa dizer que Fisk não cobrava *royalties*, um percentual do faturamento da empresa pela exploração da marca. Com isso, além da facilidade que se tinha em negociar com Fisk, o interesse das pessoas em abrir escolas crescia a cada dia. Aqueles que já tinham uma ou mais unidades, ou que queriam iniciar uma atividade empresarial, fizeram com que a rede de Escolas Fisk crescesse em curto espaço de tempo.

Com o início do processo de franquias, rapidamente Fisk criou uma rede de 30 escolas, da quais sete eram próprias. A escolha da área para a abertura de nova unidade recaía preferencialmente em áreas onde tivesse o menor número de concorrentes, ou, melhor ainda, a ausência deles. Com isso, era possível abrir escolas mais simples, que não precisavam de tanto luxo e, ainda, não seria preciso investir muito dinheiro na divulgação da escola justamente pela falta de concorrentes. Havia ainda um outro fator, muito importante, que deveria ser seguido por todas as franqueadas: encontrar a pessoa certa e interessada em tocar a escola adiante, fosse como diretor contratado ou como parceiro.

Em alta o interesse pelo idioma inglês

A empresa de Fisk acompanhou o crescimento do interesse e da necessidade das pessoas pelo domínio da língua inglesa. Com a entrada e o fortalecimento da indústria automobilística no Brasil, e também de outras multinacionais, era fundamental falar inglês. Os livros técnicos e os manuais eram todos em inglês, e falar essa língua significava estar mais próximo da direção das empresas e, automaticamente, ter mais chances de crescimento profissional. Na verdade, o fim da década de 1950 e a década de 1960 representaram o início de uma grande expansão da indústria e do comércio.

Para as mulheres que falavam inglês também se abria a possibilidade de uma nova carreira, muito respeitada na época: a de secretária bilíngüe. As oportunidades de um bom emprego para quem secretariava e dominava duas ou até mais línguas eram enormes.

Essa explosão de interesses fez inclusive com que a média da faixa etária dos alunos baixasse.

Inicialmente, a maioria dos alunos era formada por adultos, mas a necessidade do aprendizado fez com que os pré-adolescentes e adolescentes também começassem a se matricular. Uns por iniciativa própria; outros por sugestão dos pais. As músicas internacionais e o aparecimento dos grupos de rock e de outros estilos também despertavam o interesse de aprender o idioma nos jovens.

E exatamente aí entravam as aulas cantadas ministradas por Fisk, que levavam os alunos ao delírio. Ele levava o toca-discos e os LPs, e cantava as letras em conjunto com os alunos. Fisk escrevia as letras no quadro e tirava cópias para distribuí-las em sala. Se é que se pode chamar assim, aquilo era uma grande "isca" para fisgar os jovens para as salas de aulas de inglês. E mais, mexia também com o ego. Imagine, naquela época, um deles chegar ao baile, cantar em inglês e ainda traduzir a letra. Além de impressionar outros jovens, eles iriam querer saber onde se aprendiam as músicas do momento.

O sucesso foi tão grande, que a presença de Fisk com as aulas de canto era uma exigência das turmas. E ai dele se desse aula para uma turma e não comparecesse à sala da outra. Fisk realmente sabia como tocar o grupo, e provocá-lo. "As meninas cantam uma linha e os meninos cantam outra. Vamos ver quem canta melhor... Ah! Claro que as meninas cantam melhor... Vamos melhorar, rapazes...". E assim as aulas se desenrolavam. E passavam tão rápido aqueles momentos, que logo era possível ouvir alguém reclamar:

– Ah, Mr. Fisk. Que pena! Como passou rápido!

Sem dúvida, este e outros pontos favoreceram o crescimento das escolas, o que deixava Fisk extremamente feliz. Não porque fosse a oportunidade de ele enriquecer com o negócio, mas porque assim podia trabalhar, dar aulas, preparar livros, empregar pessoas, colaborar para o crescimento dos alunos e dos parceiros, e se divertir ao fazer o que mais amava. Para ele, cada escola era como se fosse um filho. E quanto mais "filhos" Fisk tinha, mais se sentia realizado.

Uma vida intensa, mas modesta

Riqueza nunca foi uma preocupação para Fisk. Ele sempre manteve hábitos modestos, tanto que continuava a morar no mesmo apartamento que o acolhera ao chegar ao Brasil, em 1950, porque sentia que ali era o seu espaço, o que lhe dava conforto e bem-estar na medida certa.

A vida de Fisk sempre foi muito intensa, e independente. Suas atividades eram as mais variadas, todas elas em função das escolas. Preparar os materiais, orientar os professores, dar aulas, visitar as escolas de São Paulo e de outros Estados, encontrar novos pontos...

Como não tinha carro, Fisk se locomovia sempre de bonde, ônibus e trem, e sempre acompanhado de um livro, amigo inseparável que carregava consigo. Fisk lia preferencialmente ficção, suspense e aventura. Adorava os livros de Agatha Christie e a forma como ela desenhava o panorama e o cenário da Inglaterra. Para ele, além de um delicioso passatempo, os livros se tornavam uma aula de comportamento e história. Depois de ler cada livro, Fisk costumava distribuí-los, porque entendia que, com esta atitude, compartilhava o que aprendia e conhecia com as outras pessoas e colaborava para difundir a cultura. Ele tanto acreditava nisso, que pedia a quem recebesse o livro que fizesse o mesmo ao término da leitura. O único livro que

Fisk leu, releu, consultou por diversas vezes e guardara consigo por muito tempo foi *How to win friends and influence people – Como conquistar amigos e influenciar pessoas.*

Às vezes, Fisk também utilizava táxis, mas apenas em situações extremamente necessárias. Ele preferia se levantar da cama uma hora mais cedo e utilizar transporte público, ao invés de gastar o dinheiro do táxi, que poderia ser investido nas escolas.

E havia as viagens. Aos sábados, Fisk ia para Curitiba e, optando por não esbanjar seu dinheiro em passagens de avião, fazia a viagem de ônibus. Saía de manhã, às 7 hs. Depois da aula, dirigia-se até a casa do diretor da escola para um reforçado café. Dali, pegava novamente o ônibus e retornava a São Paulo. Perto das 2h da madrugada, chegava à Avenida Paulista, pegava um táxi e ia para casa.

Mas o tempo era escasso. Mal chegava, tomava banho, dormia e acordava às sete da manhã. Novo banho, um rápido café da manhã e Fisk se arrumava para ir ao Teatro Municipal, onde apresentava o programa da Orquestra Sinfônica para a Mercedes-Benz. Muitas vezes levava consigo uma pequena mala, já que do Teatro Municipal rumaria para a rodoviária e embarcaria para outros Estados, onde apresentaria os programas. Fisk sabia que, apesar daquela correria toda, o sucesso da sua aparição na televisão tinha muito a ver com tudo o que de importante acontecia em sua vida.

Mr. Fisk sempre tratado com muito carinho e respeito pelos alunos e colaboradores

Década de 1960

Década de 1970

Década de 2000

Fisk se tornara um *pop star*. Todos queriam estudar com Mr. Fisk. Todos procuravam as escolas Fisk. E para satisfazer o desejo daqueles que o procuravam, Fisk se desdobrava em 10, em 20. O cansaço era grande, mas valia a pena.

Mas, chegou a época em que não ter um carro se tornara contraproducente. Então, em 1967 Fisk comprou seu primeiro automóvel. Naquele momento da empresa ele estava seguro de que a compra não desestruturaria as escolas.

Fisk estava no Rio de Janeiro, onde já tinha escola aberta. Andando pelas ruas cariocas, passou por uma loja de automóveis. Um modelo em especial chamou-lhe a atenção. Era um Oldsmobile azul-claro, compridíssimo, 1960. Sim, o carro tinha sete anos de uso. Foi amor à primeira vista.

Até aquele momento, não lhe passava pela cabeça comprar um carro, mas seu coração falou mais alto, e a necessidade de facilitar a locomoção também. O negócio foi fechado na mesma hora, e, como somente voltaria para São Paulo no dia seguinte, havia tempo suficiente para que a documentação fosse providenciada e ele voltasse para casa dirigindo seu Oldsmobile.

Fisk ficou com o carro por uns seis ou sete anos. Um carro que lhe deu muitos problemas e gastos, mas também enorme satisfação. Comprá-lo foi a realização de um desejo. Ele estava feliz; feliz e motorizado. Agora podia visitar as escolas com maior agilidade e viajar, fosse a trabalho ou para curtir o lazer no litoral.

Seu estilo de trabalho sempre lhe exigiu estar rodeado de pessoas, o que lhe dava sensação de vida, de movimento. Fisk adorava trabalhar e ver as pessoas passarem e entrarem na sua sala para conversar, e jamais manteve a porta fechada. Os únicos momentos em que não admitia conversar eram os das correções das provas e, principalmente, das revisões das apostilas, quando qualquer distração poderia provocar um grave erro.

Novas escolas são inauguradas

Unidades no ABC paulista

Ainda naquele ano de 1967, três novas inaugurações aconteceram, todas na região do ABC, na Grande São Paulo. Uma delas em Santo André, e duas em São Caetano.

Moriaki Hijo, então com 21 anos de idade, morava na região, e assumiu a direção das três escolas. Ele mesmo se achava imaturo para tamanha responsabilidade, mas Fisk acreditava no seu potencial e o deixava trabalhar com grande liberdade para agir e criar. Com isso, Moriaki conseguiu implantar iniciativas importantes.

Tempos depois, São Bernardo do Campo também ganhou uma unidade.

Unidades Londrina e Maringá

Entre 1967 e 1968, mais duas cidades do Paraná ganharam os luminosos da Escolas Fisk: Londrina e Maringá. Depois de alguns meses de funcionamento, o proprietário da escola de Maringá, um egípcio, decidiu retornar ao país de origem. Ao saber daquela decisão, Fisk foi em busca de um novo parceiro, e perguntou ao próprio diretor da escola de Londrina se conhecia alguém capacitado para tal missão.

– Claro que conheço, Mr. Fisk. Ela é uma das professoras desta escola, e se chama Laura Ferreira da Silva. É uma professora excelente, além de ter muita competência.

Fisk, então, pediu ao diretor que agendasse uma reunião com Laura. O encontro foi marcado para dias depois, na casa dela. Quando chegou para a reunião, Fisk teve uma grata surpresa.

– O senhor não vai se lembrar de mim, mas eu já o conheço. Minha mãe morou em Campinas, onde o senhor tem escola. Ela trabalhava com os missionários, em uma grande escola americana, onde os filhos dos norte-americanos estudavam. Eu e meu irmão Manoel sempre passávamos uns tempos com ela. Estivemos na inauguração da Escola Fisk, onde Ismail era o diretor. Também assisti a muitas aulas de canto que o senhor dava na escola. Minha mãe era aluna do Ismail.

Fisk ficou feliz ao ouvir aquilo. Laura era, como se costuma dizer, realmente "de casa". Mas ele ainda precisava convencê-la a sair de Londrina e ir morar em Maringá.

– Você está disposta a encarar esse desafio? A mudar de cidade e ir morar em Maringá?

– Mr. Fisk, antes de responder, preciso conhecer a escola. Vou programar uma ida até lá e depois voltamos a conversar.

Laura viajou no final da semana seguinte. A escola se resumia a uma recepção e uma sala de aula. Ela viu que, apesar de a escola ser simples, tinha um grande potencial de crescimento. Na volta, ao reencontrar Fisk, deu sua resposta:

– Mr. Fisk, fui ver a escola. Aceito o desafio. Quando podemos começar a trabalhar?

– Que notícia agradável, Laura. Vou acertar tudo e ligo o mais breve possível. Você terá sucesso em Maringá.

Dito isso, Laura providenciou a mudança para Maringá. O irmão dela, Manoel, a acompanhou nessa nova empreitada.

A predição de Fisk se concretizou. Seis meses depois de assumir a escola, Laura se mudou de endereço. O imóvel, que ficava em um prédio comercial, já tinha espaço para a recepção e mais duas salas. Não demorou muito e ela precisou alugar mais uma sala. Depois alugou outra, e mais outra, e mais outra...

Em meio a esse período, Laura foi novamente acionada por Fisk. Desta vez, era a escola de Londrina que precisava de socorro, pois o proprietário passava por certas dificuldades e decidira mudar de ares:

– Laura, preciso que você assuma também a escola de Londrina. E isso deve acontecer imediatamente.

Assim foi feito. Manoel continuou em Maringá e Laura retornou a Londrina, que era a cidade natal dos irmãos. Como havia feito da primeira vez, ela incrementou a escola e a fez prosperar rapidamente.

Quando as duas escolas caminhavam maravilhosamente, Laura e Manoel optaram por uma troca, que teve o consentimento de Mr. Fisk: ela reassumiria a escola de Maringá, e ele passaria a dirigir a de Londrina.

Em ambas as escolas o crescimento continuou a todo vapor, até que Laura comprou um terreno em Maringá e construiu uma belíssima sede própria para a escola, onde espaço para salas de aulas não faltava. Fisk, inclusive, foi complacente com o esforço feito por Laura e colocou-se à disposição para colaborar naquilo que ela necessitasse. Mas valeu a pena, pois o imóvel, de tão bonito, mereceu destaque na mídia local com a seguinte manchete: "Fisk leva os olhos da cidade para a avenida Cerro Azul". Isto por que aquela avenida, até então, era de pouco destaque da cidade, mas, depois da inauguração da escolas Fisk tornou-se um grande centro comercial de Maringá.

Além das relações de trabalho, Fisk, Laura e Manoel travaram uma enorme amizade. Até uma outra irmã deles trabalhava como professora na escola Fisk de Curitiba. Era comum Fisk passar finais de semana na casa deles em Maringá ou Londrina, assim como Laura e Manoel virem a São Paulo e se hospedarem na casa do empresário.

Quando era a vez de Fisk visitá-los, a ocasião se transformava num evento. Os alunos ficavam ansiosos, tudo era preparado nos mínimos detalhes porque Mr. Fisk cantaria com os alunos. Na época das formaturas, Laura preparava uma festa, onde havia a entrega dos diplomas; era uma cerimônia em tom de formatura, pois a presença de Fisk dava um toque formal ao encontro.

Sempre que Fisk programava viajar para a região, Manoel o acompanhava até Curitiba. Durante o caminho, os dois conversavam bastante sobre os mais variados assuntos. À noite, Fisk e Manoel saíam para jantar. Fisk adorava saber dele como tinham sido as experiências que tivera quando morou na Alemanha e também nos Estados Unidos.

Nova tentativa, novo aprendizado

No início da década de 1970, Fisk deu início a outro negócio fora do segmento de escolas de idiomas. Desta vez, decidiu abrir uma lanchonete. O ponto escolhido foi a Avenida São João, uma das principais vias da região central de São Paulo. A casa se especializou em lanches, mais especificamente hambúrgueres. Qualidade era a palavra de ordem no estabelecimento, cujo nome era *Sun Inn.*[7]

Uma das novidades da casa era o sorvete de máquina, do mesmo tipo que as grandes redes atuais de lanchonetes oferecem, que, à época, não era tão fácil de se encontrar. O gerente contratado por Fisk era um ex-aluno das escolas, nascido na Nicarágua. E aí aconteceu a primeira falha, pois o rapaz não era muito dedicado e desconhecia o ramo do negócio, advindo desta falha muito desvio de mercadorias e dinheiro.

---

7 Morada do Sol.

A lanchonete durou apenas dois anos. Ao se decidir pela venda, Fisk concluiu que aquele era um ramo que não dominava e, para piorar, a pessoa contratada havia falhado por falta de interesse e inexperiência. Entendeu que, se tivesse contratado um profissional experiente, que viesse de uma grande rede, haveria enorme possibilidade de sucesso com a lanchonete, pois os sanduíches eram ótimos.

Quando abriu sua primeira escola, Fisk já dava aulas há oito anos e dominava tudo sobre o negócio. Situação bem diferente do que aconteceu em outros ramos que iniciou, como a loja de material esportivo, a escola técnica e agora a lanchonete que, para ele, não passavam de novidades.

Mais uma vez Fisk percebeu que o foco deveria estar exclusivamente no segmento de escolas de idiomas. A concorrência aumentava, e as exigências do mercado também. Não se podia mais abrir escolas apenas com meia dúzia de cadeiras e alguns cartazes nas paredes. Os investimentos passaram a ser mais altos, e o risco também. Exatamente por isso, nada mais deveria atrair sua atenção nem atrapalhar sua vida empresarial.

O grupo de trabalho continua a se expandir

Em 1968, Moriaki Hijo, diretor das escolas do ABC, estava em processo de recrutamento de secretárias para as escolas de São Caetano e Santo André. O número de interessadas nas vagas passava de 90. Este número elevado devia-se ao fato de Moriaki ter anunciado a vaga em um jornal de grande circulação. Todas as pretendentes preencheram o formulário com suas qualificações e informações pessoais. Entre elas, estava uma moça chamada Elite Peres Campi, que precisava muito daquele emprego, pois, casada há 10 anos, necessitava agora ajudar no sustento dos três filhos, muito embora seu marido fosse contra aquela decisão. Passado o processo de seleção, Elite não foi chamada.

Três meses depois, Moriaki lhe telefonou pedindo que viesse à escola de São Caetano. No dia seguinte, ela chegou bem cedo e, conversando com Moriaki, ele lhe disse o que tinha a oferecer:

– Elite, não temos mais vagas para as escolas da região, mas precisamos de uma pessoa para trabalhar no escritório central, que fica na Rua Francisca Miquelina, no centro de São Paulo.

Elite morava bem perto da escola, mas, como precisava do emprego, na mesma hora foi até a matriz. Ao chegar, foi atendida pelo gerente geral da empresa, Billy Elrod, que lhe pediu que aguardasse em uma sala, onde estavam outras três moças, todas bonitas e vistosas. Uma a uma, todas foram chamadas. Havia apenas três vagas em jogo. Nervosa por sua situação, Elite caiu no choro, pensando: "Se elas foram chamadas na minha frente é porque ficaram com as vagas. Perdi o emprego". Ela não sabia quem era, mas Mr. Fisk passou naquele exato momento pelo corredor e a viu chorando. Intrigado, ele pediu ao *office-boy* que fosse falar com ela:

– Você está bem? Sente alguma coisa? Algo que possamos ajudar?

Elite contou a verdade. Disse que precisava trabalhar e que, como havia sido preterida até então, achava que tinha perdido o emprego.

O rapaz tentou acalmá-la. Pediu paciência e disse-lhe que logo também seria entrevistada. Em seguida, o rapaz contou a Mr. Fisk o que a moça havia dito. Minutos depois, o próprio Mr. Fisk entrou na sala carregando uma pasta:

– A senhora está bem?

– Sim, estou. Desculpe-me pelo choro. É que eu preciso trabalhar.

A fisionomia de Fisk mostrava que já tinha uma decisão tomada:

– Fique calma. A senhora começa aqui hoje mesmo.

Em seguida, os dois foram até a sala de Fisk, onde tudo foi acertado. Elite estava radiante, mas pegou-a de surpresa o fato de já começar naquele exato momento. Como avisar o marido e os filhos? Ela não tinha telefone. Para piorar, o dinheiro que carregava consigo era suficiente apenas para a condução de volta, e já passava do meio-dia e ela não tinha comido nada.

Ao perceber a situação, Fisk lhe perguntou:

– A senhora já almoçou?

Encabulada, ela respondeu:

– Ainda não.

Imediatamente, Fisk pediu a um dos funcionários que providenciasse algo para a moça comer. As atitudes de Fisk deram a Elite extremo conforto. O patrão era um homem muito humano.

Dia-a-dia ela passou a conquistar cada vez mais a confiança de Mr. Fisk. Apesar da pouca experiência, empenhava-se bastante, tinha vontade de aprender, jamais chegava atrasada, e era muito correta e honesta.

Alguns meses depois de Elite começar a trabalhar na empresa, a secretária de Fisk se aposentou. Ele não teve dúvidas, promoveu-a para assessorá-lo diretamente. Ela se divertia com os erros que o patrão cometia ao falar o português:

– Adoro comer um laranja.

– Não é um, mas uma laranja, Mr. Fisk...

Anos depois, Elite estudou inglês em uma das escolas Fisk, e passou por outras promoções até assumir o departamento financeiro da empresa. A confiança de Fisk era tão grande, que jamais contou qualquer dinheiro que ela desse em suas mãos, apenas enfiava no bolso e ia embora.

Naquele mesmo ano, Fisk precisou ampliar o quadro de professores. Alguns pretendentes se candidataram às vagas. Um deles era Reda Maurice Naguib, um jovem egípcio de 23 anos de idade, engenheiro agrônomo formado, que viu o anúncio no jornal. Sorridente e cativante, sua simpatia conquistou Fisk já na entrevista:

– Reda, você já deu aulas de inglês?

– Não, Mr. Fisk. Mas preciso muito do emprego. Eu vim do Egito com algum dinheiro no bolso, mas as economias quase terminaram. Formei-me engenheiro agrônomo. Há seis meses acordo cedo, visto meu terno e saio à procura de emprego. Como não arrumei nada na área e sei falar bem o inglês, decidi dar aulas.

Fisk gostou da sinceridade de Reda, e resolveu lhe dar uma chance:

– Você é um rapaz de sorte. Acabam de me informar que necessitamos de um professor na escola do Ipiranga. Você quer pegar essas aulas?

– Claro, Mr. Fisk. Pode contar comigo.

Fisk percebeu a perplexidade de Reda quando disse Ipiranga. Imaginou que ele não soubesse onde ficava o bairro, mas confiou na força de vontade do moço. Sabedor de que a situação financeira de Reda não andava às mil maravilhas, Fisk pediu que lhe fosse feito o pagamento adiantado de algumas horas-aula:

– Reda, tenho programadas algumas horas-aula para você. Por favor, fale com a Elite, que cuida do nosso departamento financeiro, ela fará o pagamento. Seja bem-vindo, e boas aulas! Ah, pegue um táxi e vá até a escola do Ipiranga.

Tudo certo, Fisk levantou-se e se despediu de Reda. O rapaz ficou pensando: "Como é que pode? Ele acaba de me conhecer, me contrata e já ordena que seja feito um pagamento antecipado. Além disso, é um homem simples, educado. Tenho certeza de que bati na porta certa".

Depois de alguns dias, além das aulas na escola do Ipiranga, Reda já tinha formado uma grande carteira de aulas na Escolas Fisk. E aquela porta que se abiu para Reda foi a mesma que mudou completamente o rumo de sua vida. Tanto que, tempos depois ele conheceu Salma Athie, uma das professoras da escola da Alameda Santos, e com ela se casou. Fisk e Zélia foram padrinhos do casamento. Anos mais tarde, em 1974, Reda e Salma tornaram-se franqueados em duas das escolas Fisk.

Assim como Reda e Salma, alguns casais já haviam se conhecido nas escolas Fisk, namorado e casado. Em 1968 foi a vez de Moriaki Hijo conhecer Neusa, que se candidatou para trabalhar em uma das escolas em que ele era diretor, com quem se casou em 1970. Entre os convidados, muitos companheiros de trabalho, e, claro, lá estava Mr. Fisk.

Vencer pela capacidade

A última escola do Paraná que precisava ser acertada era a de Curitiba, uma das escolas próprias da rede. Desde a saída de Per Bente, Fisk buscava encontrar alguém competente para a direção. A pessoa ideal levou algum tempo para aparecer, até que ele finalmente contratou uma nova diretora. E foi uma contratação acertada. Durante anos ela ajudou no crescimento das escolas Fisk na cidade, indo em busca de novos pontos comerciais, dirigindo com pulso firme as escolas, cuidando das finanças e transmitindo grande segurança a Fisk. No início, ele viajava a Curitiba mensalmente, mas depois, com a confiança adquirida na nova diretora passou a ir trimestralmente. Ela foi de grande importância para firmar o nome Fisk na cidade.

Uma curiosidade de Curitiba, que sempre foi motivo de conversas entre Fisk e o grupo de trabalho local, era a facilidade para encontrar professores de qualidade na cidade. Como havia muitos descendentes de estrangeiros na capital paranaense, falar bem o inglês era comum nas famílias. Com isso, o mercado sempre foi acirrado, pois, além das escolas, era grande o número de professores particulares espalhados por Curitiba.

Ao final de 1968, Fisk viajou ao Paraná, onde participou da formatura dos alunos da escola de Maringá. Uma das alunas que se formava naquele dia era Cleuza Stadler. No meio das comemorações, ela foi apresentada a Mr. Fisk, que a parabenizou pelo diploma. Como era de praxe, a formatura foi finalizada com um baile, no qual Cleuza conheceu um funcionário de Fisk. Naquela noite eles dançaram, dias depois começaram a namorar e, cinco anos mais tarde, em 1973, se casaram e foram morar em Recife.

Como Fisk também tinha escolas no Nordeste, vez por outra ia visitá-los na capital pernambucana. O casal teve três filhos, mas depois de pouco mais de uma década eles se separaram. Durante o tempo em que estiveram casados, Fisk sempre os levava para passear, almoçar ou jantar em restaurantes, e brincava bastante com seus filhos. Depois da separação, Fisk cultivou a amizade com Cleuza, que era professora da rede de escolas públicas em Recife. Mas ele nunca conseguia pronunciar o nome dela, por isso, a saída foi ela ganhar o apelido de Cléo, o mais próximo que Fisk conseguia chegar.

Quando Cléo decidiu voltar para o Paraná, e fixar moradia em Curitiba, ele a ajudou, e aos seus filhos, deu-lhe total apoio, moral e financeiro, e sempre foi um grande conselheiro. Depois da mudança, ele continuou a seguir o ritual de visitas e passeios, desta vez em Curitiba. Graças às suas orientações e sua disposição em ouvi-la, Cléo deixou de ser tão imediatista e aprendeu a ser calma e paciente. Cléo cultivou a amizade de Fisk por décadas, e passou também a visitá-lo em São Paulo. Além de uma grande amiga, Fisk ganhou uma boa parceira para as partidas de baralho, um dos seus passatempos preferidos.

Ainda no final de 1968, Fisk foi pego de surpresa com o pedido de demissão da diretora de escola de Santo Amaro, que saiu da empresa para montar uma escola própria, a Modern English School. Ela levou inclusive as secretárias consigo. Um casal sul-africano de professores que já trabalhava com Fisk foi convidado para tocar a escola. Mas eles não ficaram muito tempo, porque pouco mais de um ano depois o casal decidiu retornar à terra natal. Era preciso encontrar alguém de confiança.

Assim, em 1969 Zélia e Fisk convidaram Bruno Caravati para assumir a diretoria da Escola Fisk de Santo Amaro. Bruno ficou surpreso com uma promoção em tão pouco tempo, e não fazia idéia do motivo que levara Fisk a escolhê-lo para se tornar diretor.

O motivo, que Bruno só ficou conhecendo anos mais tarde, foi a postura que teve ao defender a Escolas Fisk em uma negociação de aulas externas com o funcionário de uma grande empresa.

Dina, esposa de um funcionário de confiança de Fisk, que cuidava deste departamento, foi, acompanhada por Bruno, que seria o responsável pelas aulas, para acertar a negociação. Depois de tomar conhecimento do custo, o funcionário da empresa contratante disse:

– Mas esse custo é muito caro, inviável.

Bruno intercedeu:

– Desculpe, mas o preço não é caro. Nossa empresa oferece um ensino do mais alto nível, e cobra esse preço porque faz questão de pagar muito bem a nós, professores.

Aquela conversa chegou aos ouvidos de Fisk através de Dina. Ele gostou muito da forma como Bruno defendeu a camisa que vestia e valorizou o salário recebido. Por isso Fisk se convenceu de que Bruno deveria ser preparado para assumir a direção de uma das escolas. A oportunidade apareceu e o convite foi feito na matriz:

– Bruno, precisamos de um diretor para a escola de Santo Amaro. Acredito que você tenha totais condições de assumi-la.

– Mr. Fisk, confesso que sou inexperiente na parte administrativa. Mas se o senhor acredita em mim, quem sou eu para duvidar... Obrigado pela confiança.

Bruno assumiu a escola e rapidamente a ajustou ao seu estilo. A escola, que ficava na sobreloja de um prédio, ia muito bem. O imóvel era alugado, e seu acesso se dava por uma escada que terminava no corredor, onde, do lado direito ficava a escola e, do esquerdo, um consultório dentário.

Depois de um ano que Bruno assumiu a escola, infelizmente o dentista faleceu. Dias depois, num sábado, qual não foi sua surpresa quando, ao subir a escada, deparou-se com o letreiro do novo inquilino das salas: Modern English School. A antiga diretora da Escola Fisk de Santo Amaro, alugara o imóvel, e além disso, colocara a secretária na escada, tentando atrair os alunos da escolas Fisk.

Bruno estava incrédulo com a "postura ética" da concorrente. Aquilo era inaceitável.

A escola funcionava até o meio-dia, e, assim que encerrou o expediente, Bruno seguiu imediatamente para a casa de Fisk, tamanho era seu desespero:

– Mr. Fisk, desculpe por incomodá-lo, mas preciso lhe falar.

Bruno contou todo o ocorrido ao patrão, ansioso por saber qual atitude deveria tomar. Fisk o aconselhou quanto à postura mais sensata possível:

– Bruno, sinto que você está transtornado, mas não quero que perca o final de semana por isso. Peço que não brigue nem arrume inimizades. O que você tem a fazer é trabalhar o melhor que puder para que a escola prospere ainda mais. Brigar não leva a nada. Venceremos esta batalha com a nossa capacidade de trabalho.

Bruno mais uma vez comprovava o equilíbrio emocional de Fisk. Aquelas eram palavras paternas, não de um patrão. Muitos naquela situação teriam tomado outro tipo de postura, mas não Fisk, que quis apenas preservá-lo. Bruno seguiu à risca o conselho de Fisk. Continuou a trabalhar arduamente e a usar e abusar da criatividade nas ações em relação à escola.

Não se passaram dois anos e a concorrente não agüentou a força comercial da escola Fisk, terminando por fechar aquela e também a outra unidade que possuía. Por ironia do destino, a proprietária ainda ofereceu todos os objetos da escola, como mesas, cadeiras etc., a Bruno.

Dias depois Fisk foi até a escola de Santo Amaro. Ele e Bruno tomavam café na cozinha, quando o assunto da ex-diretora veio à tona. Bruno perguntou:

– Mr. Fisk, que sentimento o senhor pode ter por aquela mulher, depois de tudo o que ela aprontou?

– Bruno, *I can forgive, but I never forget.*[8]

E isso aconteceu pela vida afora de Fisk; ele teve muito a perdoar, e inúmeros fatos para gravar na mente.

Outro fato curioso ainda surgiria na vida de Bruno. No início da década de 1970 era comum os jovens usarem vasta cabeleira, e Bruno foi um dos que adotaram esse visual. Em sua rotina, ele conciliava a direção da escola com as aulas externas, ministradas nas empresas. Um dos seus principais

---

8 Eu posso perdoar, mas não posso esquecer.

clientes era um famoso banco com sede na região central de São Paulo e cujo grupo era composto por meia dúzia de diretores da instituição financeira. Depois de algumas aulas, Bruno foi chamado por um dos integrantes:

– Bruno, estamos muito satisfeitos com suas aulas, elas são excelentes. Mas há algo que preciso dizer. Nosso presidente não admite que pessoas de cabelos compridos trabalhem aqui.

– Não se preocupe. Também adoro dar aulas para vocês. Irei hoje mesmo cortar o cabelo.

Assim que saiu, Bruno foi cumprir o prometido. Dois dias depois, enquanto se preparava para ir à sede do banco, Fisk ligou:

– Bruno, precisamos conversar. Você pode vir até o escritório?

– Claro Mr. Fisk. Irei dar aula aos diretores do banco e de lá vou conversar com o senhor.

Perto das nove horas da manhã, Fisk e Bruno estavam reunidos.

– Bruno, infelizmente, o presidente da instituição financeira em que você acabou de dar aula não admite pessoas de cabelos compridos no escritório. Teremos que substituí-lo.

Para Bruno, aquele assunto já havia sido superado, até porque cortara o cabelo e, no banco, de onde acabava de sair, ninguém comentou nada. Mas, assim mesmo, Bruno acatou a decisão:

– Entendo perfeitamente, Mr. Fisk. Mas assim que fui comunicado, cortei os cabelos. O senhor acha que meus cabelos ainda estão compridos?

– Não. Sinceramente, não. Mas peço que entenda. Sinto muito por termos que tomar essa atitude por causa de uma exigência feita pelo cliente. Às vezes, temos que acatar decisões alheias, ainda que não concordemos com certas posturas.

Ali estava uma lição de vida passada por Fisk para ser avaliada muito criteriosamente, e que talvez Bruno só viesse a entender por completo anos depois.

Aulas – como "bico" ou carreira –, promoções e reforço na remuneração

Na década de 1960 Fisk fortaleceu ainda mais sua relação com o principal conglomerado de empresas de comunicação da época, os Diários Associados, parceria esta que muito o ajudou. O grupo detinha jornais, a revista *O Cruzeiro*, emissoras e retransmissoras Tupi de rádio e televisão. O jornal publicava lições e charadas assinadas por Fisk, e ele sempre adquiria espaços para divulgar a empresa em praticamente todas as mídias da empresa, que inclusive se prontificara já há algum tempo a enviar as fitas gravadas dos programas de televisão para as praças onde o material seria veiculado. Aquela foi uma empresa onde Fisk fez grandes amigos.

Ainda próximo ao final da década de 60, Fisk começou a veicular propagandas da Escolas Fisk na TV Globo, inaugurada em abril de 1965.

A divulgação das escolas atraía também o interesse de pessoas que queriam dar aulas, que muitas vezes serviam de reforço para o orçamento pessoal. Era realmente um "bico" que ajudava a pagar os estudos, principalmente aos que cursavam a faculdade.

Dar aulas propicia inúmeras vantagens, como aprender a dominar a atenção das pessoas, a explicar de forma objetiva, a transmitir a mensagem desejada, a organizar as idéias, enfim, é um excelente treino para se desenvolver no magistério e em várias outras profissões.

Normalmente, essas pessoas trabalhavam por quatro ou cinco anos e, quando se formavam na faculdade, buscavam seguir o caminho profissional na carreira escolhida. Nem todas encaravam aquilo como profissão. Mas aquelas que optavam por seguir dando aulas de inglês tinham como fazer carreira na Escolas Fisk.

Fisk criara uma fórmula própria de remunerar os colaboradores para que pudessem participar ativamente do resultado financeiro da empresa. Todos os diretores das escolas próprias da rede eram ex-integrantes do quadro de professores que haviam se destacado, e, por isso, convidados ou promovidos para assumirem as escolas. Este sistema de promoção valia também para todas as outras funções da empresa. As oportunidades sempre eram dadas àqueles que já estavam na casa. Os diretores recebiam, além das horas-aula dadas por eles, uma porcentagem do movimento das escolas ao final do mês. O número de aulas que cada um dava era definido por eles mesmos; alguns chegavam a dar até 12 horas-aula por dia, o que fazia com que administrassem as escolas como se fossem suas. Caso o diretor de uma escola saísse, o melhor professor daquela unidade era automaticamente promovido ao cargo; se não houvesse ninguém preparado para assumir a escola, algum professor de outra unidade recebia o convite. Para se destacar, o professor deveria conquistar a confiança de Fisk.

O Coordenador Pedagógico era o responsável pela indicação daqueles que se destacavam, função esta exercida por Fisk nos primeiros anos da rede, e passada à frente em razão do seu crescente volume de trabalho. Valter Bresolin Pinto de Moraes foi um dos primeiros que sucederam Fisk e que ficou por muitos anos nesta função.

Aqueles que começavam a dar aulas na Escolas Fisk passavam por um verdadeiro teste de "resistência". Inicialmente, recebiam aulas em horários variados nos três períodos. Os que aceitavam a carga horária oferecida e se colocavam sempre à disposição para assumir outras classes, independentemente do período do dia em que estivessem, ganhavam pontos com Fisk, e, gradativamente, entravam na lista dos possíveis futuros diretores.

O método de ganho implementado por Fisk comissionava também os professores nas épocas de início dos estágios e fim dos cursos. O professor que conseguisse manter os alunos nas turmas recebia um bônus, pois isso significava que os alunos gostavam das suas aulas. A mesma confirmação vinha na hora em que os alunos terminavam um estágio e se matriculavam no nível seguinte. Se houvesse poucas ou nenhuma desistência, novo bônus ao professor. Se uma sala começasse com 14 alunos e terminasse com 12, estava demonstrada a alta qualidade do professor, porque até 20% de desistência nas salas era admissível. Mas se, ao contrário, ao final a turma registrasse oito ou seis alunos, era sinal de que o professor não tinha agradado.

A motivação e a interação aluno-professor são fundamentais na sala de aula, inclusive para que o nível da aula seja o melhor possível. Quanto maior o interesse dos alunos, maior será a vontade do professor em ensinar, e, neste caso, a recíproca é verdadeira. E para se conseguir este intento, é importante que haja cumplicidade, que os alunos entendam que estão em sala de aula para aprender algo que eles necessitam e desejam, e que o professor tenha em mente a importância de se entregar ao ensino dos alunos e fazer que cada um deles consiga atingir o melhor de si. Para não tornar as aulas monótonas para alunos e professores, Fisk costumava trocá-los de turma a cada nível. Quando o grupo mudava de estágio, era comum que outro professor assumisse a sala.

As secretárias também recebiam comissão no período de matrículas, costumeiramente entre fevereiro, março e abril, e em julho e agosto, e, ainda, nas rematrículas, quando o percentual era um pouco menor. Além disso, a opinião delas era de grande valia na hora de saber o que os alunos achavam da escola, dos professores, da estrutura, das salas etc. Por isso, era importante mantê-las sempre motivadas e mostrar a elas o importante papel que desempenhavam nas escolas.

Muitas das secretárias que iniciaram na organização foram deslocadas para a matriz ou mesmo trabalharam por muitos anos nas escolas. Uma delas é Meiri Teófila de Melo Baccari, que iniciou na empresa em 1969. Sua irmã, que já era funcionária de uma das escolas, a indicara.

Meiri começou na escola Fisk de Santana, na zona norte de São Paulo. Na época, ela já conhecia Mr. Fisk porque havia assistido algumas de suas aulas pela televisão, mas foi como funcionária que Meiri passou a ter maior contato, principalmente quando Fisk ia dar aulas na unidade onde trabalhava. A primeira vez que o encontrou, foi marcante. Como de hábito, Fisk entrou na escola todo sorridente, em alto-astral:

– Bom dia, vejo que você é nova no nosso grupo de trabalho. Seja muito bem-vinda!

Aquele cumprimento causou em Meiri uma impressão extremamente positiva em relação ao patrão, que visitava várias unidades diariamente, e mais impressionada ainda ficou com a sua simplicidade:

– Meiri, temos umas cadeiras quebradas aqui. Precisam de conserto. Você me ajuda a arrumá-las? Precisamos de prego e martelo.

Mr. Fisk estava propenso a consertar as cadeiras com as próprias mãos! Ele, que já possuía algumas dezenas de escolas, ia literalmente colocar a mão na massa.

Com o passar do tempo, Meiri conquistou a confiança de Mr. Fisk e também de Zélia, que com ela tratava da parte financeira da escola. Na época, o dinheiro que entrava em algumas escolas não era depositado em bancos, mas enviado para a matriz. Na escola de Santana, Meire era a responsável pelo montante faturado, e guardava consigo o dinheiro até que o mensageiro, que vinha quinzenalmente, passasse para recolhê-lo. Depois de certo tempo, a própria Meiri passou a ir quinzenalmente à matriz para levar o controle do movimento e o dinheiro. Apesar de aqueles serem outros tempos, quando o valor acumulado era muito grande, Meiri preferia levá-lo e guardá-lo em sua casa, onde estaria mais seguro. E sempre que chegava à matriz, Fisk fazia questão de cumprimentá-la e perguntar como andava a escola. Meiri tinha, inclusive, total liberdade para sugerir promoções que pudessem ajudar a atrair novos alunos e até mesmo fazer algumas mudanças na recepção.

A descoberta de novos horários

O ano letivo de 1969 começou com mais uma novidade da Escolas Fisk em relação aos concorrentes, fruto do apurado "faro" do empresário. Embora estejamos falando de décadas atrás, as pessoas então já tinham os dias da semana comprometidos pelo trabalho e estudo. E, para estas, a que horas poderiam fazer o curso de inglês? Fisk então idealizou abrir turmas aos sábados, dia em que as escolas não tinham atividades. Mas quem é que sacrificaria os sábados para se enfiar em uma sala de aula? Aos que ele confidenciava a idéia, a reposta era sempre a mesma:

– Não acredito que tenha alunos.

No primeiro ano, realmente prevaleceu a previsão dos pessimistas. As turmas começavam com bom número de alunos, mas boa parte desistia no decorrer do curso, rendendo-se às tentações de passeios, viagens, festas... Mas, a partir do segundo ano, a opção de poder fazer aulas aos sábados atraiu um grande número de pessoas que tinham a agenda da semana atribulada. A reversão do movimento foi tão intensa, que em algumas escolas da rede passou-se até a criar listas de espera por vagas. As aulas começavam às oito da manhã e iam até as cinco da tarde. As turmas assistiam duas horas consecutivas de aulas. O público, basicamente, era composto por adultos.

O sábado era também um desafio a ser vencido para que os professores conquistassem espaço na empresa. Aquele que se negava a trabalhar aos sábados perdia prestígio, e na hora das grandes oportunidades, dificilmente seria lembrado. Fisk queria ter um grupo de profissionais prestativos, prontos a resolver, e não criar problemas. Profissionais como ele próprio sempre fora: disposto ao trabalho. Mas ele pouco se decepcionava, pois sabia escolher as pessoas certas. Além disso, as horas-aula pagas aos sábados eram superiores às dos outros dias da semana. Mais um atrativo, mais um estímulo.

O sucesso das aulas aos sábados fez com que Fisk inovasse novamente, lançando as turmas noturnas das sextas-feiras, cuja carga era de duas horas-aula semanais. Para encorajar aqueles que abriam mão ou empurravam para mais tarde a saída com os amigos, familiares, namorada ou namorado, Fisk dava descontos na inscrição para esses horários.

Uma ótima idéia, porém, sem retorno

No final da década de 1960, Fisk decidiu investir na montagem de um cursinho preparatório para vestibular. Era mais uma tentativa fora do seu meio de atuação, mais uma aposta de quem sempre tivera o empreendedorismo correndo nas veias.

Depois de estudar o segmento, Fisk entendeu que era crescente, então, comprou um imóvel que ficava bem próximo ao escritório central, na Rua Santo Antonio, bairro da Bela Vista. Enquanto adaptava o local, criava e montava as salas de aulas, Fisk contratou os professores. Paralelamente, marcou reunião com a diretoria comercial dos Diários Associados e propôs permutar 50 bolsas de estudos em troca de propaganda. A proposta foi aceita, e Fisk estava pronto para iniciar o negócio, que na sua visão caminhava pela mesma estrada da área da educação.

Os primeiros meses deixaram Fisk eufórico. Além dos bolsistas dos Diários Associados, havia os alunos particulares. Mas ele acabou por constatar que as bolsas integrais muitas vezes desestimulavam os alunos, funcionários da empresa de comunicação. Era realmente uma triste constatação, porque poucos podiam se dar ao luxo de tal benefício. Aquilo o incomodou tanto, que o fez se desabafar com Zélia e Mário Bontempo:

– É preciso valorizar o que se ganha. Imagine se eu desprezaria um curso gratuito se tivesse tido uma oportunidade dessas no passado. Na época de faculdade, assistia às aulas de manhã, estudava à tarde e trabalhava como carregador de malas em um hotel, onde tinha a chance de arrumar uns trocados. Ganhava de três a quatro dólares por noite, um dólar de salário e o restante em gorjetas. O que mais me agradava é que no hotel eu ainda tinha muito tempo para estudar. E foi exatamente esse dinheiro do hotel que guardei e com o qual me mantive enquanto cursava o mestrado.

Ao falar como sua vida havia sido pautada pelos sacrifícios para alcançar as conquistas, Fisk buscava também demonstrar o motivo de tanta perplexidade.

E o pior era que o desânimo dos bolsistas parecia ter contagiado outros componentes das classes, que perderam alunos e começaram a ficar inviáveis. Mas Fisk assumiu sua parcela de culpa no processo. Como as escolas de inglês iam bem e cresciam cada vez mais, ele se manteve focado na Escolas Fisk e não acompanhou com o mesmo empenho o curso pré-vestibular. Quando se decidiu pelo fechamento do negócio, mal havia completado dois anos em operação.

Novamente Fisk aprendia importantes lições. Entre elas, que sem empenho e dedicação não se consegue triunfar empresarialmente. Mais uma vez, a falta de um profissional competente que administrasse o curso e o não investimento em propaganda lhe mostravam o caminho do insucesso. Fisk admitia que não se dedicara ao negócio como fazia com as escolas de inglês, e entendeu que entusiasmo ajuda, mas só faz efeito quando se conhece a fundo o mercado em que se pretende atuar.

Perto de 100 escolas e um sem-número de amigos

Na década de 1960, assim como na de 1970, a vida pessoal de Fisk sempre se misturou com a vida profissional.

Quando viajava para visitar as escolas, os diretores já o esperavam no aeroporto. Depois do encontro, ele percorria uma via-sacra: visitar as escolas, almoçar, travar conversas profissionais e pessoais, reunião com os professores, aulas de canto... E, claro, se tivesse agenda para isso, Fisk ainda saía com eles à noite para jantares ou bailes. Às vezes chegava até a se hospedar na casa de alguns deles. Assim Fisk passava a conhecer melhor os diretores, funcionários e franqueados, e seus familiares também. Era como fazer negócios com grandes amigos. Seu leque de amizades cada vez se abria mais. E com tantas viagens, quanto mais conhecia pessoas, regiões e costumes, mais amava e respeitava o Brasil e seu povo.

Ao final dos anos 60, Fisk tinha uma empresa de sucesso. Eram aproximadamente 100 escolas, das quais 20 próprias e o restante franqueadas. As propagandas na televisão continuavam a despertar o interesse das pessoas em iniciar o curso, em trocar de escola e em ser franqueado. Os belos luminosos ajudavam a dar referência aos pontos comerciais. Algumas escolas chegaram a ter mais de 800 alunos, e esse crescimento todo se deu sem que Fisk fizesse loucuras.

Para abrir uma escola, ele geralmente colocava móveis apenas em alguns dos cômodos. Geralmente, os imóveis alugados tinham espaço para quatro salas de aulas, além da recepção, exatamente o que se precisava para iniciar uma escola. Para a inauguração, Fisk costumava comprar mobílias para a recepção e duas salas de aulas. À medida que o movimento melhorava, mobiliava os outros ambientes. Uma política bem pés no chão, que a falta de concorrência excessiva permitia adotar. Por isso, Fisk procurava usar a criatividade na montagem e na ampliação das escolas.

Ele jamais abria mão da praticidade nas escolas, a fim de facilitar a vida dos alunos, professores e funcionários. Sempre priorizou a funcionalidade em detrimento dos aspectos estéticos, prioridade que se manteve viva pelo menos até o fim da década de 1970, quando o mercado passou a exigir altos investimentos em decoração.

Antes da virada da década, Mário Bontempo, contador por formação, começou a trabalhar na empresa. Contratado para cuidar da contabilidade da empresa, assim como do estoque e dos *office-boys*, meses depois assumiu também a responsabilidade de supervisionar a operação das máquinas de *off-set*. Mário tornou-se uma pessoa de confiança de Fisk e um dos principais executivos da empresa, conforme veremos durante a história.

Nesse período, Fisk entendera que era importante a criação do departamento de estoque. Era uma centena de escolas que trabalhavam todos os níveis, e um erro de cálculo poderia deixar alguma unidade sem livros. Ele sempre mantivera estocados uma média de 1.000 livros de cada estágio. Mas, quanto mais o grupo de Escolas Fisk crescia, mais estrutura e funcionários ganhava. E quanto mais isso acontecia, mais Fisk descentralizava a empresa e delegava funções. Era preciso tomar tal decisão, mas evitava dar títulos e cargos às pessoas. Ao invés disso, determinava-lhes missões: "Você é o responsável por cuidar da contabilidade", "Você se encarrega das compras"... Cada vez mais ele assumia, mesmo sem perceber, a postura de empresário de sucesso, embora sempre se tenha considerado um professor.

Uma das primeiras atividades que passou adiante foi a tradução das músicas para impressão, que lhe tomava muito tempo. Mas Fisk não podia abrir mão da preparação dos livros, criação das lições e suas correções, um trabalho minucioso e de grande responsabilidade. Outra das principais atividades de Fisk era a gravação dos programas de televisão. Ele produzia tudo, desde a escolha das roupas até a roteirização dos programas. Depois de tudo pronto, Fisk e Valter Bresolin, que ao ir para os Estados Unidos foi substituído por Arnaldo de Souza Pereira, viajavam pelo Brasil para gravar os programas nas cidades onde seriam exibidos.

E ainda havia as aulas de canto. Trimestralmente, Fisk dava aulas de canto aos alunos. Mas já eram muitas escolas, e ele continuava a carregar o aparelho de toca-discos e os LPs que costumava tocar, principalmente seus preferidos, Beatles e o cantor Engelbert Humperdinck. Eram aulas muito descontraídas e divertidas, nas quais se aprendia muito. Assim que chegava à sala, Fisk distribuía as letras das músicas que tocaria. Ao longo dessas aulas, ele constatou que sempre havia um ou dois alunos que se sentiam contrariados com a aula, talvez em razão da timidez; mas bastava o ritmo da música aumentar, que eles se empolgavam, começavam a bater os pés, as mãos e até a cantar.

O carisma de Mr. Fisk conquistava os alunos

Antes da virada da década, e de completar 50 anos de idade, Fisk parou de tomar bebida alcoólica. Ele adorava chegar em casa e às vezes saborear um drink. Mas sentiu que este era um hábito que pouco acrescentava, embora apreciasse uma ou duas doses de bebida, nunca mais que isso. Mesmo assim, percebia que o *day after*, o dia seguinte, era penoso. O raciocínio ficava lento, a memória falhava, enfim, havia uma perda produtiva no trabalho. Assim, optou por riscar a bebida alcoólica dos cardápios, mas continuou a se divertir da mesma forma. E porque Fisk nunca fumou, sua saúde sempre foi excelente.

Entre o final da década de 1960 e o início da de 1970, Fisk investiu em merchandising, terminologia que muito certamente não existia naquela época. Em uma das novelas de maior sucesso da TV Tupi, chamada *O Profeta*, escrita por Ivani Ribeiro e dirigida por Antonino Seabra, a atriz Débora Duarte interpretou uma professora de inglês e gravou várias cenas na sede da Escolas Fisk. Além dela, o elenco contava ainda com atores e atrizes famosos ou que vieram a se firmar no cenário nacional, como Carlos Augusto Strazzer (que interpretou Daniel, um pananormal), Paulo Goulart, Rolando Boldrin, John Herbert, Márcia de Windsor e Irene Ravache, entre outros; até mesmo a apresentadora Hebe Camargo teve uma participação especial. Foi uma excelente forma de divulgar a empresa, que deu grande resultado. Depois dessa experiência, Fisk promoveu também a participação da rede de escolas em novelas da TV Globo, e sempre teve resultados satisfatórios com os investimentos.

Foi também nessa época que se consolidou o curso intensivo na Escolas Fisk, para atender às necessidades do mercado. O curso completo durava quatro anos, mas sempre havia aqueles mais imediatistas ou que, em função da necessidade profissional, precisavam fazer o curso completo em menos tempo. Para estes, o curso era ministrado de segunda a quinta-feira, duas horas por dia. Assim, em um mês o aluno concluía o aprendizado contido naquele determinado livro, ao passo que, se fizesse o curso normal, levaria seis meses para completar o estágio.

Capítulo 10

Os anos 1970

Apesar do excelente ritmo em que vinham as escolas, a chegada da década de 1970 trouxe um período de dificuldades e adversidades, que exigiu de Fisk um exercício empresarial enorme.

As escolas tinham bastante alunos e iam muito bem, mas a matriz passava por sérias dificuldades. A estrutura era muito grande, eram muitas as responsabilidades e uma extensa relação de gastos que ficava sob a responsabilidade de Fisk. Foi também um período em que ele passou alguns apuros em relação à inadimplência de alguns parceiros. Como sempre reconsiderava os apelos dos franqueados e privilegiava o respeito aos alunos, para não suspender a entrega de materiais, alguns abusavam do seu bom coração, usando o dinheiro que lhe deviam na construção de belas casas ou na compra de imóveis na praia ou no campo.

Aquele, sim, foi um grande teste para as qualificações, otimismo e visionarismo de Fisk. Não bastava apenas as pessoas acreditarem, ele é quem mais deveria acreditar que era possível reverter aquela situação. E acreditar em si e no próprio negócio era o que ele mais fazia. Com rápidas e precisas intercessões, fez ajustes, remodelações, enxugou ainda mais os gastos e apertou a política da relação financeira matriz-franqueado. Apesar das dificuldades, procurou não reduzir o investimento em propaganda, principalmente em TV, além de continuar a imprimir folhetos que eram entregues de casa em casa. Assim como os luminosos, esses folhetos serviam de suporte às propagandas em mídia eletrônica e significavam retorno garantido. Antes mesmo do final de 1970, Fisk já tinha recolocado o trem no trilho.

Daí em diante, seria marcada pelo começo do fortalecimento econômico de Fisk e da rede de escolas, que caminhava em direção a um aumento cada vez maior.

Desde 1958, quando abriu a primeira escola, Fisk tirava do lucro que sobrava no final do mês o mínimo necessário para pagar as despesas. O restante aplicava na abertura de novas unidades e em melhorias nas escolas já em operação. De certa forma, sua mentalidade neste aspecto pouco mudou. Nada de gastos supérfluos.

A estratégia montada naquele momento foi a de comprar muitas linhas telefônicas, fundamentais para seu negócio e tão escassas na época. Algumas escolas ainda não tinham telefone; em outras, as linhas eram próprias ou alugadas. Ele procurava fechar inúmeros contratos com a então Telesp, Telecomunicações de São Paulo, e financiava várias linhas simultaneamente. Era um investimento pesado, e as prestações eram pagas com muito esforço.

Muitos até questionavam essa sua forma de ser. Mas era assim que Fisk se realizava: abrindo mão do próprio conforto em prol do crescimento da empresa. Ele continuava a morar no mesmo apartamento, não tinha imóvel na praia ou no campo, não se hospedava em hotéis caros e luxuosos, não ia a restaurantes badalados... E quando questionado sobre o tipo de vida que levava, sua resposta era sempre a mesma:

– Tenho uma vida confortável. Um apartamento que atende às minhas exigências; um carro que me leva para onde quero; viajo anualmente para o exterior; faço boas refeições... Enfim, não preciso mais do que isso para ser feliz.

Aquela não era uma visão simplista da vida, mas sim a de um empresário mergulhado de corpo e alma em fazer prosperar o próprio negócio. Um empresário que, ao invés de abrir as torneiras e deixar a água correr, preferia mantê-las fechadas e construir mais caixas d'água para se resguardar dos períodos de seca. Embora a rede tivesse mais de uma centena de escolas com o nome Fisk, ele sabia o esforço que significava pendurar cada letreiro daquele. Abrir uma escola requeria uma busca minuciosa. Era preciso checar o local do imóvel várias vezes. Ver a fluência de pessoas durante os diferentes períodos do dia, acompanhar o volume de transporte local, a segurança da região, o astral e o público do bairro, enfim, fazer um verdadeiro *checkup* do ponto comercial. Uma área considerada boa sempre tem suas vantagens e desvantagens. O importante é que sejam muito mais virtudes do que defeitos. E alugar imóvel para montar escola não era tarefa das mais fáceis até boa parte da década de 1970. A lei do inquilinato protegia as escolas, portanto, despejar um locatário dono de escola exigia uma grande batalha judicial. Além disso, alguns donos de escolas deixavam o imóvel em frangalhos na hora de sair do local, o que levava a uma briga judicial e a um grande investimento por parte dos proprietários, além de provocar a negativa dos donos de imóveis na hora de alugar novamente para escolas.

Claro que esta não era uma postura adotada por Fisk. Quando devolvia algum imóvel, deixava-o, no mínimo, nas mesmas condições em que havia recebido ou, em muitos casos, ainda com mais melhorias. Foi por isso que certa vez, ao alugar uma casa na zona norte de São Paulo, no bairro de Santana, o proprietário colocou no contrato tudo o que havia na casa e como ele a estava entregando: pintada, com armários, lustres etc.

Indignado com aquilo, Fisk quis saber do homem os motivos de tanta precaução:

– Por que o senhor está tão temeroso? Não precisa colocar todas essas peças e objetos em contrato. Não há motivos para tanto.

O homem, mesmo encabulado, justificou seus motivos:

– Fisk, você pode achar estranho essa enorme dose de cautela. Você não é o primeiro que aluga essa casa. Teve gente que locou o imóvel e levou até as fechaduras. Desculpe se o ofendi. Não foi minha intenção. É que decidi que de agora em diante coloco tudo em contrato.

Como Fisk sabia que nada daquilo lhe serviria de carapuça, aceitou a cláusula.

– Entendo. Se esta é a sua preocupação, pode colocar a cláusula.

Com o tempo, o dono do imóvel constatou que realmente em relação a Fisk não seria necessário tanta cautela. Fisk sempre prezou a conservação dos imóveis, porque com isso gastaria menos em reparações e reformas, e deixaria a escola bonita e vistosa, o que agradava ainda mais aos alunos. Era preciso ter certas preocupações estruturais, e uma delas, adotada há anos, era a de investir na iluminação interna das escolas, a fim de deixar as salas de aulas claras, para a melhor visualização e leitura dos alunos. Outro investimento se destinava a acarpetar os cômodos, para que o som de uma sala não invadisse a outra e incomodasse alunos e professores, porque o carpete absorve e minimiza a propagação do som.

Também nos primeiros anos da década de 1970, a rede de Escolas Fisk iniciou o ensino de línguas para crianças. E começou de maneira discreta e inibida, elaborando e imprimindo o primeiro livro dirigido para o público infantil. Mesmo assim, ainda havia certo desconforto para atender ao público infantil, já que a Escolas Fisk era reconhecida como vanguardista em cursos para jovens e adultos.

Nessa década, quando o Brasil era presidido pelo general Emílio Garrastazu Médici, aconteceu a Copa do Mundo do México, quando o Brasil sagrou-se tricampeão mundial. Diferentemente de outras áreas, o segmento de escolas de línguas pouco modificou em função do evento, a não ser por um único detalhe, além, é claro, da torcida de todos por mais um título: os professores aproveitavam, em sala de aula, para corrigir ou evidenciar algumas pronúncias corretas de nomes de jogadores estrangeiros ou mesmo de terminologias do futebol a fim de entreter os alunos.

Aquela década ainda ficaria marcada pelas tendências musicais e pela moda, que trouxe a onda da minissaia. Fisk desaprovava o uso desse tipo de vestimenta em sala de aula, pois a todos inibia, tanto quem usava quanto quem estava ao lado. Era constrangedor.

Novos rumos

O contingente de pessoas em busca de emprego crescia cada vez mais. Mas, para Ivany Aguilar Nofuentes, o percurso se deu ao contrário; foi o emprego que bateu à sua porta.

Ela morava na Penha, zona leste de São Paulo, e um de seus vizinhos era diretor de uma das escolas Fisk, e perguntou ao seu pai se Ivany não estava disposta a trabalhar como secretária, das 17 às 22 horas, na escola da Penha. Ivany apenas abriu as portas àquela oportunidade e aceitou o convite. Poucos meses depois de iniciar na unidade, conheceu Fisk, que foi à escola dar sua costumeira aula de música. Sua impressão foi de que se tratava de um homem simples, humilde e agradabilíssimo.

Outros encontros se sucederam. Em uma dessas idas de supetão às escolas, Fisk encontrou Ivany na secretaria, cabisbaixa, com cara de choro. Como sempre, entrou festivo e de alto-astral, mas percebeu que algo incomodava a moça, e, sutilmente, convidou-a para um café. Na cozinha, Fisk tentou saber o que a incomodava:

– Ivany, você é tão simpática, tão sorridente. Fica fácil perceber quando algo a incomoda.

– Desculpe, Mr. Fisk. É que às vezes não dá para agüentar a barra. Realmente, tenho passado por alguns sérios problemas pessoais.

– Ivany, você não é a primeira nem será a última a viver um problema dessa natureza. Eles fazem parte da vida, ainda que a gente não queira. Mas só vencemos o problema se o enfrentamos. Pode contar comigo no que for preciso.

Naquela altura da conversa, Ivany já havia recuperado a serenidade e o sorriso no rosto:

– É esta a Ivany que conheço. Agora, vá até o banheiro, lave o rosto e capriche na maquilagem. Em 10 minutos quero você na secretaria, firme, forte e sorridente como sempre foi.

Ivany seguiu os conselhos de Fisk. Sentia-se bem melhor depois daquela conversa. Agora, pensava no que tinha acontecido naqueles poucos minutos. O patrão era um homem especial, capaz de usar a percepção em prol do bem-estar do próximo.

E como todo sonho de quem trabalhava na secretaria era ser transferida para a matriz, com Ivany não foi diferente, mas, no seu caso, um fato desagradável fora o motivo da transferência. Ivany e o diretor da escola haviam entrado em rota de colisão, e o diretor se abriu com Fisk:

– Não dá para trabalhar com a Ivany na mesma escola. Ou fica ela, ou fico eu.

Fisk não teve dúvida da resposta que daria:

– Não entendo assim. Quero continuar com os dois. Gosto do trabalho de ambos. Sendo assim, você continua como diretor da escola, e eu levo a Ivany para trabalhar na matriz.

Fazia cinco anos que Ivany já estava na empresa; agora trabalharia no departamento pessoal, para dali passar por vários departamentos na matriz:

recepção, telefonista... até chegar ao departamento de vendas de apostilas e materiais, em 1978. Fisk se divertia com Ivany, pois de tanto escrever as notas ficais, já que na época tudo era feito à mão, ela ficava com um dos dedos da mão direita curvo. Quando a encontrava, sempre dizia:

– Deixe-me ver se esse dedo está torto, preciso saber se estamos indo bem ou mal nas vendas – e os dois davam gostosas gargalhadas.

Neste departamento Ivany ficou por alguns anos, até começar a trabalhar com franquias. Ela construiu uma carreira sólida na empresa, que a levou a assumir a diretoria de franquias na década de 1990.

As franquias se expandem

No início da década de 1970, Fisk passou a intensificar ainda mais o processo de parcerias no formato das franquias. A propagação do nome Fisk se espalhava pelo país. Para ele, era motivo de grande orgulho chegar a uma cidade que não conhecia e ver o luminoso na porta da escola, com as quatro letras garrafais FISK. Era um crescimento que acompanhava a evolução de algo no qual Fisk acreditara há décadas, assim como acreditara na TV.

Criada em 1950, a televisão já estava totalmente difundida no Brasil. Lá se iam mais de 20 anos do aparecimento do primeiro aparelho, e, nesta trilha, a norte-americanização da economia brasileira, que já havia começado pouco antes dos anos 50, caminhava a passos largos. O consumismo era cada vez maior; as pessoas com mais recursos viajavam para fora do país e conheciam as novidades, e muitas as traziam nas bagagens, outras, ao retornar, buscavam contatos com importadoras para poder adquirir os produtos, objetos ou equipamentos para o lar que tinham visto lá fora ou pela televisão. Assim o modismo e as tendências ganhavam terreno. Tempos depois esses produtos de consumo passavam a ser acessíveis também às outras classes socais. E em meio a isso tudo, aprender línguas, em especial o inglês, virou uma febre.

Em 1971, Robert Walton, um ex-professor de uma das escolas da rede, entrou em contato com Fisk para saber da possibilidade de abrir a primeira escola no Nordeste do país, pois era de seu interesse iniciar-se como franqueado naquela região. Depois de receber o aceno positivo de Fisk e escolher a cidade, Natal, no Rio Grande do Norte, Robert, homem de ações rápidas, além de excelente professor, em menos de duas semanas ligava para Fisk:

– Mr. Fisk, nossa escola já está aberta. Precisamos de material para entregar aos alunos.

Fisk ficou muito feliz com a notícia, pois a rede chegava a mais uma região da Brasil. Robert, que havia se casado com Olga pouco antes da inauguração da sua primeira escola, fez um excelente trabalho. Além da impecável divulgação da escola, montou também uma em Recife.

Fisk resolveu viajar até Natal, pois queria conhecer a nova escola. E ficou impressionado ao ver o que Robert tinha montado, evidenciando ser um especialista em iniciação de escolas. Ele havia alugado duas casas, uma em frente à outra, e ambas ficavam lotadas de alunos. O negócio ia maravilhosamente bem, mas o sucesso subiu à cabeça de Robert. Ele se endividou, separou-se da esposa e perdeu tudo. Depois, sem saída, teve de passar a escola de Natal para o diretor pedagógico e a outra para Hugo Caldas, que se mostrou um exímio professor, mantendo por muitos anos a escola em Recife.

Por essa época, os programas de Fisk começaram a ser veiculados nas emissoras da região, o que deu um suporte ainda maior às escolas. Meses depois, mais uma unidade chegava ao Nordeste, desta vez em João Pessoa, na Paraíba. Era a terceira capital importante do Nordeste que abrigava a Escolas Fisk. O próximo passo foi a montagem da escola em Salvador, na Bahia.

Ainda no início dos anos 70, mais uma professora, que também escreveria uma importante história de sucesso ao lado de Fisk, começou a dar aulas nas escolas da rede, Yolanda Satiko Suzuki, contratada na matriz e lá treinada por Fisk. Quanto mais Yolanda convivia com Fisk, mais era conquistada pelo seu carisma.

Fisk era um ídolo para aqueles que começavam como professor nas escolas e tinham sonhos de crescimento na vida, porque todos sabiam de sua história de sucesso, chegando ao Brasil para dar aulas na concorrente para, anos depois, montar sua própria escola, que se transformaria em uma enorme rede.

Quando Yolanda terminou o treinamento e começou a dar aulas, conversou com o diretor das escolas do ABC, Moriaki Hijo:

– É incrível como Mr. Fisk é um homem simples, humilde, carismático e altamente conhecedor daquilo que faz. É impressionante o domínio que exerce em sala de aula.

Yolanda passou a dar aulas nas escolas de São Caetano, São Bernardo e Santo André, onde conheceu Amálio Sanches Reboto, com quem se casou anos depois, conforme veremos adiante.

No final do ano de 1972, apesar de toda a gratidão que sentia por Mr. Fisk, Moriaki Hijo quis abrir seu próprio negócio. Antes de dar qualquer passo, comunicou sua decisão a Fisk, num encontro que aconteceu na sala do empresário:

– Mr. Fisk, o senhor sabe de todo o respeito e carinho que sinto por ter acreditado em mim e me dado grandes oportunidades. Graças ao senhor tive uma ascensão profissional precoce. Mas tenho algo que me incomoda. Vou fazer 26 anos, sou casado e tenho dois filhos. Preciso de um caminho profissional que me permita dar condições cada vez melhores de sustento a minha família. Justamente por isso é que pretendo abrir minha própria empresa.

Moriaki temia magoar Fisk, mas, mais uma vez surpreendeu-se com a alternativa apresentada por ele:

– Isto é ótimo, Moriaki. Mostra que você tem objetivos maiores na vida. Quer prosperar ainda mais. Então, tenho uma proposta a lhe fazer.

Moriaki não conseguia enxergar a saída encontrada por Fisk, por isso fixou seus olhos nos dele, à espera do que tinha a dizer:

– Se você quer ter seu próprio negócio e entende tanto de escolas de inglês, por que não compra a escola de São Caetano?

Comprar a escola de São Caetano? Por mais que Moriaki tivesse pensado em qual negócio abrir, aquela era uma possibilidade que realmente jamais tinha imaginado. Como ele nada respondia, Fisk repetiu a pergunta:

– Moriaki, o que acha de ter uma escola própria? Gostaria de comprar a escola de São Caetano?

– Claro, Mr. Fisk. Mas não sei se o dinheiro que tenho dá para cobrir o investimento.

– Não se preocupe com isso. Buscaremos uma solução que se encaixe nas condições que você pode assumir. O mais importante não é saber como pagar, e, sim, se você tem interesse na escola. E já percebi que sua resposta é afirmativa.

O negócio foi fechado ali mesmo. Moriaki não acreditava no que acabava de acontecer. Ele tinha ido dizer ao patrão que queria sair, conseguiu o que queria, e ainda continuaria ligado à empresa. Fisk não precisou mais do que 10 minutos para acomodar a situação da forma que satisfizesse a ambos:

– Moriaki, estou muito feliz. Você conseguiu o que queria e continuará ao meu lado na organização. Vamos comunicar a Zélia o que acabamos de acordar.

Fisk realmente estava muito feliz com a conclusão satisfatória do negócio. E Moriaki, além de feliz, ficou muito grato:

– Mr. Fisk, não sei como agradecer. Desde que o conheci, o senhor se tornou uma pessoa importante na minha vida. Acreditou em mim quando muitos desconfiaram. E agora, mais uma vez, aposta as fichas na minha capacidade de administrar uma escola Fisk. Obrigado, Mr. Fisk, o senhor é um homem especial.

Durante os dias que se sucederam, Fisk buscou preparar tudo para que Moriaki iniciasse o ano seguinte já como proprietário da escola. E tudo correu como o planejado.

A saída de Zélia da empresa

Ainda no final de 1972 a empresa sofreu outra baixa. Mas, desta vez, Fisk não conseguiu reverter o caso ou acomodar a situação. Sua ex-esposa, Zélia, responsável há anos pela parte administrativa e financeira da empresa, decidiu sair da organização. Ela planejava associar-se a sua irmã, Áurea, na montagem de uma escola infantil. Elas já tinham até o ponto escolhido, que ficava na Avenida Indianópolis, zona sul de São Paulo. Zélia entrou na sala de Fisk para conversar e foi direto ao assunto, ciente de que a conversa seria dura para ambos:

– Por favor, Fisk, preciso falar com você. Tenho pensado muito e decidi sair da empresa. Pretendo seguir minha vida fora daqui, montar uma escola infantil.

A decisão de Zélia pegou Fisk de surpresa:

– Zélia, você tem certeza de que é isso mesmo que quer? Tem certeza de que pretende deixar a empresa?

Ela confirmou:

– Estou certa de que preciso de novos ares, Fisk. Adoro estar aqui, trabalhar com você. Mas preciso estar mais ao lado da Áurea. Decidimos trabalhar juntas. Por favor Fisk, entenda.

Ele balançou a cabeça como quem concordava com o que acabara de ouvir. Era um duro golpe, afinal, Zélia era a responsável pelo comando do escritório há vários anos. Mas estava tudo decidido, e a ele restava respeitar aquela decisão. Zélia continuou:

– Fisk, cuidarei da parte pedagógica e a Áurea da administração da escola. A Vera, minha sobrinha, também será uma das professoras.

– Não preciso dizer que estou triste com a decisão. Mas fico feliz por você e Áurea estarem juntas novamente.

Fisk não participou diretamente da sociedade, mas, financeiramente ajudou a ambas no que foi preciso, inclusive como fiador no contrato de locação. Por 12 anos Zélia e Áurea mantiveram a escola em funcionamento. Depois, decidiram vender a escola a uma de suas professoras.

Dias depois daquela conversa, Mário Bontempo foi convidado a assumir o posto de Zélia. Ele era, hierarquicamente, o terceiro na empresa. Antes dele estavam Fisk e a própria Zélia.

Ainda naquele ano, Valter Bresolin Pinto de Moraes, ex-professor da escola da Rua Santo Antonio, decidiu retornar ao Brasil, e foi imediatamente recontratado por Fisk, que admirava sua forma de comandar os alunos em sala de aula. Pouco tempo depois, Valter era convidado a assumir a coordenação pedagógica das escolas, pois Miss Thompson, que exercia a função na época e indicara Valter como seu sucessor, estava se aposentando. O trabalho de coordenador pedagógico era bastante intenso. Durante a semana, Valter trabalhava de dia na parte burocrática e à noite visitava as escolas; aos sábados, dava treinamentos aos professores. Dois anos depois, em 1974, Valter voltou a participar dos programas de TV com Fisk, fazendo a tradução do inglês para o português, tanto dos exercícios quanto das músicas.

Em julho 1973, um dos franqueados, Pedro Fonseca,[9] convidou uma amiga para ser sua sócia na escola Fisk de São José do Rio Preto, interior de

9 Este é um nome fictício.

São Paulo, que na época não andava tão bem. Sueli Seixas, então com 22 anos de idade, casada, que havia acabado de voltar dos Estados Unidos, onde fora morar por um tempo, aceitou o convite. Fonseca marcou de ir até a matriz em São Paulo, para apresentá-la a Fisk. Aquele seria o primeiro contato entre Sueli e Mr. Fisk.

Assim que Fisk chegou para trabalhar naquele dia, Sueli e Fonseca o estavam aguardando já na porta. Fisk cumprimentou os dois e, como chegava bem cedo, abriu a porta de ferro do escritório. Ela achou aquilo incrível, o próprio dono abrir o escritório da empresa. Na sala, Fonseca iniciou a conversa:

– Mr. Fisk, quero que conheça Sueli, minha sócia. Ela esteve por uns tempos nos Estados Unidos e fala muito bem o inglês. Sueli cuidará da área pedagógica da escola.

– Isto é muito importante. A boa didática é fundamental no ensino.

Depois de mais algum tempo de conversa, Fisk os convidou para almoçar.

Em dezembro, chegou uma notícia muito triste. Fonseca morrera em um acidente de carro. Aquilo aparentemente desestruturaria a escola, pois ele era mais experiente que Sueli e cuidava da área administrativa. Sueli veio a São Paulo justamente para comunicar a Fisk que fecharia a escola:

– Mr. Fisk, não tenho como seguir com a escola. O Fonseca administrava o negócio, eu não tenho nenhuma experiência nessa área. Prefiro não continuar. É muita responsabilidade. Além do mais, estou grávida.

Mas Fisk lhe disse palavras de força e incentivo, e a desafiou:

– Sueli, eu confio em você. Sei que tem capacidade de sobra para tocar e até melhorar o rendimento da escola. Não desista. Aposto que logo a escola será um sucesso.

Diante de tanta convicção, Sueli decidiu continuar com a escola. Fisk estava certo novamente. O primeiro ano foi muito difícil para ela, pois dos 85 alunos que a escola tinha em dezembro de 1973, apenas dois se matricularam para o ano seguinte. A saída era fazer o que Fisk dizia: trabalhar e acreditar. Ao final de 1974, ela fechou a temporada com quase 50 alunos. Foram necessários quatro anos para que Sueli voltasse a ter mais de 80 alunos. Dali em diante, Fisk costumeiramente a visitava e a orientava quando ela sentia necessidade de trocar de imóvel, pois o crescimento do número de alunos continuou e se acelerou.

Em 1983, Fisk voltou a São José do Rio Preto, depois de ficar alguns anos sem ir à escola de Sueli Seixas. Ao chegar, ele ficou impressionado com o tamanho da escola:

– Sueli, que escola bonita e bem montada. Parabéns, você merece. Você era uma menina quando assumiu a escola e teve fibra para não desistir.

– Obrigado, Mr. Fisk. Se o senhor não tivesse me incentivado tanto, não sei se teria forças para prosseguir.

– E vejo também que você consegue manter o grupo de trabalho. Isso é fundamental para construir uma escola de sucesso.

E com mais algumas reformas feitas por Sueli, a escola de São José do Rio Preto passou a ter capacidade para atender mais de 1.000 alunos. Assim como acontecia com outros franqueados, a identificação dela com o nome da escola sempre foi tão grande, que jamais chegou a ser chamada de Sueli Seixas, e sim de "Sueli da Fisk".

Férias, e o jeito de ser brasileiro

Como costumava fazer há alguns anos, ao final de cada ano letivo, Fisk viajava para os Estados Unidos, onde encontrava a família e depois embarcava em um novo programa turístico.

Sua idéia era conhecer ano a ano um pedaço do mundo, algo que realizaria futuramente na companhia, primeiro, de Larry, e depois de Bob. Quando reencontrava a mãe e os irmãos, passava por sua cabeça a possibilidade de que todos fossem morar consigo no Brasil. Ele tinha condições de sustentar todos eles. Mas prevalecia a liberdade e a individualidade alheias! Fisk sempre pensou assim, pois esta fora a criação que recebera de seus pais. Por mais que desejasse que sua mãe, Larry e Bob viessem morar no Brasil, continuava a respeitar a preferência da família, que era a de viver nos Estados Unidos, assim como a família respeitava o desejo dele de morar no Brasil.

Fisk sabia bem a dificuldade que era mudar de hábitos e costumes, bem por isso jamais trocaria o Brasil pelos Estados Unidos. Ele amava o país que o adotara e lhe dera oportunidades para que se tornasse um empresário de grande sucesso. A diferença entre o povo do Brasil e o dos Estados Unidos era gritante, o calor humano do brasileiro é incomparável. Esta diferença ficou muito mais evidente para ele logo nas primeiras vezes em que retornou aos Estados Unidos, depois de estar fora do país por alguns anos. Ao encontrar amigos e conhecidos que não o viam há pelo menos três ou quatro anos, a reação fria, sem emoção, o chocava.

– *Oh, Richard, nice to see you.*[10]

Isso era tudo que diziam, e seguiam em frente. Mais parecia que tinham se encontrado no dia anterior. Não havia um sorriso, abraço ou aperto de mão. Aquilo não era frieza de uma determinada pessoa, mas o jeito de ser norte-americano. Mesmo sendo daquele mundo, esse tipo de postura passou a incomodar Fisk. Talvez porque ele já tivesse adotado o jeito brasileiro de ser.

Investir em logística e estrutura

O ano de 1974 trouxe, talvez, o fato empresarial mais marcante daquela década. Fisk entendia que a sede da empresa, na Rua Santo Antonio, já não comportava todas as necessidades. Por isso buscava novas instalações para a matriz. Certo dia, o professor Umberto Blancatto, da escola do Ipiranga, foi até a matriz conversar com Fisk:

– Acredito que encontrei o imóvel ideal para a nova sede da empresa, Mr. Fisk. Fica na Avenida Lins de Vasconcelos, na Vila Mariana.

Como sempre aceitou sugestões, Fisk respondeu:

– Então, Blancatto, vamos lá conhecer o ponto. Estou curioso para ver a casa.

Os dois, junto com Mario Bontempo, na época braço direito de Mr. Fisk, foram no mesmo dia até a propriedade. Mesmo conhecendo superficialmente, Fisk havia gostado muito da primeira impressão que tivera. A área, o imóvel e a localização o agradaram. Como sempre gostou de agir rapidamente depois de estar convencido do negócio, Fisk quis conhecer os proprietários. Passados alguns dias, as negociações começaram. Ao final, o proprietário do imóvel aceitou duas propriedades que Fisk tinha no centro da cidade de São Paulo como parte de pagamento. O restante, Fisk parcelou para ser pago em 36 prestações. A casa, que era maravilhosa, tinha grandes vantagens. A principal delas era a de ter sido construída sobre oito terrenos, o que permitia que o espaço ao seu redor pudesse ser usado para ampliação da área útil.

---

10 Oi, Richard, prazer em vê-lo.

Quando Fisk adquiriu o imóvel, a Avenida Lins de Vasconcelos já tinha um grande fluxo de transporte público, havia muitas linhas de ônibus e a umas cinco quadras da nova sede estava a estação Vila Mariana do Metrô, fazendo daquele o lugar ideal para a criação da matriz, justamente pelo fácil acesso dos funcionários aos meios de transporte. Antes da mudança, o imóvel passou por uma pequena reforma, principalmente na cozinha, porque houve necessidade de adaptá-la para poder servir um número maior de pessoas. A partir de então, junto com os colaboradores Fisk passou a fazer as refeições quando elas começaram a ser servidas no refeitório da matriz.

O terreno tinha, na parte frontal, um grande salão, e nos fundos uma quadra poliesportiva. Fisk manteve ambos. Na quadra, os funcionários disputavam partidas e campeonatos de futebol. Já no salão, aproximadamente 200 convidados, entre alunos, funcionários e amigos, se divertiam um sábado por mês nos bailes ali promovidos, muitas vezes animados por conjuntos. Fisk sempre era um dos mais empolgados, além de costumeiramente ser o primeiro a chegar, pouco antes das nove horas da noite, e o último a sair, pontualmente à meia-noite, quando o baile termina-

Concurso de Miss Fisk na década de 1970

va, horário determinado para não incomodar a vizinhança. Anualmente, também ali era escolhida a Miss Fisk, evento que agitava as escolas e toda a empresa.

A perda do amigo-irmão

Mas, se a nova matriz encheu Fisk de alegria e entusiasmo, 1974 seria marcado também pela perda daquele que talvez tenha sido seu maior amigo até então, o irmão Larry. A notícia de sua morte, aos 58 anos, pegou todos de surpresa. Foi uma morte repentina, no Aeroporto JFK (John Fitzgerald Kennedy), em Nova York.

Larry acompanhava um grupo de colegas de trabalho que viajaria para a Itália. Pouco tempo antes do embarque, foi vítima de um derrame fulminante. O grupo já estava subindo no avião quando ele passou mal. Uma das pessoas ficou para prestar socorro e acompanhá-lo, enquanto o restante do grupo seguiu viagem e só soube da morte dele quando retornou aos Estados Unidos. Larry faleceu ao dar entrada no hospital. Durante meses ele sonhara em viajar com o grupo para a Itália, mas não conseguiu realizar seu desejo, nem mesmo o de morar com Fisk no Brasil quando se aposentasse.

Larry era muito qualificado em administração e contabilidade. Nos últimos anos de vida trabalhara com *Credit Union*,[11] uma operação do tipo como se fossem pequenos bancos dentro das empresas, em que os funcionários depositam dinheiro em um fundo, que depois é emprestado às pessoas que solicitem. Esses empréstimos têm juros mais convidativos que os do mercado financeiro. Ele supervisionava uma grande área de atuação de uma das principais companhias do segmento na Flórida.

Com a morte de Larry, Mr. Fisk aproximou-se ainda mais do irmão Bob, de quem se tornou quase inseparável. Eles viajaram juntos por vários países, além de sempre se encontrarem nos Estados Unidos e no Brasil.

---

11 União de Crédito.

O fantasma da sucessão

Desde meados da década de 1970, Fisk começou a se questionar quanto ao problema da continuidade da empresa. Ele havia sido casado com Zélia por seis anos. Depois dela, optou por não constituir nova família, e não tinha filhos. Quanto aos sobrinhos, moravam todos nos Estados Unidos. Eram cinco: duas filhas de Herb (Una e Paula), e três de Lois (Loma, Ronald e Lance). Bob e Larry não haviam se casado nem tiveram filhos. Quem comandaria a empresa quando ele faltasse? Quem seria seu sucessor na presidência da Escolas Fisk? Ele sabia que ainda teria muito tempo de vida, pois sua saúde era de ferro. Mas estava com pouco mais de 50 anos e não queria ser pego de surpresa. Muitas situações poderiam ainda acontecer em sua vida.

Justamente neste período Fisk passou a se interessar pelo tema Fundação. Ele sabia que poderia ser interessante vender a empresa e desfrutar tranqüilamente do resultado dessa negociação, que renderia muito dinheiro. Era uma empresa valiosíssima. Mas esta possibilidade Mr. Fisk jamais colocou em pauta. Tudo o que sempre quis foi que seu "filho", chamado Escolas Fisk, crescesse com saúde, se desenvolvesse e tivesse cada vez mais sucesso. E quanto mais este filho prosperava e se fortalecia economicamente, mais Fisk procurava ajudar as pessoas, principalmente pagando estudos a quem não tinha condições financeiras. Era este o conselho que dava quando conversava com as pessoas:

– Estude! O conhecimento e a qualificação caminham juntos. Sem eles, as oportunidades profissionais ficam restritas. Cursar uma ou mais faculdades vai diferenciar você dos outros profissionais.

A metade da década de 1970 se notabilizou pela continuidade do crescimento da rede de escolas. Duas praças importantes foram abertas: Porto Alegre, no Rio Grande do Sul, e Florianópolis, em Santa Catarina. Naquela altura, a rede era composta por cerca de 200 escolas.

Outro ponto marcante do período, como já registrado, foi a troca dos livros *Basic, Junior, Senior, Intermediate e Advanced*, efetuada pela primeira vez desde a criação da primeira escola, em 1958. Essa foi uma importante decisão tomada por Fisk, que também exigiu grande investimento.

Em 1975, Fisk precisava investir na contratação de um encarregado de estoque. Era necessário um profissional com experiência e de extrema confiança. Por indicação de Mário Bontempo, foi contratado Jozué Fernandes da Cunha, na época com 27 anos de idade. Não se pode dizer que o que a empresa possuía até então era uma gráfica. Havia, sim, uma máquina simples que imprimia alguns poucos materiais para as escolas. Os materiais didáticos tinham formato de apostila, com uma capa plástica. A montagem dos livros era feita na matriz. O estoque era guardado na garagem e também em uma pequena sala. O primeiro contato entre Jozué e Fisk foi rápido, mas Jozué começou a criar, ali, respeito pelo patrão:

– Rapaz, espero que seja feliz na Fisk. Precisamos que esteja sempre atento ao estoque. Ele é a nossa razão de trabalhar. Mas, conte-me um pouco sobre você.

Jozué conversou com Fisk sobre o rumo que as coisas tomavam. E quando falou um pouco de si e contou que tinha problemas na coluna, ouviu do empresário:

– Não se preocupe. Vamos dar um jeito nisso. Você vai passar pelo meu massagista. Pedirei ao motorista da empresa que o leve.

Ele realmente foi atendido pelo massagista de Fisk, que "consertou" suas costas. Em pouco tempo de empresa, Jozué já era tratado como um funcionário com anos de casa. Naquele curto período de conversa, ele já havia percebido a forma educada com que Fisk tratava os colaboradores, independentemente do cargo que ocupassem.

A maratona dos programas de TV

Na década de 1970 os programas de TV continuavam a ser exibidos pelo país. Havia contrato entre a Escolas Fisk e emissoras de São Paulo, Porto Alegre, Goiânia e de outras cidades do Norte e Nordeste do país. Como Fisk sempre gostou de se antecipar aos compromissos, já que é muito pontual, ele e Valter Bresolin costumavam viajar um ou dois dias antes da data agendada para a gravação. E porque vários programas eram gravados no mesmo dia, para dar a impressão de que o haviam sido em datas diferentes, Fisk sempre levava cinco paletós e várias gravatas, e nunca se esquecia de comprar pacotes de biscoitos para todos, a fim de tapear a fome durante as horas em estúdio.

O cenário era bem simples, porque o que importava mesmo era a qualidade do ensino transmitido. Num mesmo dia, às vezes, eram feitas de 12 a 15 gravações. Fisk pagava por hora de gravação, por isso não podia perder tempo, nem dinheiro. Cumprir essa maratona exigia grande dose de dedicação da equipe. Por isso, ao término das gravações, Fisk entregava a cada pessoa que havia trabalhado na produção ou área técnica uma gratificação em dinheiro; não era muito, apenas uma forma de reconhecimento ao empenho dos profissionais que ficaram por horas consecutivas ao lado dele e de Valter, para que os programas tivessem a melhor qualidade possível. Ele era mesmo assim, de valorizar o próximo. Fundamentado na seriedade, honestidade e humanismo, criou as principais características de sua personalidade, assim como o tripé do nome Escolas Fisk.

E, para aumentar a festa, a cada temporada de gravação que se encerrava Fisk levava para o estúdio o número de bolos correspondente ao tempo em que se mantinha no ar com o programa. No primeiro ano, um bolo; no segundo, dois, e assim por diante. Do diretor ao funcionário mais humilde, todos ganhavam uma fatia de bolo e festejavam aquela conquista.

Transformando diretores em franqueados

Em 1976, Fisk chamou seu amigo e diretor Ismail Essop Hatia para uma conversa em São Paulo. Diretor da escola de Campinas já há 18 anos, Ismail ficou apreensivo com a convocação:

– Olá, Ismail, gostaria que você me fizesse uma visita em São Paulo. Quero tratar de um assunto que, acredito, será de grande interesse, tanto para mim quanto para você.

No trajeto até São Paulo, Ismail tentava descobrir, em vão, que assunto era aquele. Mas, quando ouviu de Fisk do que se tratava, surpreendeu-se:

– Ismail, tenho grande apreço por você. Estamos juntos há quase duas décadas. Por várias vezes já o aconselhei a abrir sua própria escola.

– É verdade Mr. Fisk, mas é difícil começar um negócio. Além disso, estou feliz como diretor de Campinas.

– Sei bem disso, Ismail. Mas acredito ter encontrado uma fórmula para fazer com que você tenha sua própria escola sem provocar grandes mudanças na sua vida profissional. Você aceitaria ser meu franqueado em Campinas?

Ismail jamais havia pensado naquela possibilidade, mas, ser dono da escola que conhecia tão bem e que dirigia há anos era, sem dúvida, a que mais o satisfazia.

– Mr. Fisk, a cada conversa que temos o senhor consegue me surpreender. Mas, confesso, desta vez o senhor se superou – os dois riram, e Ismail continuou: – Claro que aceito. Obrigado, Mr. Fisk. Sei que esta é uma grande oportunidade profissional que se abre para mim.

Ismail abraçou aquela oportunidade e, tempos depois, conseguiu multiplicar o número de escolas na cidade e na região. Mais uma vez o *feeling* de Fisk para escolher pessoas mereceu nota 10.

Depois, foi a vez de Yolanda Satiko Reboto. Após cinco anos como professora nas unidades do ABC, ela procurou Fisk para lhe comunicar sua iniciativa de abrir uma escola:

– Mr. Fisk, quero sua autorização para procurar um imóvel e montar uma escola em Mauá, na Grande São Paulo. Acredito no potencial da cidade. Muitos dos meus alunos das escolas de Santo André e São Bernardo do Campo moram lá.

– Se você entende que uma escola nesse local tem tudo para dar certo, acredito na sua intuição. Você tem carta branca para procurar o imóvel.

Após a conversa, Yolanda ficou ainda mais motivada, não perdeu tempo e logo encontrou o imóvel ideal; reformou-o e colocou a escola montada à disposição dos alunos e, anos mais tarde, montou outra escola na cidade vizinha de Ribeirão Pires. Yolanda, que já admirava Fisk como patrão, pelo seu carisma e visionarismo, passou a testemunhar ainda mais sua seriedade e honestidade como parceiro.

Fisk sempre procurou preservar ao máximo seus franqueados. Nunca quis estrangulá-los com taxas e custos abusivos. Entendia que a venda de materiais e de produtos, como camisetas, sacolas e bonés, entre outros, já era suficiente para transformar a Escolas Fisk em uma empresa de sucesso. Dois anos depois que Yolanda abriu a escola, ela e Amálio, também companheiro de empresa, se casaram e protagonizaram a construção de mais um lar formado por um casal que se conheceu trabalhando na Escolas Fisk.

Uma profunda perda

Em 1976, Fisk recebeu a triste notícia da morte de sua irmã Lois, então com apenas 56 anos de idade, vítima do tabagismo. Lois começou a fumar já adul-

Herb, Mr. Fisk, Sarah, Bob, Lois e Larry.

ta e mãe de dois filhos. Tornou-se fumante inveterada. Fisk, os irmãos e a mãe sempre a recriminavam, mas Lois se achava mais forte que o vício:

– Não se preocupem. Largo o cigarro quando eu bem entender.

Infelizmente não foi assim que aconteceu. Ela nunca conseguiu deixar de fumar, até que ouviu do médico:

– Preciso de uma biopsia da garganta. Tenho algumas suspeitas.

Mas já era tarde. Lois morreu logo depois.

Mais uma vez, Fisk estava triste e chocado, lembrando-se dos tempos de infância, quando ele e Lois brincavam na fazenda.

Quando adolescente, Fisk até chegou a experimentar cigarro, mas ficava com um gosto horrível na boca. Seu pai fumava cachimbo. Fisk provou porque fumar era algo comum a sua época, era prova de "machismo" para os adolescentes. Mas ele preferiu abdicar do modismo e fazer o que achava ser melhor. E quando sua irmã morreu de forma tão prematura, vítima do vício, passou a odiar o cigarro e a alertar aqueles que fumam:

– Cuidado. O cigarro destrói e mata as pessoas.

Na Fundação Fisk há poucos fumantes, e estes não fumam na frente de Fisk; lá também não tem o "fumódromo", tudo em respeito ao patrão, que desaprova e detesta o cigarro.

Novas parcerias e intercâmbio

Em 1976, Fisk foi procurado por três moças de Fortaleza. Orlane Maria Araújo Cavalcante, Andréa Colares de Carvalho e Ana Maria Antunes Barbosa marcaram uma reunião e vieram a São Paulo. Como de hábito, Fisk lhes concedeu o direito de montar a primeira escola na cidade. E foi mais uma atitude acertada, pois elas tocaram a primeira e as outras escolas que abriram com pulso firme. As escolas de Fortaleza sempre foram motivo de orgulho e alegria para Fisk.

Em 1977, Fisk decidiu comprar uma propriedade na avenida Dom Pedro I, no bairro do Ipiranga, zona sul de São Paulo. Já havia ali uma Escola Fisk montada há alguns anos, mas a casa era alugada. Como surgiu a possibilidade de compra, Fisk decidiu mudar a escola de endereço. Ele adorou o imóvel, muito vistoso e amplo. A bela casa estava em um terreno de quase 2.000 metros, localizado em uma das principais avenidas do Ipiranga, que começava a se tornar um valorizado ponto comercial.

No dia em que Fisk e Mário Bontempo foram fechar o negócio, Fisk já tinha um número de contraproposta para cabeça. Pensava em oferecer um pouco menos do que fora pedido; pouco menos, porque Fisk não se sentia bem depreciando o patrimônio alheio. Antes de chegarem ao imóvel, local de encontro com o proprietário, Mário disse que pensava em oferecer muito menos do que o valor original. Fisk queria a casa e entendia que o preço pedido pelo proprietário não estava muito fora do mercado, mesmo assim, deu sinal verde a Mário:

– Bem, se você entende que podemos começar a conversa nesse tom, ofereça o valor que me falou. Vamos ver a reação dele.

Depois de começar a conversa, Mário disse ao dono da casa quanto queriam pagar. Houve certo charme do homem, mas o proprietário aceitou a oferta. Fisk, então, ficou duplamente feliz. Comprou a casa desejada, e a um excelente preço. Por isso ele sempre buscou estar próximo de alguém que o completasse profissionalmente. Fisk sempre foi um empresário de grande visão e um exímio educador, mas saber quais são as limitações que possui e encontrar soluções para eliminá-las é um das principais virtudes dos empreendedores de sucesso.

Depois de morar por 27 anos no mesmo apartamento da Avenida Brigadeiro Luis Antônio, Fisk decidiu mudar de endereço, porque agora desejava um apartamento maior. Procurou por algum tempo até encontrar e comprar o imóvel nas condições que idealizava. Fisk estava feliz e realizado com o novo apartamento, e costumava dizer: “Não tenho luxo, mas moro com muito conforto”.

Em 1978, aconteceu uma reunião na sede da Avenida Lins de Vasconcelos, com a participação de vários franqueados. Enquanto Mr. Fisk não vinha para iniciar o encontro, os franqueados começaram a conversar entre si. Entre os assuntos, muitos, espantados com a pompa do prédio da matriz, diziam: "Mr. Fisk está rico", "Também, só entra dinheiro nessa empresa...". Não tardou e Fisk entrou na sala. Sem saber dos comentários, assim ele começou a reunião:

– Acredito que muitos de vocês devem se perguntar: "Onde está o lucro de Mr. Fisk nesse processo todo?". Pois saibam que vocês estão sentados em cima dele. A parte que me cabe no processo, e todos nós temos que ter lucro com aquilo que fazemos profissionalmente, é totalmente investida na própria empresa. Comprar esta sede foi um investimento, uma forma de aplicar o dinheiro na organização da companhia.

Aqueles que haviam brincado com a situação perderam o senso de humor. Mr. Fisk falara seriamente, justamente ele, que sempre gostou de ironia e brincadeiras.

– Em tudo o que fizemos até hoje, sempre pesou uma frase popular: "Bom para ambas as partes". Buscamos trabalhar de uma forma que nossos atos venham a satisfazer aos franqueados e à empresa como um todo. Afinal, não há como alcançar sucesso se a matriz estiver forte e as franquias não, e vice-versa. É por isso que nunca exigimos mais do que vocês podiam dar. Jamais condicionamos a compra das escolas a cotas ou limites mínimos; jamais obrigamos os diretores das escolas a comprar mais do que o necessário para atender seus alunos. Sempre respeitamos cada um de vocês, cada um dos diretores das escolas. Para crescer, precisamos fortalecer nossa base. E cada um de vocês ajuda a compor essa base.

Todos se sentiram tocados, e, ao final, entenderam que a nova sede era mais uma das ações visionárias de Mr. Fisk.

Perto do final de 1979, Fisk foi contatado pelo presidente da American Youth Exchange, grupo sediado na Flórida que organizava intercâmbios de alunos, com uma proposta para que se tornasse parceiro da empresa. Fisk entendeu que aquela seria uma excelente oportunidade de levar aos alunos a possibilidade de morar um tempo nos Estados Unidos, e o acordo foi firmado.

Durante dez anos Fisk encaminhou alunos brasileiros para estudar e morar por um período nos Estados Unidos e também recebeu alunos norte-americanos, que ficavam hospedados em casas de famílias cujos filhos também participavam desse intercâmbio.

Depois desse período, Fisk expandiu as parcerias de intercâmbio para outras empresas, pois o interesse dos alunos em estudar fora do Brasil também cresceu. Houve inclusive alguns intercâmbios com parceiros da Inglaterra, mas o volume de interessados era menor, principalmente pelo alto custo da viagem.

Para participar desse tipo de programa, o aluno deveria manifestar seu interesse e também o local para onde pretendia viajar. O pré-requisito para participar do programa era estar disposto a receber um estudante estrangeiro em casa. Os custos pagos pelos alunos referiam-se às taxas de agenciamento e transporte. Não havia nenhum custo extra pela estadia ou alimentação, pois as famílias que recebiam os estudantes faziam isso voluntariamente.

Para que não houvesse choque de interesses entre quem viajava e quem recebia o estudante, comparavam-se os perfis na hora das escolhas. Eram preenchidos questionários nos quais os alunos e as famílias apontavam suas preferências e estilos. Cartas e, mais tarde, e-mails eram trocados entre eles para que se conhecessem melhor. Convencionou-se considerar os integrantes da casa em que o aluno ficaria hospedado como a sua família naquele país: "família norte-americana", "família brasileira", e assim por diante. Geralmente, o período escolhido para o intercâmbio era de um ou dois meses, porque coincidia com as férias escolares, apesar de o ideal para garantir boa fluência em inglês seja ficar por seis meses fora do país. Os alunos que mais aproveitavam a experiência e a oportunidade eram aqueles que antes de viajar completavam o curso no Brasil, embora fosse também de grande valia para os que estavam nos estágios mais avançados.

A mudança de visual

No final da década de 1970 o mercado passou a adotar uma mudança de postura. Mais especificamente nos investimentos que se faziam para modernizar e sofisticar as escolas. Esse trabalho já começava na recepção, com móveis sofisticados e cores vivas. Até mesmo a forma de apresentação da

1ª versão da fase atual — inglês

2ª versão da fase atual — inglês e espanhol

3ª versão da fase atual — English - Español

Versão para Argentina — inglés

empresa teve que tomar um "banho de loja". Fisk foi alertado sobre esta tendência pelo amigo e parceiro Moriaki:

– Acredito que precisamos mudar a forma da escrita de nosso logotipo, modernizá-la. A marca Fisk é escrita em letra muito quadrada, que remete ao passado.

– Gostei da sugestão. Vamos estudar uma tipografia mais moderna para a palavra Fisk.

Logo depois, a mudança foi efetivada. Uma mudança importante, que provocou bons efeitos no mercado. Entre outras modernizações, cortinas com a marca Fisk foram colocadas em todas as salas de aulas das escolas. Era o início de uma preocupação que então invadia as escolas e outras áreas da empresa.

As muitas mudanças vinham das conversas e sugestões recebidas por Fisk, e também das suas idéias criativas.

Com a chegada da década de 1980, essa preocupação passou a ser fundamental na apresentação das escolas, principalmente com o aumento da concorrência, graças à qual o mercado cresceu e evoluiu – a concorrência é necessária e tem papel fundamental no mercado empresarial. Solidificou-se também a busca constante de melhorias e inovações tecnológicas (toca-fitas e gravadores, entre outros equipamentos), que nunca mais teve fim. O mercado passou a exigir escolas bem equipadas e com apresentação impecável. Claro que quem lançava a idéia saía na frente, mas quem a adaptava conseguia melhores efeitos e resultados com as mudanças. Na Escolas Fisk foram contratados até profissionais de arquitetura, no início para trabalhar em regime de meio período, mas, não muito tempo depois, foi montado o departamento de arquitetura.

Imóveis próprios e o ineditismo do leasing

Entre o final dos anos 1970 e início dos 1980, Fisk decidiu adotar a estratégia de ter o maior número possível de escolas em prédios próprios, comprando os imóveis onde as escolas que pertenciam à matriz estavam instaladas, ou alguma propriedade próxima para a mudança. Aplicar dinheiro no mercado financeiro rendia pouco, e, no conceito de Fisk, deixar de pagar aluguel melhorava a rentabilidade das escolas e o patrimônio da empresa. Ele buscava convencer também os franqueados a adotarem o mesmo caminho.

Na época, Fisk já conhecia um produto do sistema financeiro dos Estados Unidos chamado *leasing*, que começava a chegar ao Brasil. Era um sistema de financiamento a juros mais baixos, no qual, ao pagar a última parcela, o comprador garantia a posse do bem.

Ele passou a operar dando um valor de entrada e financiando o saldo em até três anos, porque não gostava de contratos com prazos longos. Para ele, era como se por três anos tivesse um aluguel alto para pagar e depois do período se livrasse desse custo. A rentabilidade das escolas também reduzia drasticamente no período, mas, ao final, o resultado era compensador.

Fisk chegou a ser, na época, o maior investidor no sistema de *leasing* de uma determinada instituição bancária. Simultaneamente, chegou a fechar cinco contratos, além de outros que já havia quitado. Ao pagar a última prestação de cada contrato, um profundo suspiro de alívio saía de seu peito. Apesar do grande sacrifício, ele entendia que esse era o melhor método para dar equilíbrio a Escolas Fisk. Outra postura que mantinha, para o bem da empresa, era de jamais aceitar um sócio, fazia questão de seguir o caminho com as próprias pernas.

Na virada da década, a Escolas Fisk estava muito bem estruturada, sólida, com um bom lastro de imóveis, estoque e dinheiro. Uma situação extremamente confortável para que um empreendedor criativo como Fisk pudesse deslanchar nos anos seguintes e conquistar a condição de maior rede de escolas de idiomas do país.

Nesse período, os franqueados mais antigos passaram a se reunir mensalmente na matriz. Eles discutiam ações a serem aplicadas no mercado, estratégias, ajustes, e aproveitavam para almoçar juntos e ter alguns momentos de descontração. Fisk adorava esses encontros.

Prestes a entrar nos anos 1980, a rede de Escolas Fisk computava algo em torno de 300 unidades. O percentual de escolas rentáveis era altíssimo. Fisk sempre disse que era fundamental administrar a escola de forma enxuta. As unidades mais rentáveis eram aquelas onde o próprio parceiro era diretor e professor da escola, ajudado por um ou mais integrantes da família. Mas Fisk também sempre alertou para a importância de saber escolher o ponto comercial. Ele tinha algumas regras a serem seguidas:

– Estude a área onde quer abrir a escola. Jamais o faça perto de danceterias, motéis ou ambientes que contrastem com o segmento da educação.

Sua argumentação ganhava força com os exemplos que dava:

– Imagine duas mães conversando, e uma pergunta para a outra: 'Onde seu filho estuda inglês?'. Pense como seria desagradável se a outra respondesse: 'Ah, é naquela escola que fica perto do motel', ou 'Na escola que está ao lado daquela danceteria barulhenta'. Isto não é uma crítica a esse tipo de empresa, mas apenas uma preservação da imagem que construí da Escolas Fisk.

Ele sabia o que aquilo representava por experiência adquirida, porque muitas escolas montadas no centro da cidade de São Paulo tiveram que ser fechadas pelo fato de estarem em ruas que se tornaram pontos de prostituição. Fisk percebeu e constatou diversas vezes que a simples alteração do sentido do tráfego local já era suficiente para prejudicar ou impulsionar o movimento de uma escola. As mudanças de endereço, mesmo que forçadas, podem ajudar a escola a deslanchar. Exemplo disso aconteceu em Santo André.

Fisk tinha uma escola que ficava em um prédio comercial, onde havia um banco na parte de baixo. Depois de algum tempo, a direção do banco começou a consultá-lo sobre a possibilidade de a escola sair do local, pois a instituição financeira precisava de mais espaço. Inicialmente, Fisk foi contrário à mudança. Mas, depois de muito procurar nos arredores do centro de Santo André, encontrou um novo local, uma casa grande, bem melhor do que a sobreloja. O único ponto que o incomodava era a falta de um espaço amplo para o estacionamento. Mas, como era uma rua de grande fluência de ônibus, Fisk apostou no local. E se deu bem. A escola passou a ser um dos maiores sucessos da rede, pois era de fácil acesso aos alunos.

No processo de aquisição do imóvel aconteceu um fato interessante. Depois de se definir pela compra da casa, Fisk acertou o preço com a imobiliária e bateu o martelo. Como de praxe, fez questão de dar um sinal e amarrar o negócio. O corretor foi enfático:

– Não se preocupe, senhor Fisk. O negócio está fechado. O proprietário é muito sério e deu sua palavra. Nada desfaz o negócio.

Fisk já havia conhecido o proprietário da casa, dono de uma loja de móveis na região, e ficou tranqüilo.

Fotos de festas comemorativas dos calendários brasileiro e norte-americano

Ele sabia, inclusive, que o proprietário tinha tido problemas de saúde, fora internado e havia tido alta do hospital recentemente. Mas os dias se passaram e nada do avanço da papelada. Até que, incomodado, Fisk foi à imobiliária e questionou o corretor:

– Rapaz, o que acontece? Já fechamos esse negócio há quase duas semanas, e até agora só ouvi mais desculpas do que soluções.

– Mr Fisk, o proprietário pulou fora do negócio, desistiu de vender a casa.

Inconformado, Fisk decidiu ir ao encontro do homem. Aquilo não era justo. Como jamais havia desistido de algo depois de dar sua palavra, esperava que as pessoas tivessem a mesma postura.

Ao chegar à loja do homem, Fisk foi muito bem recebido. Ambos se sentaram à mesa para tomar café.

– Senhor Paschoal, por que desistiu do negócio? Já havíamos definido tudo!

– Fisk, você sabe que fiquei um bom tempo no hospital. Vivemos uma época de inflação. Quando disse aos meus filhos que havia fechado a venda da casa pelo preço que combinamos, eles me obrigaram a desfazer o negócio. Sei que não é o certo, mas como não assinamos nada ainda...

Realmente ninguém tinha assinado nenhum papel. Mas, para Fisk, havia mais do que isso:

– Bem... Palavra dada, para mim, vale tanto quanto papel assinado.

– Não me interprete mal, Fisk. Sou comerciante e sei como isso chateia. Mas, infelizmente, só posso vender a casa se reajustarmos em 30% o valor pedido inicialmente.

Fisk ficou pensativo, aquele não era o combinado, mas, em segundos, avaliou todos os prós e contras. Ele gostava do ponto, então, propôs um aumento de 20%. O homem concordou em fechar o negócio. E, desta vez, foi cumprido à risca.

Viagens e passeios – lazer e cultura

O cenário dos anos 1970 havia acelerado a conscientização dos adolescentes em relação à necessidade de, além de cursar uma faculdade, aprender inglês como base profissional. As salas eram, então, compostas basicamente por jovens, entre 15 e 17 anos.

Nesse ambiente, já na década de 1980 tiveram início as viagens e passeios que visavam ao lazer e à cultura, uma atividade idealizada por Fisk, cujo principal objetivo era a integração em todos os sentidos: dos alunos com a escola, com a organização, com os colegas de sala, com os professores etc.

Promoviam-se então passeios a parques de diversões, como Play Center e Hopi Hari – este um pouco mais tarde –, ambos em São Paulo, durante os quais a comunicação se dava obrigatoriamente em inglês. Eram programações que reuniam todas as escolas da rede e agitavam as semanas dos alunos, criando-se um clima de expectativa, com reuniões para definir roteiros, o número de participantes, a identificação dos alunos; enfim, naqueles dias tudo se tornava uma nova e instigante motivação para o aprendizado da língua.

Além dos passeios, que contavam ainda com o apoio de pais de alunos, empenhados em colaborar com a escola e seus filhos, a rede passou a promover gincanas, quiz (concurso de cultura) e festas alusivas às datas comemorativas, como o Dia das Crianças, Halloween, Thanksgiving (Dia de Ações de Graça), Saint Patricks Day, Quatro de Julho (Dia da Independência dos Estados Unidos), Christimas (Natal), Festa Junina, entre outras.

Capítulo 11

Os anos 1980

Apesar de algumas dificuldades enfrentadas pelo mercado no início da década de 1980, a base da empresa estava pronta.

A rede já passava das 300 unidades – das quais 18 próprias –, a maioria formada por escolas médias, com capacidade para 400 alunos cada, resultado da política de propagação da marca implantada por Fisk. Mas a inadimplência era alta, um mal que atingia toda a sociedade e que precisava ter fim, porque a empresa necessitava de uma folga de caixa para poder investir mais em propaganda.

Nesse início de década, a matriz passou, durante alguns meses, por nova reforma. Desta vez, as mudanças visavam à melhor organização dos departamentos da empresa. Sentindo que algumas áreas, então confinadas em espaços reduzidos, cresceriam, Fisk decidiu-se pela ampliação.

Ele continuava rodeado de pessoas, e, como sempre acontece, lidar com elas traz muitas alegrias, mas, às vezes, grandes decepções também. Sua agenda de viagens para visitar às escolas permanecia repleta. Nos encontros que mantinha com os franqueados, Fisk jamais cobrava diretamente os devedores. Estes, por sua vez, nunca podiam saldar suas dívidas, mas, em compensação, na vida pessoal, grandes gastos, que mostravam uma vida perdulária, eram visíveis nos carros último tipo, viagens de férias, mansões etc.

Exemplo disso foi o diretor de uma escola de Recife que, de tanto esbanjar em uma vida desregrada, terminou por se levar à falência, tanto pessoal quanto profissional, perdendo, em razão de seus débitos, o direito de explorar a marca Fisk. Também em Belém, no Pará, um diretor de escola, que vivia cercado de luxo, cuja mansão, entre outras coisas, tinha uma piscina olímpica, deixou acumular um montante de débitos extraordinário. Ao receber o comunicado de que seria excluído da rede, seu desespero foi tamanho, que até a amigos políticos pediu que intercedessem a seu favor junto a Fisk, o que de nada adiantou. Em João Pessoa, uma diretora seguiu o mesmo caminho. Sua casa era exuberante, tanto quanto sua inadimplência com a matriz da Escolas Fisk. Quando, esgotadas todas as formas de negociação, ela recebeu a comunicação de seu desligamento, tentou, como forma de vingança, denegrir o nome Fisk na cidade. Mas não obteve "sucesso"; ao contrário, ao ser substituída por um ex-professor, a marca ganhou novo direcionamento e retomou o crescimento, revertendo uma excelente rentabilidade.

Em contrapartida, havia quem seguisse à risca as orientações de Fisk, primeiro investindo na escola para depois, com o fruto do resultado de um bom trabalho, desfrutar de alguns investimentos e gastos pessoais. Assim aconteceu com as franqueadas de Fortaleza.

Em uma de suas visitas, Fisk foi chamado por Orlane Maria Araújo Cavalcanti, que o levou até o estacionamento da escola e disse:

– Mr. Fisk, venha ver meu carro novo. Quem me deu foi a Escola Fisk. Foi com o dinheiro do meu trabalho que o adquiri. Tenho muito a agradecer ao senhor.

Era um carro pequeno, usado, mas fruto de uma conquista. Orlane só comprara o carro depois de muito investir na escola e deixá-la economicamente equilibrada.

Fisk ficou eufórico ao ver a alegria da franqueada. Presenciar o crescimento de um parceiro, a compra do prédio onde funcionava uma escola, a expansão de um franqueado que iniciava uma nova unidade, a abertura de um novo mercado, entre outros, sempre o deixava muito feliz, porque era exatamente isso que queria dos diretores e franqueados: foco no negócio.

Antes de comprar um sítio, não seria melhor investir em uma propriedade para deixar de pagar aluguel no prédio da escola? De que adiantaria andar de carro zero e luxuoso e não ter dinheiro para reformar e pintar a escola? Por que comprar um imóvel na praia antes de investir em tecnologia e melhor estruturar a escola?

Tinha sido sempre assim que Mr. Fisk buscara tocar a empresa. Investir primeiro no próprio negócio antes de imobilizar dinheiro em propriedades ou gastos supérfluos. E nas conversas com seus parceiros, ele sempre lembrava, fosse numa conversa informal, ou quando sentia necessidade de dar um sutil puxão de orelhas em alguém:

– Eu só comprei meu primeiro carro quando tinha mais de 10 escolas. Claro que eu já tinha condições de adquiri-lo antes, mas preferi destinar o dinheiro para abrir novas escolas ou mesmo investir naquelas já montadas.

Ostentação jamais fez parte do dicionário de Mr. Fisk.

Mudança na linha executiva

Depois de aproximadamente dez anos como diretor da escola de Santo Amaro, em 1980 Bruno Freitas Caravati foi convidado a se transferir para a matriz, para assumir o departamento pedagógico da Escolas Fisk em substituição a Valter Bresolin Pinto de Moraes, que decidiu voltar a morar nos Estados Unidos.

Bruno seguiu como diretor da empresa, o exemplo de Fisk na hora de escolher as pessoas para os mais diversos cargos: investir em pratas-da-casa. No departamento dificilmente alguém de fora era contratado para cargos de chefia. Na hora de uma promoção, a opção era basicamente feita por algum colaborador da organização.

O departamento pedagógico era responsável por comandar os professores e também pela confecção e atualização dos livros. Como no início da década de 1980 o número de escolas já era grande, em 1984 Bruno Caravati decidiu desmembrar o departamento, criando o departamento de cursos, que cuidava das escolas, dos professores e dos cursos, deixando ao departamento pedagógico a responsabilidade pela confecção dos livros e de todos os materiais. O sucesso de Bruno Caravati como diretor pedagógico significaria um salto ainda maior no futuro.

Nesse mesmo ano, Fisk trouxe ao Brasil sua sobrinha, Paula Bell, e o marido, Claire, para trabalhar na empresa. Seu objetivo era fazer com que se adaptassem ao país e desenvolvessem um bom trabalho na Escolas Fisk, e assim pudessem ser seus sucessores na direção e presidência da empresa.

Paula era filha de Herb, irmão mais velho de Fisk. Na verdade, ela foi a única da família a demonstrar interesse em vir morar e trabalhar no Brasil; outros sobrinhos ou sobrinhos-netos queriam apenas vir ao Brasil a passeio, mas não desejavam mudar de vida e país.

Com as mudanças implantadas por Bruno, ficou com ele a direção da área de cursos, e Paula assumiu a direção pedagógica. Esse foi um modelo que perdurou por muitas décadas, com algumas pequenas modificações. Bruno ainda instituiu um calendário de reuniões semanais com todos os coordenadores pedagógicos, a fim de discutir problemas, encontrar soluções e criar novidades para serem utilizadas em salas de aulas.

Paula e o marido trabalharam por quase dois anos, mas problemas familiares fizeram que eles retornassem aos Estados Unidos. Com a saída do casal, José Carlos Aissa, ex-aluno e depois professor, assumiu o departamento pedagógico, dirigindo-o até o final dos anos 1980, quando foi substituído por Vera Laurenti.

Apesar de estar ainda com 58 anos de idade e de ter muita vitalidade e vontade de empreender, com o retorno de Paula e seu marido para os Estados Unidos novamente Fisk passou a se preocupar com sua sucessão.

Vários motivos para falar inglês

Na década de 1980, falar inglês era uma mescla de necessidade profissional e status. Tinha início nessa época a abertura da possibilidade de maior acesso às viagens para os Estados Unidos, e, claro, quem vai à terra do idioma inglês tem que, preferencialmente, saber falar a língua.

Também nessa época se tornou evidente que os profissionais que dominavam o inglês, tanto na fala quanto na escrita, prosperavam muito mais rápido nas empresas, tinham melhores oportunidades, eram convidados a fazer cursos no exterior, recebiam diretores das multinacionais que vinham ao Brasil, enfim, abriam-se novos caminhos a quem sabia falar inglês.

Foi também no início dessa década que Fisk começou a gravar programas em diferentes praças para serem exibidos na TV Gazeta, em São Paulo. Como de costume, ele alugava o estúdio, os equipamentos e a mão-de-obra das emissoras nos horários ociosos, até para baratear o custo. Assim, simultaneamente, os programas atingiam uma rede de emissoras espalhadas por Salvador, Aracaju, Fortaleza, Belém do Pará, Manaus, Porto Alegre, Florianópolis, Curitiba e Goiânia, além de São Paulo. As audiências não tinham grandes índices, mas atingiam o público realmente interessado no produto exibido. Em algumas praças alcançadas pela retransmissão, Fisk ainda não tinha escolas em funcionamento, mas os programas abriam o caminho, e logo novas localidades iam ganhando Escolas Fisk.

A televisão ajudava a pautar os locais e as cidades onde poderiam ser abertas novas escolas. Muitas vezes, as secretárias recebiam ligações de pessoas interessadas em abrir escolas onde não havia a marca Fisk, ou aquelas, candidatas a futuros alunos, querendo saber se havia alguma Escola Fisk perto de sua casa ou do trabalho. Ao tabular os dados provenientes das ligações recebidas, quando se evidenciava um alto número de interessados centralizados em determinado bairro de São Paulo, rapidamente Fisk ia em busca de um bom ponto comercial na região.

Além de possibilitar a abertura de novas escolas, a TV criava oportunidades em todos os sentidos. A empresa recebia inúmeros currículos de profissionais, propostas e contatos de corretores de imóveis, fornecedores, entre outros. Por isso também, em muitas cidades, em visita às escolas, Fisk era recebido com status de celebridade. Afinal, era o Mr. Fisk, dono da Escolas Fisk, que fazia os programas na televisão. Em alguns lugares, inclusive, era recebido com uma verdadeira festa pela população local, com direito até a fazer o percurso em cima de carro de bombeiros.

Alunos que se tornam professores, que se tornam colaboradores, que se tornam parceiros

São inúmeros os casos de alunos que se tornaram professores e construíram carreira na empresa.

Um deles, que seguiu os passos de Bruno Caravati, conforme veremos adiante, é Elvio Peralta que, em 1981, então com 16 anos de idade, começou a estudar inglês na escola de Santo André. Ele pretendia fazer medicina e entendeu que precisava aprender a língua, em função dos livros importados e congressos. Mas, com os passar das aulas e dos estágios, Elvio se apaixonou pelo idioma e pelas aulas, o que lhe despertou o interesse em ser professor de inglês. Tanto que, dois anos depois, passou no vestibular para o curso de Letras na USP, Universidade de São Paulo, uma decisão que mudaria radicalmente sua vida.

Em 1984, Elvio trabalhou como monitor e se formou no curso de inglês na escola Fisk de Santo André. No início do ano seguinte, começou a dar aulas na escola de São Bernardo do Campo, a convite do próprio Bruno Caravati, que na época coordenava os cursos e percorria as escolas para acompanhar as aulas.

Assistindo a uma aula, Bruno percebeu a capacidade e a desenvoltura de Elvio. Naquele dia, a professora perguntou quem poderia explicar, em inglês, o que sabia fazer na cozinha, que tipo de prato sabia cozinhar. Elvio levantou o braço. Todos esperavam uma receita de mestre-cuca, mas, em vez disso, Elvio ensinou como se frita um ovo. A receita não arrancou suspiros nem aplausos, mas, o mais saboroso mesmo foi apreciar o excelente e correto inglês que ele falava. Todos, inclusive Bruno, riram bastante da situação.

Em 1985, quando estava no período de treinamentos para começar a dar aulas na rede, Elvio foi apresentado a Mr. Fisk. Elvio via diante de si a personalização daquela voz gravada nas fitas e do nome estampado nos livros do material didático que o haviam acompanhado por quatro anos. Diante da humildade e simplicidade de Fisk, ele percebeu que as pessoas é que o punham em um pedestal. Pessoalmente, Fisk se mostrava muito próximo de quem quer que fosse: alunos, professores, funcionários da empresa, pessoas que o reconheciam. Naquele dia, ao entrar na sala de treinamento, Fisk deixaria em Elvio a marca de seu talento e carisma como comunicador, um grande orador, que sabe obter o controle da situação e a atenção de todos.

Ainda no início dos anos 1980, Fisk começou a trabalhar a idéia de montar mais escolas próprias no Rio de Janeiro, mercado que sempre entendeu como promissor, e passou a viajar com freqüência à cidade para encontrar um bom ponto comercial. Na Barra da Tijuca, zona oeste da cidade, achou o que queria.

Valter Bresolin, que voltara ao Brasil depois de morar por mais uma temporada nos Estados Unidos, finalizou as tratativas até a inauguração da escola, que se tornou mais um sucesso na rede, assumindo também a coordenação das escolas do Rio de Janeiro, selecionando professores e secretárias.

Entre as professoras, uma das contratadas foi Glória de Luca, que então trabalhava em uma escola chamada Instituto de Línguas Estrangeiras. Esta empresa possuía um método de ensino infantil muito conceituado, cujos direitos foram posteriormente adquiridos por Fisk.

Poucos anos depois da inauguração, Valter precisou retornar às pressas para São Paulo, e a função de coordenador ficou vaga. Fisk assumiu a missão de escolher o profissional para o posto, o que precisava fazer pessoalmente.

Aquela era uma escola que se desenvolvia tão bem, que Fisk praticamente não conhecia nenhum de seus colaboradores. Seu primeiro contato, ao chegar lá, foi com a secretária, com quem falara apenas pelo telefone, e com ela iniciou a conversa.

– Precisamos encontrar alguém para substituir o Valter. Não gostaria de trazer essa pessoa de fora, prefiro que um profissional nosso assuma a coordenação.

– Mr. Fisk, acredito que a professora mais preparada para ser coordenadora da escola seja a Glória de Luca. Ela tem grande carisma com os alunos e é muito responsável.

– Ok! Então, vamos marcar um encontro com ela.

Horas depois, Fisk e Glória se reuniam. Ela tinha mais dois empregos, além das aulas que dava na escola Fisk, e a primeira impressão que deixou em Fisk foi constrangedora. Realmente, como havia dito a secretária, Glória transmitia naturalmente muito carisma, mas ela havia chegado vestida de bermuda. Para alguém acostumado com a rigidez da vestimenta de São Paulo, aquilo foi um choque, apesar de ele saber que, em função do calor, aquela era uma forma convencional de se vestir no Rio de Janeiro:

– Glória, gostaria de saber se você aceita ser a coordenadora da escola. Mas, leve em conta que, para isso, você precisará sair dos seus outros dois empregos.

– Não vejo problema nisso, Mr. Fisk. A proposta que o senhor me faz é interessante, e assumir a coordenação será um grande aprendizado para a minha carreira.

– Bem, vamos então fazer um período de experiência. Será importante para ambos.

Antes que Glória cumprisse os três meses de experiência, a situação já caminhava como se ela fosse a coordenadora das escolas cariocas há muito tempo. Fisk gostou da sua forma dinâmica de trabalhar, e se empenhou em estar sempre próximo, disposto a ajudar e a orientar como podia.

Logo depois de Glória assumir a coordenção, a unidade da Tijuca começou a abrir turmas também para o curso de Espanhol. Aquela era uma novidade, que não existia em nenhuma outra escola da rede, mas que, pela ótima aceitação naquela unidade, se estendeu e passou a fazer parte da grade curricular da Escolas Fisk.

Como o interesse de Fisk era ampliar o número de escolas na cidade, Glória também ia em busca de pontos comerciais interessantes. Ela sempre visitava e selecionava alguns imóveis antes de solicitar a Fisk que fosse ao Rio para conhecer e bater o martelo na propriedade escolhida. Como por hábito Fisk sempre fora extremamente pontual, Glória evitava marcar horários com corretores que se atrasavam para o encontro. Certa vez, quando os dois foram ver um imóvel na Ilha do Governador, zona norte do Rio, o corretor já estava atrasado uns 20 minutos. Como o muro e o portão da casa eram baixos, Fisk não teve dúvidas:

– Glória, vamos pular para dentro da casa. Pelo menos teremos uma noção da extensão do imóvel.

Pular o muro? Glória ficou sem jeito. Mas, se era ele quem dizia, só lhe restava acompanhar. Durante a "aventura", entre risadas os dois comentavam:

– Já pensou se a polícia passa agora?

– Estamos parecendo crianças pulando o muro do vizinho pra catar a bola.

Quando parecia que tudo estava resolvido, e a "aventura" teria fim, Glória ouviu Fisk gritar:

– Glória, achei um monte de moedas aqui. Tome, fique com essa para te dar sorte.

Sem pestanejar, Glória aceitou a moeda, e passou a levá-la consigo para onde quer que fosse. E dizia as pessoas:

– Esse é o meu amuleto da sorte. Ganhei do Mr. Fisk. Espero com ele ter o mesmo otimismo, a mesma luz e o mesmo brilho que Mr. Fisk possui.

Apesar de ter total autonomia no trabalho, certa vez, em uma das idas de Fisk ao Rio, Glória estava preocupada com algumas atitudes que havia tomado em relação ao quadro de funcionários de uma das escolas. Ela decidira fazer trocas na equipe e colocou a situação para Fisk:

– Bem, tive que tomar decisões difíceis. Precisei demitir algumas pessoas. Posso até ter me equivocado, mas fiz com o intuito de acertar.

Depois de explicar seus motivos, Fisk lhe disse:

– Glória, se você tomou essa atitude e está com a consciência tranqüila, é o que importa. E, na verdade, será que eu teria agido melhor do que você em relação a esse problema?

Aquelas palavras caíram como uma absolvição para Glória. Mais uma vez ela presenciava a humildade e o humanismo de Fisk. Com esta postura, incentivando e estimulando seus colaboradores, Fisk enchia as pessoas de confiança.

A década de 1980 também firmaria a mulher na posição de empreendedora. Agora, cada vez mais mulheres passavam a iniciar atividades empresariais com freqüência. Nesta trilha, muitas escolas foram montadas por ex-donas de casa, cujos filhos já estavam crescidos. Em vez de emprego, elas procuravam oportunidades para ter seu próprio negócio, e ter uma franquia da Escolas Fisk passou a ser uma excelente opção, principalmente pela forma com que a matriz sempre se relacionou com os franqueados. Grande parte dessas iniciativas resultaram em escolas de sucesso. Agora, a franquia Fisk, em inúmeros casos, era um negócio em família, no qual o marido assumia a parte administrativa, e a esposa, a coordenação pedagógica.

A marca Fisk atravessa fronteiras

Disposto a ultrapassar as fronteiras brasileiras, em 1982 Fisk montou a primeira escola fora do país. A cidade escolhida foi Assunción, capital do Paraguai. Meses depois da inauguração da "Escuela Fisk", Bruno Caravati esteve na escola para aplicar o exame de conclusão de estágio. Passados alguns anos, mais uma unidade foi inaugurada no país.

A compra da Pink and Blue

Em 1983, Mr. Fisk negociou e adquiriu a rede de escolas Pink and Blue (rosa e azul), especialista em ensinar inglês para crianças. A rede, que pertencia às empresárias Cecília e Ana Maria Quartim Barbosa, mãe e filha respectivamente, tinha aproximadamente 170 escolas, todas franqueadas. Eles já se conheciam há anos, pois no passado Fisk indicava as crianças para estudarem nas escolas delas, cuja retribuição vinha com a indicação de alunos adolescentes e adultos.

Uma das primeiras medidas de Fisk foi colocar entre os executivos da empresa alguém de confiança. Valter Bresolin aceitou assumir a diretoria administrativa da rede, e logo de início promoveu a reformulação do material didático e a preparação do curso Freedom, voltado para adolescentes.

Para revigorar a marca da rede no mercado, foi investida uma grande verba em campanhas publicitárias. Esta consolidação de todo o processo de renovação da marca e direcionamento do público levou aproximadamente oito anos.

Quando Fisk adquiriu a Pink and Blue, a grande maioria dos alunos pertencia às classes sociais A e B. No processo de reformulação, iniciado em 1984, além de estender a faixa etária visada, o trabalho buscou alcançar outras classes sociais. Em paralelo, foi-se reavaliando e aprimorando a qualidade do material didático e da metodologia de ensino, sem perder de vista o nível profissional dos professores, além da implantação dos cursos de espanhol.

Em relação aos franqueados, Fisk implementou um processo de valorização, mostrando-lhes a importância que tinham para o sucesso da rede, incentivando-os a investirem fortemente em pessoal e na criação de novos departamentos em suas escolas. A fim de interagir com os franqueados, foram criadas as reuniões regionais, para que cada um falasse de seus problemas, se discutissem idéias e buscassem soluções.

Outra mudança implementada por Fisk foi dividir os estágios e a venda dos materiais em semestres. Antes, a Pink and Blue só vendia livros aos alunos nos meses de fevereiro e março, com os quais os alunos estudavam todo o ano seguinte, o que enfraquecia a rentabilidade, pois o dinheiro entrava somente uma vez por ano.

Para acertar todos esses pontos e apresentar as sugestões, foi programada uma reunião, que envolveu todos os parceiros, comandada por Fisk. O objetivo maior era, além de comunicar as mudanças, fazer que os franqueados amenizassem suas expectativas pela oportunidade de se apresentar e conhecer o novo proprietário da empresa. Como sempre, Fisk deixou a melhor das impressões:

– Olá pessoal, meu nome é Richard Hugh Fisk. Antes de tudo, quero dizer que trouxe notícias quentes do que o concorrente tem feito no mercado.

Todos entenderam que ele se referia a Escolas Fisk, o que fez soarem gargalhadas pela sala, descontraindo o ambiente.

– Quero que saibam que a experiência adquirida com a marca Fisk será aproveitada na Pink and Blue, com as adaptações necessárias. Queremos saber de vocês suas necessidades e seus problemas. Estamos agora, e estaremos sempre, prontos a ajudar a eliminá-las e resolvê-los.

Mas a melhor notícia, que deixaria todos ainda mais empolgados, só foi dada no final da reunião:

– A vocês que estão situados em cidades ou regiões onde não possuímos escolas Fisk e tenham interesse, por favor, apresentem suas propostas, estamos dispostos a negociar.

Aquela era realmente uma grande oportunidade aos franqueados Pink and Blue. Além de passarem a fazer parte do grupo Fisk, uma empresa de ponta no segmento, poder também abrir uma escola Fisk propriamente dita dava novo alento e representava uma alavancagem financeira. Esta mesma proposta foi estendida aos franqueados Fisk, que poderiam estender seus negócios com novas escolas Pink and Blue.

Ali tinha início uma nova relação de compartilhamento, algo que até então os franqueados Pink and Blue não conheciam. Nesta rede não havia escolas próprias; todas eram terceirizadas, diferentemente da Escolas Fisk, onde cada franqueado tinha contato e relacionamento mais próximos com Fisk.

A Pink and Blue havia sido incorporada com um grupo de parceiros já pronto e desconhecido. Era necessário então iniciar a conquista da confiança mútua. Dois ou três franqueados não aceitaram a mudança e fecharam suas escolas, apesar de a antiga proprietária da marca, Cecília Quartim Barbosa, tentar deixar os parceiros tranqüilos ao dizer na reunião em que comunicou a venda da empresa:

– De hoje em diante, a Pink and Blue pertence a Escolas Fisk. Conheço Mr. Fisk há muitos anos, sempre tivemos excelente relacionamento. Ele é um grande empresário, um homem sério. Desde que passamos a ter cursos para adultos, a empresa cresceu muito e tive que escolher uma entre duas opções: ou investia muito dinheiro para estruturar a organização ou a transferia para alguém de confiança. Fiquei com a segunda opção. Mr. Fisk foi a melhor saída que encontrei para salvar a marca.

Aos franqueados que aceitaram a reformulação, uma outra confirmação importante, a de que a Pink and Blue continuaria com administração e departamento pedagógico próprios, e, por motivo de economia, o departamento de artes seria unificado. Se alguém pensava o contrário, estas medidas deixaram claro que Fisk queria mesmo era o sucesso dos parceiros, e que isso significaria também seu sucesso e o das marcas Pink and Blue e Escolas Fisk. Claro que certa rivalidade entre as marcas Fisk e Pink and Blue continuou a vigorar no mercado, mas então com um aspecto sadio e ético. Agora, as duas marcas disponibilizavam cursos para crianças, adolescentes e adultos.

Este, aliás, foi o motivo que levou Clarisse Galvão Palma a procurar a Escolas Fisk um ano antes da aquisição da rede Pink and Blue, da qual já era franqueada, com uma escola em Niterói. Incomodava-a o fato de atender somente ao público infantil e perder alunos que, ao cumprir o último estágio oferecido pela escola, tinham, obrigatoriamente, que procurar outra rede para seguir os estudos.

Em 1982, aproveitando a oportunidade de estar em São Paulo, foi visitar a sede da Escolas Fisk. Clarisse se reuniu com a direção e mostrou interesse em abrir uma escola Fisk em Niterói, e recebeu autorização, passando a ter uma unidade de cada bandeira. Como ela jamais perdia uma reunião, fosse da Escolas Fisk ou da Pink and Blue, ao ver Clarisse entre os presentes Mr. Fisk, que ainda não havia guardado seu nome, disse durante a palestra:

– Façam como a Niterói – apontando na direção de Clarisse –, que tem uma escola de cada rede e não perde alunos para a concorrência.

Clarisse se emocionou porque, além de ser citada por Mr. Fisk, sempre que se encontravam ele lhe perguntava como andavam suas escolas.

Foi também em uma das reuniões com os franqueados Pink and Blue que Mr. Fisk conheceu Sônia Catarina Simões Prado, que há sete anos era franqueada e tinha uma escola em Ribeirão Preto, interior de São Paulo. Sônia já conhecia Mr. Fisk de vista, pois alguns anos antes de ele comprar a rede Pink and Blue ela participara de uma espécie de congresso da empresa em São Paulo, no qual o empresário falara da importância de intensificar a parceria para que as marcas continuassem a troca de indicação de alunos. Naquela ocasião, Fisk dera uma mostra da aula cantada que tanto encantava os alunos da Escolas Fisk. Desde então, Sônia nutria grande admiração por ele, por seu carisma e poder de prender a atenção, principalmente porque, naquele momento, na platéia não estavam alunos, e sim professores e diretores das escolas. Mr. Fisk conseguiu fazer todos cantarem juntos, parecendo ter um ímã que hipnotizava as pessoas. Sônia adquirira ali grande aprendizado e motivação, que provocaram algumas reformulações em sua forma de dar aulas.

Anos depois, foi grande sua satisfação ao saber que as escolas Pink and Blue passariam às mãos de Mr. Fisk, principalmente porque aquele era um momento em que a matriz atravessava uma péssima situação financeira. Seis anos mais tarde, além da escola Pink and Blue, Sônia tornou-se também franqueada Fisk, e abriu sua segunda escola em Ribeirão Preto. Daí em diante, ela passou também a participar dos Congressos da rede, nos quais Mr. Fisk tratava de vários assuntos, como leis, tributos, a parte pedagógica etc., além de sempre alertar para que todos fossem rígidos na administração das escolas e na contenção das despesas.

O primeiro desses encontros se deu em 1990, na cidade do Guarujá, litoral sul de São Paulo. Sônia ainda se lembra de ter se sentido muito gratificada ao perceber que, independentemente do número de escolas que possuía ou do tempo de casa, todos eram tratados igualmente. Ela costuma até brincar com o fato de ter uma escola de cada marca:

– É como ter dois filhos e amá-los com a mesma intensidade.

O primeiro Congresso foi bastante empolgante e divertido. Fisk se fantasiou de piloto e a festa foi temática, em comemoração ao Halloween. O aprendizado ficou por conta das palestras de Mr. Fisk, abordando a importância do papel das secretárias nas escolas:

– Se você entrar na escola e encontrar sua secretária com cara amarrada, porque está passando por um momento ruim, peça que ela vá para casa. Deixe que resolva com tranqüilidade o problema pelo qual está passando e depois retome o trabalho com força total.

Em relação à administração e continuidade da empresa, referindo-se inclusive à participação de familiares, parentes e amigos, Fisk imprimiu sua sabedoria e atingiu de imediato os participantes:

– Precisamos ter ao nosso lado pessoas competentes e interessadas pelo negócio. Mas, infelizmente, nem sempre pessoas com este perfil estão próximas de nós. Na tentativa de suprir esta falta, colocar alguém da família ou mesmo um amigo sem preparo para a função pode comprometer a saúde da escola.

Aquele era o conselho de um grande empresário, mas também de um amigo, de um pai; de alguém preocupado que cada um dos presentes alcançasse o sucesso. Na verdade, ele falava com conhecimento de causa, pois vivia dilema parecido em relação à sucessão da Escolas Fisk.

Fisk não se preocupava apenas com os franqueados, mas também com seus funcionários. Quando da aquisição da Pink and Blue, alguns deles foram aproveitados por Fisk. Mas, nessa transição alguns contratempos curiosos aconteceram. Como o que se passou com Júlio Pedro dos Santos, que exercia a função de contador quando da anterior administração da Pink and Blue. Ele soube da venda da empresa, mas em nenhum momento foi comunicado oficialmente do negócio ou se continuaria ou não na companhia. Depois de alguns dias do fechamento do negócio, Fisk e Valter conversavam em uma das salas da sede da Pink and Blue, quando Júlio pediu licença para falar com eles:

– Mr. Fisk, não quero atrapalhar, mas tenho algo que me incomoda. Trabalhava há alguns anos com a Cecília, mas depois da venda da empresa ninguém falou comigo, estou preocupado com o meu futuro, não sei se estou empregado ou desempregado.

Fisk percebeu a apreensão de Júlio, e achou correta sua postura. Ele se lembrava de que Cecília havia comentado sobre a honestidade e capacidade do contador:

– Júlio, entendo os motivos de tanta preocupação. Mas pode ficar tranqüilo. Você continua conosco. Claro, desde que você queira.

– Quero sim, Mr. Fisk. Pode contar comigo para o que precisar – e Júlio seguiu na empresa por muitos anos.

Nasce o PPT

Nos primeiros anos da década de 1980, foi criado por Fisk o curso PPT – Personalized Programed Teaching. Nascia ali uma tendência mercadológica que seria adotada futuramente por outras escolas.

O programa tinha um formato como o de um curso particular, e era destinado a pessoas que quisessem desenvolver o aprendizado isoladamente, aos que queriam estudar em horários difíceis de fechar grupos e também àqueles que participavam de grupos que haviam sido dissolvidos em função das desistências. Outra vantagem que o PPT oferecia é que o aluno poderia iniciar o curso em qualquer época do ano. Como forma de apresentar o método, era ministrada uma aula gratuita para o aluno conhecer como funcionava o sistema de aprendizado. Neste sistema, os alunos ficavam em salas com equipamentos individualizados, e eram acompanhados por um professor.

Fisk tivera a idéia do curso quando estava nos Estados Unidos, ao ler em uma revista de comportamento uma matéria sobre a preocupação que o mercado local tinha com as pessoas que, em função da agenda lotada e dos afazeres, não conseguiam assumir certos tipos de compromissos, entre eles a participação em cursos. Ao final da leitura, Fisk entendeu que esta era uma necessidade mundial, e começou a pensar em como poderia suprir a necessidade daqueles que queriam aprender inglês e que se encaixavam nesse perfil. Em suas reflexões, Fisk se lembrou da escola em que estudava quando era criança, onde apenas uma professora tomava conta de diversas turmas e ensinava a elas várias matérias. Era uma seqüência muito bem elaborada e dinâmica, que fazia com que os alunos aprendessem e estudassem todas as matérias ao mesmo tempo.

O sistema de aprendizado que Fisk desenvolveu baseou-se nessa metodologia. Os alunos estudavam individualmente e eram acompanhados a distância pelo professor, que periodicamente se aproximava para conferir como andava o aprendizado. O que também o ajudou na criação e elaboração foram os ensinamentos adquiridos por ele mesmo no curso *Time and motion study*, pois o PPT destinava-se a facilitar o aprendizado individual. Por isso, Fisk também transportou os livros para os discos (LPs), que eram a base do aprendizado do curso. O material era extenso, mas necessário para alcançar o objetivo do curso. No início, Fisk implantou o método em três escolas, e, gradativamente, todas as unidades passaram a oferecer o PPT. Curiosamente, Fisk descobriu que os alunos do PPT, em função de receberem o conteúdo dos livros em LPs, desenvolviam de início uma pronúncia mais perfeita.

O sistema PPT já nasceu com grande sucesso, e com a troca dos LPs pelas fitas cassete o método passou a ser um dos preferidos dos alunos.

Um dos diretores das escolas que melhor sabia utilizar o PPT era justamente Moriaki Hijo, que estava com Fisk desde 1965.

A dolorida perda da mãe

Em 1983, Mr. Fisk recebeu, no Brasil, a notícia de que sua mãe, então com 93 anos de idade, havia falecido. Ele viajou imediatamente para os Estados Unidos, para se despedir da mãe e também dar total apoio aos familiares, principalmente ao irmão Bob, que há anos morava e cuidava de Sarah.

O falecimento de Sarah encerrava uma história de amor e dedicação de uma mulher à família.

A megaescola Fisk

Em 1984, nasceu a megaescola Fisk no bairro do Jabaquara, zona sul da cidade de São Paulo. Um prédio essencialmente idealizado para a escola, com salas confortáveis, recepção e estacionamento amplos, e jardim agradável com muito verde.

Como havia muito espaço, o escritório central da Pink and Blue passou a se instalar neste mesmo prédio do Jabaquara. Com o tempo, essa divisão de espaço provocou certo desconforto, pois as ações da Pink and Blue eram decididas dentro de uma escola Fisk, marcas teoricamente concorrentes de mercado; assim, a matriz Pink and Blue passou a operar no bairro da Aclimação, zona sul de São Paulo.

Investimentos no setor gráfico

Desde a abertura da primeira escola, Fisk costumava trabalhar com uma gráfica chamada Itamarati. Ele conhecia muitos membros da família que trabalhavam na empresa.

A partir de 1965 passou a ter contato com Geraldo Pedroso Júnior, integrante da segunda geração da família. Fisk admirava a forma concentrada e correta como ele trabalhava. Quando ia acompanhar ou mesmo negociar trabalhos na gráfica, sempre conversava por alguns minutos com Geraldo, falando sobre trabalho, e, vez por outra, Fisk contava alguma passagem sua nos Estados Unidos. Geraldo, por sua vez, tinha a atenção voltada ao fato de Fisk sempre se apresentar do mesmo jeito, polido, calmo, atencioso e otimista em relação ao futuro. A relação comercial entre eles durou mais de duas décadas, e se estreitou ainda mais depois disso.

Em 1984, Fisk recebeu uma ligação de Geraldo Pedroso Júnior, que pretendia fazer uma consulta:

– A notícia que tenho para dar não é nada agradável, Mr. Fisk. Nós decidimos fechar a gráfica, encerrar as atividades.

Fisk não esperava ouvir aquilo, e, lamentando a situação, ouviu Geraldo falar sobre o que tinha levado à dissolvição da empresa. Ao final, Geraldo lhe perguntou:

– Mr. Fisk, vamos nos desfazer das máquinas. O senhor não tem interesse em adquirir algumas delas?

– Geraldo, posso dizer de imediato que me agrada a idéia. Vamos marcar de nos encontrar. Quero ver os equipamentos.

Dois dias depois, lá estavam eles no prédio da gráfica para avaliar as máquinas disponibilizadas para venda. Fisk pediu um levantamento de todas elas e, mais alguns dias, fez uma proposta para arrematar aquelas que atendiam às suas necessidades. Acertados o preço e as condições de pagamento, Geraldo se colocou à disposição de Fisk para assessorá-lo na escolha das peças, sugerindo inclusive que ele comprasse mais quatro máquinas: uma para impressão, outra para picotar, para grampear, e, a última, uma guilhotina.

Quando tudo parecia acertado e finalizado, Fisk surpreendeu Geraldo:

– Eu sempre admirei sua capacidade de trabalho. Como comprei essas máquinas para investir na gráfica da empresa, precisarei de alguém que conheça muito bem esse tipo de trabalho. Portanto, Geraldo, quero convidá-lo para gerenciar a gráfica da Escolas Fisk.

Geraldo recebeu aquela proposta com muita alegria, até porque passava por um momento de muitas dúvidas em relação ao seu futuro profissional. Assim, passou a gerenciar a Support, nome dado à gráfica da rede, que, com exceção das apostilas, passou a imprimir todo o restante do material utilizado pela Escolas Fisk, inclusive os de divulgação. Foram necessárias algumas reuniões entre Fisk e Geraldo para acertar a rotina dos trabalhos, mas rapidamente os estilos se encaixaram, e anos depois Geraldo se tornou um dos principais profissionais da linha de frente da empresa.

De alunos a professores; de professores a coordenadores pedagógicos

Nesse mesmo ano, uma outra reformulação na rede Fisk compreendeu o desmembramento da coordenação pedagógica em São Paulo. Bruno Caravati continuava à frente do departamento, mas, em razão do crescimento do número de unidades, viu-se diante da necessidade de indicar profissionais para comandar e dividir as áreas onde estavam localizadas as escolas, que foram divididas em quatro regiões: norte, sul, leste e oeste.

A primeira profissional a ser indicada, que passaria a trabalhar na matriz, foi Marta Regina de Souza Quintino. Ela havia começado na empresa como professora em 1982, na Escola Fisk de Santo Amaro, quando fazia faculdade de tradutora e intérprete e dava aulas de inglês para ajudar a pagar a faculdade. Seu objetivo inicial era se formar também em Direito, mas a paixão pela carreira acadêmica demoveu-a da idéia.

Na primeira reunião da coordenação pedagógica organizada por Bruno, Marta conheceu e conversou com Mr. Fisk. Ela já o tinha visto durante as visitas que ele costumava fazer às escolas, mas nunca havia acontecido um contato mais próximo. Durante a reunião, Fisk aproveitou para deixar os coordenadores à vontade e tirar deles a pressão de resultados:

– Vocês iniciam agora um trabalho importante para as nossas escolas. Um trabalho que não tem fim. A coordenação pedagógica é o coração do nosso negócio. Portanto, não tenham medo de inovar. Tragam sugestões e novidades para, juntos, avaliarmos.

Marta se lembra de que foi a partir dessa conversa que o grupo pedagógico se sentiu mais fortalecido e seguro para desenvolver o trabalho com sucesso, o que resultou em inovadoras ações para a rede de escolas próprias, muitas delas adotadas também pelos franqueados. Uma dessas ações foi a interação ainda maior na didática, fundamentada no Método Fisk de Ensino, entre todas as escolas da rede. Esta iniciativa, alavancada pelo grupo de coordenadores atuando diretamente ao lado dos professores das escolas, orientando-os e direcionando-os, sempre respeitando a individualidade dos métodos de cada um em sala de aula, resultou em dinamismo no método de ensino.

Com o passar do tempo e o aumento da quantidade de escolas, o número de coordenadores de inglês e espanhol cresceu bastante.

Neste cenário, outro coordenador que participou do grupo dessa nova fase, ao lado de Marta, foi Elvio Peralta, na época com 23 anos de idade. Ele passou a coordenar escolas da Grande São Paulo, situadas no ABC, e algumas da capital, nos bairros do Ipiranga e Saúde. Apesar da pouca idade, mas com o apoio de Fisk e Bruno, Elvio conseguiu se impor perante o grupo de professores, e caminhou a passos largos para a construção de uma carreira de sucesso na organização, tanto que, em 1993, passou a integrar o quadro de diretores daquele que seria o grande marco na história da empresa, conforme veremos adiante, a convite do próprio Mr. Fisk e de Bruno Caravati.

Em 1985, mais uma ex-aluna começou a dar aulas nas escolas da rede, Luciana Maria Andrade.

Ela estudava desde os nove anos na Escola Fisk de São Bernardo. Quando terminou o curso, estava com 15 anos de idade, e foi convidada para trabalhar como monitora da escola. Pouco tempo depois, fez o curso para professora e passou nos testes finais. Mas, como ainda era menor de idade, Bruno Caravati a autorizou a dar aulas apenas para as salas formadas por grupos de crianças. Foi a partir de então que Luciana passou a ter um contato mais próximo com Mr. Fisk. Ela se lembrava bem dos tempos em que ele visitava as escolas para

Encerrava-se em 1985 um período de mais de duas décadas de autoritarismo e militarismo. Com a troca do sistema político brasileiro, o Brasil passaria a ser novamente presidido por um civil, Tancredo Neves, que infelizmente veio a falecer antes da posse e, assim, assumia a presidência o vice, José Sarney.

dar aulas de canto, uma verdadeira festa. Ele entrava de surpresa na sala e dizia: "Good morning!". Os alunos aproveitavam a presença de Fisk para pedir autógrafos nos livros, tirar fotos e cumprimentá-lo. Luciana ainda tinha guardadas várias dessas lembranças. Ela foi mais uma das professoras que teve a vida profissional totalmente amarrada a Escolas Fisk.

Os problemas no cenário político e econômico da era Sarney

Muitos questionam qual a idade ideal para se iniciar o aprendizado de um idioma. Para Fisk, a idade ideal é cinco anos. Mas, em função das responsabilidades familiares, muitos casais que têm dois ou mais filhos optam por colocar na escola de inglês o mais velho, já que a receita não permite pagar mensalmente uma escola de línguas para todos. Na verdade, quanto antes a criança iniciar na escola, melhor ela falará inglês no futuro e também melhor será a pronúncia. Esse tipo de postura dos pais ficou ainda mais evidente na década de 1980, marcada pelos altos e baixos da economia do país.

O dilaceramento da economia, se entendeu por 1985 e invadiu o ano seguinte, quando o mês de fevereiro registrou índice de inflação de 22,4%.

Mas o crescimento da Escolas Fisk era altamente satisfatório. Em 27 de fevereiro de 1986, houve uma reunião entre Fisk, Bruno Caravati e os funcionários das escolas próprias. Nela, foram discutidos inúmeros assuntos e, ao final, Bruno Caravati pediu a palavra e anunciou uma decisão que havia sido discutida e tomada em conjunto entre Fisk e o grupo de executivos:

– Em primeiro de março, todos terão os salários reajustados em 100%.

O Plano Cruzado foi elaborado pela equipe do ministro da Fazenda, Dílson Funaro. Entre as principais medidas estavam: congelamento de preços e salários pelo prazo de um ano; Escala Móvel de Salários ou Gatilho Salarial, que provocaria um reajuste de salários quando o IPCA (Índices de Preços ao Consumidor Amplo) alcançasse 20%; troca da moeda e corte de três zeros: o Cruzeiro passou a ser Cruzado (Cr$ 1.000,00 = Cz$ 1,00); suspensão da correção monetária generalizada; e a criação do seguro-desemprego.

Nem é preciso dizer do clima de alegria e euforia que tomou conta dos colaboradores diretos ao serem comunicados daquela resolução. Aquela era uma atitude tomada em função dos excelentes resultados alcançados pela empresa, uma forma de compartilhar o sucesso com aqueles colaboradores.

Mas como no Brasil a oscilação sempre foi a principal vilã da política econômica do país, os sérios problemas para conter o recrudescimento da inflação fizeram o governo Sarney adotar medidas drásticas. Sendo assim, em 28 de fevereiro de 1986, um dia após a reunião entre Fisk e os executivos, a economia do país passou a tomar novos rumos com o anúncio do Plano Cruzado.

O povo brasileiro foi pego de surpresa, assim como Fisk e seu grupo de trabalho. A previsão de aplicar 100% de aumento nos salários dos funcionários já no dia 1º de março não pôde ser cumprida, pelo menos na data prevista. Isso se deu porque fora imposto um congelamento de preços e salários, e os reajustes deveriam respeitar as determinações governamentais. Já quanto aos preços aplicados nas mensalidades das escolas, foram congelados em baixa, pois geralmente eram corrigidos na virada de mês.

Quem negociava com prazos longos de pagamento até que se deu bem, pois havia uma inflação embutida nos preços. Quanto maior o prazo de pagamento, maior era a gordura. Mas para quem trabalhava à vista, como era o caso da Escolas Fisk, essa "gordura" inexistia, e, para piorar, não foi possível atualizar a inflação de fevereiro no preço que seria praticado em março. Essa disparidade provocou um enorme desequilíbrio nos preços do mercado em geral.

Assim que o Plano foi divulgado, Fisk convocou uma reunião com os diretores e tudo foi analisado. Naquela altura, muitos boatos já dominavam as manchetes dos jornais e os noticiários das TVs e das rádios.

Naquele momento, Fisk sentiu mais uma vez como era importante ter a tranqüilidade de nada dever, fosse para fornecedores ou impostos, e de ter dinheiro em caixa. Este era um fator que permitia que ele e sua empresa pudessem estar tranqüilos diante de uma grande revolução econômica, que deveria ser enfrentada bravamente. Eram realmente tempos de um país inconstante. Começava com o Plano Cruzado uma seqüência de turbulências e planos econômicos.

Mediante o congelamento de preços, a população se viu fortalecida em fazer valer esse direito. Muitos se auto-intitularam Fiscais do Sarney, e denunciavam qualquer iniciativa de majorar os preços e quebrar o congelamento. Qualquer mal-entendido sobre preço já era suficiente para uma conversa em tom elevado entre os alunos e seus pais com as secretárias ou os diretores das escolas. Com o passar do tempo, o povo percebeu o furo n'água que o Plano representava. Se o povo contribuiu com a dose de sacrifício e esforço, o mesmo não ocorreu com o governo. Um dos motivos do fracasso do Plano Cruzado foi justamente a ausência de controle de gastos do governo federal. Um Plano com aptidões eleitoreiras, que fez os partidos da base governista, PMDB (partido do presidente José Sarney) e PFL, vencerem as eleições estaduais em 22 dos 23 Estados em disputa. Nesse momento, essas ações populistas, através de planos econômicos, incentivaram o consumo à custa de uma brusca elevação de inflação.

A partir da divulgação do Plano seguiu-se uma seqüência de ações e reações em relação ao comportamento do mercado. Passar por isso era como tentar sair ileso da tempestade. De imediato, houve uma corrida ao consumismo em todos os sentidos.

Fisk reunia seus franqueados mensalmente para que o equilíbrio entre os preços dos livros, das mensalidades, dos salários e de outros custos fosse encontrado. Tudo acontecia baseado na média dos índices oficiais do mercado. Fisk sempre procurou se pautar pela oficialidade, principalmente nas ações de mercado. Mas desafiava os especialistas e se deixava levar pelo seu visionarismo para continuar a abrir novas frentes e tomar ações inéditas no mercado.

Nessa dança sobre facas, Fisk sempre conseguiu encontrar saídas criativas, que foram bem-aceitas pelo mercado. Claro que ele queria que a empresa atingisse lucro e trabalhasse dentro de uma margem que permitisse o crescimento da organização, mas sempre tendo em primeiro plano o interesse em propagar o aprendizado de uma nova língua e permitir com isso que as pessoas tivessem crescimento pessoal e profissional.

Costumeiramente, ele também reunia os diretores das escolas. Alguns, inclusive, franqueados. Essas reuniões costumavam ser muito longas, entre seis e oito horas. Mas ele adorava aquilo. Era como se estivessem em família.

Claro que isso não tirava a seriedade da reunião, que muitas vezes atingia tons mais elevados, embora não da parte de Fisk, que também não era complacente com esses momentos. A cada um desses encontros, mais ele sentia que o trabalho da empresa ganhava corpo e consistência no mercado. Fisk sempre entendeu que era importante reunir pessoas envolvidas com um mesmo problema ou interesse para ouvir de todos as soluções que poderiam ser encontradas, avaliando a situação em grupo para encontrar medidas que evitassem atritos com os alunos; assim como diz o ditado: "Duas cabeças pensam melhor do que uma".

Em uma dessas reuniões ocorrida logo depois da divulgação do Plano Cruzado, Fisk sugeriu ao grupo de diretores que uma das saídas seria a mudança do sistema de aulas, ou melhor, a criação de novos formatos de cursos com o aumento do número de horas-aula. Com isso, seria possível ajustar os preços dos novos pacotes para diminuir as perdas.

Os cursos oferecidos aos alunos tinham duas ou quatro horas e meia semanais. Com a mudança, as cargas horárias semanais passaram a ser oferecidas também de três e seis horas. E Fisk foi enfático ao encerrar a reunião:

– Queremos trabalhar de forma séria. Acredito que essa saída seja a mais honesta possível. Cobraremos um pouco mais das matrículas feitas com os novos cursos, mas também ofereceremos um produto mais extenso. Mesmo assim, aqueles que optarem por continuar na carga horária antiga, poderão fazer a opção sem nenhum tipo de reajuste.

A saída encontrada por Fisk agradou os alunos. Muitos optaram pelo novo formato, pois, com mais horas-aula por semana, o estágio poderia ser concluído em menos tempo. Com isso, foi possível fazer um reajuste nas mensalidades compatível com o mercado, o que ajudou a compensar as perdas que o Plano provocara na lucratividade. Em determinado momento do Plano, o valor da mensalidade atingiu algo em torno de US$ 8.

Apesar da rigidez com que os preços eram controlados pelo governo e pela população, os preços dos serviços públicos continuaram a aumentar e a carga de impostos era cada vez mais insustentável.

Claro que a política "pés no chão" continuou a ser praticada por Fisk. Nada de desperdícios ou gastos indevidos. Contas atrasadas? Muito menos! Havia um bom volume de dinheiro em caixa. As medidas de contenção não significavam deixar de investir na empresa, pelo contrário. Reformas, compras de equipamentos, compras de propriedades, aberturas de escolas, melhorias na estrutura, troca dos materiais... Tudo o que servia para o crescimento das escolas e da empresa continuou a ser feito sem restrições. No ramo de atividade da Escolas Fisk não havia também a necessidade de comprar uma grande gama de produtos para que o negócio funcionasse. Embora houvesse uma relação de itens, o principal deles era o papel para confeccionar os livros.

Muitos franqueados sofreram com esse período. Alguns não conseguiram se reerguer com o passar do tempo, apesar de todo o apoio que a matriz procurou dar aos parceiros.

Em alguns casos, foi necessária uma mudança na postura da empresa para com os franqueados. Uma delas foi a de ser mais rígido no tocante ao pagamento dos livros e materiais. Antes, havia mais complacência com atrasos de pagamentos. Tudo, claro, feito de uma forma que não prejudicasse o bom andamento das aulas e a qualidade de ensino fornecida aos alunos.

O Plano fez também com que a velocidade das ações na Escolas Fisk ganhasse um novo ritmo. As tomadas de decisões e a sua colocação em prática passaram a acontecer com maior agilidade. Uma mudança necessária para se acomodar àquilo que o mercado exigia.

Depois de alguns meses, o Plano começou a ruir e a provocar sérios efeitos no mercado, que afetaram a economia interna e as relações comerciais externas do país. A inflação voltou a disparar e o mercado financeiro pagava altas taxas pelo dinheiro aplicado.

Para se ter uma idéia da defasagem ocorrida no período, Fisk acertara na época os detalhes para a compra de um imóvel no bairro de Santana, zona norte de São Paulo. O preço fora definido e acordado entre as partes em contrato. Para receber o montante que seria pago pela venda, o proprietário deveria apresentar uma determinada documentação, exigência normal de mercado. Para desespero do vendedor, houve um grande atraso na apresentação desses documentos. Com isso, passaram-se 90 dias da assinatura do termo. Só depois desse prazo e de apresentar todos os documentos exigidos é que Fisk completou o pagamento do valor do imóvel. Mas aquele atraso acabou acarretando uma grande perda de valor para o proprietário; diferente do que ocorreu com Fisk, que manteve o valor a ser pago aplicado durante o período.

A grande preocupação que surgia quando aparecia uma nova linha econômica era com a perda de alunos que as medidas poderiam provocar. Mas o trabalho eficiente de Fisk e equipe evitou que isso acontecesse. Depois do Plano Cruzado, ainda no governo Sarney foram lançados novos Planos, como o Cruzado II, Bresser e Verão, mas nenhum deles conseguiu o principal objetivo: frear a inflação. Mesmo com o fim do congelamento e a entrada dos novos Planos, Fisk buscava adaptar as mensalidades às necessidades do bolso dos alunos. Mas o Plano Cruzado foi talvez o trecho mais duro de ser percorrido na história de sucesso construída por Mr. Fisk.

Os congressos e a criação de uma *house*

Um fato marcou a década de 1980, o início dos congressos e convenções das escolas. Desses grandes encontros participavam diretores, coordenadores, professores e secretárias. Para as palestras, além dos profissionais e franqueados com mais tempo de empresa, eram contratados também especialistas das mais variadas áreas de mercado, tudo com o objetivo de proporcionar mais conhecimento e crescimento profissional aos participantes.

Esses encontros aconteciam em hotéis e resorts, tanto em São Paulo como em outros Estados, e a cada congresso ganhavam cada vez mais estrutura e participantes, configurando-se em momentos de enorme satisfação para Fisk, porque podia reencontrar amigos, funcionários e franqueados que não via há anos.

Em 1985, para atender a uma exigência do mercado, foi criada a Larry Propaganda, nome dado em homenagem ao irmão de Fisk. Na época, as empresas de comunicação só aceitavam fechar contratos de veiculação através das agências. Com isso, a Larry Propaganda, considerada uma *house* (agência de propaganda que detém a conta de publicidade da própria empresa) da Escolas Fisk e também da PBF, passou a negociar os contratos e a ser remunerada em cada negócio fechado com os 20% que são de praxe no mercado. Mas este montante nunca ficou para a empresa, pois foi reaplicado em propaganda e marketing.

Uma nova fronteira conquistada

Em 1986 foi montada a primeira escola Fisk na Argentina. A iniciativa aconteceu pela simpatia que o país, de clima maravilhoso, cenário fantástico e povo amável, sempre despertou em Fisk, além de ser uma excelente oportunidade profissional que se abria. Desde os tempos em que morava nos Estados Unidos, ainda adolescente, pensar em América do Sul era pensar em Buenos Aires, capital da Argentina. Brasil? Rio de Janeiro? Só mesmo em relação a carnaval e praia. A partir desta primeira escola, outras dezenas foram montadas no país.

Fisk também passou a organizar, como forma de entreter e estreitar o relacionamento dos alunos com os professores e a escola, viagens para a Argentina, onde os alunos do curso de espanhol começaram a cumprir períodos de estudos nas escolas Fisk daquele país.

No nível da economia argentina, há certa dificuldade de relacionamento entre as empresas e os fortes sindicatos locais, além dos constantes protestos que levam o povo às ruas. Nem sempre a política interna estimula os empresários a investir e a seguir em frente com os negócios que possuem. Até mesmo o cinema, grande força cultural do país, perdeu investimento e espaço. Por tudo isso, durante muitos anos as escolas Fisk na Argentina não tiveram bons resultados econômicos. A própria falta de grandes redes de televisão consideradas abertas (como Globo, SBT e Record) atrapalhou a estratégia de investir em marketing, pois a televisão fechada passou a despertar mais o interesse do povo argentino.

Mesmo assim, Fisk sempre investiu pesado no mercado argentino. Isto, em função da sua visão empreendedora e do seu *feeling*, que nunca o fizeram desistir facilmente dos desafios apresentados.

Mas este panorama começou a mudar em 1995, quando novas escolas Fisk foram abertas. Assim, com a pulverização do número de escolas, o volume de pedidos de material cresceu.

Quando Fisk começou a ir para a Argentina e a se relacionar com os argentinos, era comum que eles o beijassem no rosto, uma tradição local. A primeira vez que isso aconteceu, provocou perplexidade em Fisk. Aquele era um hábito estranho para ele, principalmente pela rígida criação que tivera, segundo a qual seriedade e respeito eram as melhores formas de demonstrar carinho. Mas, rapidamente Fisk entendeu que aquela era uma forma de expressar sentimento do povo local. Ele assimilou e passou a retribuir essa forma de afeto.

Mudanças forçadas na linha executiva

Em 1986, Fisk foi novamente pego de surpresa com algumas mudanças de rumo forçadas em relação à empresa. Era a última sexta-feira de novembro, quando Mário Bontempo entrou na sala de Mr. Fisk pedindo-lhe que tivessem uma conversa séria, pois o assunto era delicado. Fisk, que escrevia algumas anotações, imediatamente largou a caneta e disse:

– Sim, Mário, o que há de tão importante?

Mário estava nitidamente desconfortável antes de iniciar a explanação:

– Mr. Fisk, quero me desligar da empresa.

Fisk curvou a cabeça e o encarou, meio de lado, como costumava fazer quando o assunto era realmente sério. Ele não esperava por aquilo, mas continou ouvindo o que Mário tinha a dizer.

– Mr. Fisk, acredito que é hora de seguir meu caminho. Quero abrir meu próprio negócio, e temo que, se não tomar esta atitude agora, não consiga mais me encorajar no futuro.

Aquele foi um grande choque para Fisk. Mário gozava de sua total confiança. Tanto que, ao lado de Zélia, havia sido um dos alicerces que sempre tivera para poder se manter afastado do escritório em busca de novos pontos comerciais ou em visita às escolas. E desde a saída dela, em maio de 1972, Mário passara a ser seu braço direito. Mas Fisk sempre respeitou a decisão alheia, e entendeu que não deveria demovê-lo da idéia. Na sua visão, quando o funcionário tem vontade de experimentar novos ares nada o fará retroceder. E, naquele caso, fazer Mário mudar de idéia seria algo paliativo, pois ele já havia sinalizado o desejo de sair da empresa.

E foi exatamente isso que Fisk lhe transmitiu:

– Mário, você, melhor do que ninguém, sabe o que penso sobre situações como essas. Não tenho o direito de impedir ninguém de ir em busca da realização dos próprios sonhos. Gostaria realmente que ficasse, mas torço pelo sucesso dessa sua nova empreitada e desejo que você seja muito feliz. Sou grato pelo tempo que você se dedicou e esteve ao meu lado. Conte comigo para o que precisar. As portas estão abertas.

Emocionados, os dois se abraçaram. Mário Bontempo ainda trabalhou na empresa até o último dia de dezembro, quando o processo de sua saída foi finalizado. Eles ainda se falaram por algumas vezes nos meses subseqüentes, até que Fisk recebeu a notícia de que Mário havia sido contratado por uma rede de escolas de idiomas concorrente. Mas nem por isso Fisk deixou de ser grato pelo longo tempo que Mário estivera ao seu lado e trabalhara fielmente, embora a notícia o tenha deixado surpreso.

Depois da saída de Mário Bontempo, quem assumiu seu posto foi Mauro Márcio de Freitas, que trabalhava com Fisk desde 1980. Era um rapaz muito ativo, competente e também de extrema confiança, especialista na área financeira e responsável pelo início do processo de informatização da matriz.

1987: Várias e boas surpresas

Nesse ano, a amiga e ex-esposa de Fisk, Zélia de Toledo Pisa, decidiu ir morar com os filhos no Mato Grosso, em uma pequena cidade chamada Nova Xavantina. Ela comunicou a Fisk sobre o novo rumo, e dele teve total apoio. Assim que chegou à pequena cidade, ela começou a se ambientar e conhecer os moradores locais. Entre eles, Zélia conheceu duas moças que se interessaram em montar uma escola Fisk na cidade e intermediou as negociações junto a matriz. Tempos depois a escola foi aberta, e Zélia, inclusive, trabalhou como professora.

A Pink and Blue, nesse ano, conseguiu, por assim dizer, fechar o ciclo de reformulação do material didático, depois de quatro anos de trabalho duro para que os cursos de crianças, jovens e adultos atingissem o nível ideal em relação à metodologia de ensino.

Também em 1987 Bob, o irmão de Fisk, veio ao Brasil. Fisk o levou consigo a uma viagem a Foz do Iguaçu, onde foram recepcionados por Bruno Zadinello, franqueado da Escolas Fisk desde 1974. Fisk, que já admirava a seriedade com que Zadinello trabalhava, ficou feliz por reencontrá-lo e ver como estavam as escolas que administrava:

– Bruno, as escolas estão muito bem montadas. Tudo perfeito.

– Mr. Fisk, sempre me lembro dos seus conselhos: "Bruno, para alcançar o sucesso da escola, você, os professores, as secretárias e o restante do pessoal devem falar literalmente a mesma língua". E procuro seguir à risca seus conselhos de jamais recorrer a bancos e ter escolas com sedes próprias.

– Que bom que pude colaborar com o crescimento das escolas que você dirige. Mas o mérito é seu, Bruno.

O franqueado admirava a forma carinhosa como Fisk tratava o irmão, que já apresentava certa dificuldade para se locomover, e outros familiares que já haviam estado a convite de Fisk em Foz do Iguaçu. O empresário fazia aquilo tudo com muito amor. Ali estava não o presidente da empresa, o dono da marca das franquias, mas um ser humano que se doava para satisfazer o irmão. Bruno Zadinello já conhecia a receptividade afetiva de Fisk, porque todas as vezes em que estivera na matriz, em São Paulo, sempre fora muito bem recebido.

No início de dezembro de 1987, Fisk e Mauro Márcio de Freitas foram presenteados por um casal de idosos, que queria agradecer pelo excelente nível de ensino proporcionado pela Escolas Fisk. Mas, mais importante que o presente foram as palavras que encerravam o cartão:

"Essa singela lembrança é apenas uma forma de parabenizá-los pela seriedade com que a palavra ensino é tratada na Escolas Fisk."

Fisk e Mauro se emocionaram, e imediatamente escreveram uma carta de agradecimento ao casal.

No último dia de trabalho daquele ano, já no final do expediente, antes do recesso das festas, os dois conversavam sobre os acontecimentos da temporada e se lembraram do presente. Fisk, então, comentou que muitas pessoas que ele ajudou na vida nem mesmo eram capazes de telefonar ou mesmo mandar um cartão de Natal, ao que Mauro, colocando a mão em seu ombro, respondeu:

– Mr. Fisk, jamais espere gratidão das pessoas. Todos adoram ganhar presentes e oportunidades na vida, mas nem todos sabem como valorizá-las e demonstrar gratidão.

Fisk achou aquilo muito cético, porque, em sua vida toda, a palavra que mais repetia era "obrigado". Mas, depois de avaliar melhor o que Mauro havia dito, realmente concordou com a afirmação, ainda que não entendesse os motivos que levam algumas pessoas a desprezarem aqueles que as ajudam.

Unidade da Freguesia do Ó/SP

Na companhia de Mauro Márcio de Freitas, Fisk, certa vez, precisou ir até o bairro da Freguesia do Ó, zona norte de São Paulo, para cumprir um compromisso social. Ao passar por uma das ruas, viu uma casa e percebeu que era perfeita para montar uma escola. Eles pararam o carro, tocaram a campainha e foram atendidos pelos donos da casa. Fisk explicou quem era e qual seu interesse. Após longa conversa, ficou entendido que Fisk queria comprar o imóvel, e o proprietário, vender. Depois de olhar minuciosamente o imóvel, Fisk percebeu que, com algumas reformas, a casa era totalmente adaptável para escola, e seu interesse ficou ainda maior quando o homem deu alguns detalhes da rua: "Mais de 50 linhas de ônibus passam na porta da minha casa". Imediatamente Fisk fez uma conta rápida: "Se de cada linha de ônibus eu tiver cinco alunos, já formo um grupo de 250 matrículas". E o negócio foi fechado.

A escola foi um grande sucesso. Além da falta de concorrência, a localização atraiu muitos alunos. Anos mais tarde, Fisk resolveu ampliar a escola e comprou um grande terreno que ficava ao lado da casa.

Assim, durante mais um final de semana de "folga", Fisk identificou uma excelente possibilidade de negócio, porque, em sua vida, momentos de lazer e trabalho se confundiam.

Em 1988 a Escolas Fisk completou três décadas de fundação

30 anos da Escolas Fisk e o 1º Congresso no Rio de Janeiro

Em 1988, quando completou 30 anos de história, a empresa organizou o primeiro Congresso da rede de escolas no Rio de Janeiro. Além de uma grande festa, o evento marcou pela emoção de Fisk ao reencontrar grandes amigos e franqueados que haviam iniciado a parceria em negociação com ele mesmo.

Aquele homem contido, equilibrado e sereno, em cima do palco, de repente desabou a chorar. Quem o assistia entendeu o motivo das lágrimas. Os que estavam ao lado de Fisk na estrada percorrida desde a criação da primeira escola, em 1958, entenderam mais facilmente ainda. O Congresso é lembrado também pelas palestras, debates, apresentações e discussões sobre formas de melhorar ainda mais o desempenho das escolas. Aquele foi o início de uma seqüência de encontros, pois os Congressos passaram a acontecer periodicamente também no Rio de Janeiro.

A organização daquele Congresso foi uma das últimas passagens protagonizadas por Fisk junto com Mauro Márcio de Freitas que, infelizmente, teve sua trajetória na Escolas Fisk abreviada por um acidente fatal.

Em julho de 1988, Mauro faleceu vitimado por um acidente de carro. Uma tragédia que encurtou sua brilhante trajetória na empresa. Mauro bateu o carro na Rodovia BR-050, perto de Uberlândia, quando voltava para São Paulo. Foi um enorme choque para todos na empresa, em especial para Fisk.

Uma tramóia malsucedida

Com o falecimento de Mauro Freitas, Fisk decidiu promover Alcides[9], até então o contador da empresa, para o posto. Ao ser comunicado da novidade, Alcides fez uma exigência:

– Senhor Fisk, preciso ter ao lado uma pessoa da minha mais alta confiança. Peço que o Amadeu[10], meu subordinado, desempenhe esse papel.

Como a desconfiança nunca fez parte dos conceitos de Fisk, ele concordou. E a vida da empresa seguiu.

Fisk havia determinado que Ivany Aguilar Nofuentes assinasse com Alcides todos os cheques da empresa. Era talvez uma espécie de premonição de que algo poderia não andar tão bem como ele desejava. E foi em um deslize

9 Nome fictício

10 Nome fictício

cometido por Alcides que as tramóias e roubos que cometia, assessorado por Amadeu, foram descobertos pela própria Ivany, no momento em que ele tentava desviar mais um cheque para sua conta pessoal – que, em tempo, foi sustado. Além disso, desconfianças já pairavam no ar em relação a Amadeu, que começou a deixar rastros e a ostentar uma condição de vida difícil de ser conquistada apenas com o salário.

Com muito jeito, e sem grandes alardes ou confusões, ambos foram demitidos. Primeiro foi Amadeu, e depois de certo tempo, quando Alcides pensou que escaparia do corte, o cerco começou a se fechar em volta dele. Ao perceber que todos sabiam que ele estava envolvido, pediu para sair, mas exigiu que fosse mandado embora para poder levantar um dinheiro maior. Como Fisk queria vê-lo longe da empresa, autorizou a demissão. Este foi o maior desfalque que um funcionário provocou na empresa durante toda a história da Fisk. O futuro se mostrava brilhante para Alcides e, provavelmente, também para Amadeu, mas, infelizmente, a ambição não permitiu que os dois o alcançasse.

Fisk sempre preferiu formar um grupo de trabalho com pessoas mais versáteis e que dominassem várias atividades e áreas, do que profissionais extremamente especializados naquilo que faziam. Na sua avaliação, os que são altamente técnicos em uma determinada área são menos flexíveis, geralmente costumam enxergar a empresa apenas como o departamento em que trabalham, e não como um todo.

E foi justamente pensando assim que Fisk definiu aquele que teria a missão de estar diretamente com ele na administração da empresa.

Um diretor executivo pronto para a sucessão

Em função do incidente envolvendo Alcides, em 1989 Fisk se viu obrigado a partir para uma nova experiência no cargo de diretor executivo da empresa.

Ele analisou cada nome que o acompanhava há alguns anos e tomou a decisão: Bruno Freitas Caravati, na empresa desde 1967, diretor do departamento de cursos. Ele sempre foi um exímio professor, dera aulas por muitos anos, e um profissional exemplar, daqueles que se dedicavam totalmente ao crescimento da organização. Até distribuição de material promocional das escolas ele fazia. Ele foi, inclusive, um dos professores com maior índice de manutenção de alunos; em seus grupos o nível de desistência era baixíssimo. Além de todas essas qualidades, Bruno tinha ainda uma outra grande virtude: a honestidade.

Há quem diga que "Honestidade não é virtude, mas obrigação do ser humano", e há nisso fundo de verdade, mas que nem sempre se consolida na prática. Para Fisk, em especial, a honestidade sempre foi uma das maiores qualidades a ser respeitada no ser humano, e ainda mais agora, que acabara de ser vítima de um golpe dentro da própria empresa.

Curiosamente, depois de Zélia, Bruno seria o primeiro executivo da empresa que dominava o idioma inglês. Claro que o fato de ele ser um especialista pedagógico obrigou Fisk a ser bastante cauteloso na escolha, porque seus antecessores haviam se especializado na área administrativa. Se ser um especialista em pedagogia dava a Bruno um perfil que Fisk considerava ideal, além do alto grau de confiabilidade que despertava, também o fez pensar em como seria a empresa sob a sua gestão.

Mas as características que Fisk sempre respeitara pesaram na escolha. Quanto aos outros pontos, ele confiava na capacidade de Bruno em adquirir o conhecimento necessário e de se adaptar ao novo cargo. Na conversa que ambos tiveram, Fisk destacou ainda outra virtude do executivo:

– Bruno, são várias as qualidades que admiro em você, e uma delas é a modéstia. Você é capaz de rapidamente passar a dominar um assunto que desconhecia, justamente por ter a mente aberta a novos ensinamentos. Tenho percebido isso durante os anos. É por isso que quero que você assuma a diretoria executiva das escolas. Assim como eu, você tem formação acadêmica. Mas confio plenamente na sua capacidade de adaptar-se a este desafio.

Bruno ficou radiante com o convite, mas fez um pedido a Fisk:

– Obrigado, mais uma vez, pela confiança depositada em mim. Aceito o desafio. Mas, Mr. Fisk, além da diretoria executiva, eu gostaria de continuar a dirigir o departamento de cursos.

Bruno havia criado esse departamento, numa divisão de rumos do departamento pedagógico, e Fisk, apesar de surpreso com aquele pedido, entendeu que seria mesmo importante para ele continuar a ter nas mãos aquele que era o coração da empresa, ou seja, a diretriz educacional das escolas. Fisk entendeu que o pedido era prudente.

Com Bruno ao lado de Fisk, iniciou-se também um importante período de profissionalização da empresa. Além do convite feito a Bruno Caravati, Ivany Aguilar Nofuentes também foi chamada para uma conversa com Fisk:

– Ivany, quero parabenizá-la pelo desempenho no episódio ocorrido recentemente. Prefiro nem entrar em detalhes. Agora, quero sangue novo na direção da empresa. Você assina os cheques da empresa, o que prova o quanto confio em você. Depois de convidar o Bruno para assumir a diretoria executiva, quero que você assuma a diretoria de franquias e a gerência geral da matriz. Estamos juntos há tantos anos, e você merece e está apta a desempenhar com brilhantismo essas funções.

– Obrigada pela confiança, Mr. Fisk. Fico feliz e lisonjeada com o convite.

A primeira grande missão de Ivany foi criar normas para os franqueados que já estavam na casa e também aos que pretendiam se candidatar no futuro. Seria tudo feito de forma diferente dos anos anteriores, em especial nas décadas de 1960 e 1970, quando os franqueados eram avaliados pelo "fio do bigode" ou mesmo atraídos pelos anúncios na mídia. Claro que essa forma de agir atraiu pessoas e empresários da melhor estirpe, mas também trouxe alguns "tubarões" na rede.

Mais uma vez Fisk conseguia escolher as pessoas certas para os lugares certos. Sim, ele se equivocara na escolha de Alcides, o contador, mas, convenhamos, o importante é errar o mínimo possível quando se administra uma empresa tão grande quanto a Escolas Fisk. E pela primeira vez, em mais de 30 anos, Fisk havia apostado as fichas na pessoa errada. Algo desprezível se levado em consideração o enorme índice de acertos na escolha de profissionais, fruto da sua observação e do seu alto senso crítico.

Mr. Fisk ao lado de Ivany Nofuentes, gerente de franquias, Elvio Peralta, Fabrício Fernandes e Isac Fortes, na Feira de Franquias da ABF - 2002

Assim como Bruno Caravati e Ivany, outros quatro colaboradores foram fundamentais após o desagradável episódio com Alcides: Mário Okuno, arquiteto; Arlindo Della Giustina, advogado; Carlos Roberto de Carvalho, comprador; e Geraldo Pedroso Júnior, gerente técnico da gráfica da empresa, a Support Papelaria e Editora.

Terceira Unidade de Curitiba/PR

Também em 1989 merece registro a abertura da terceira escola em Curitiba, no bairro chamado Portão. Fisk sempre se estusiasmou ao falar do sucesso do empreendimento, que rapidamente alcançou números impressionantes, e se lembrando de que, poucas horas antes da inauguração, ele e o grupo de trabalho ainda faziam os últimos ajustes para receberem os alunos.

Uma semana após a abertura das portas, a escola já tinha 350 alunos matriculados. Foi a maior recepção obtida por uma escola Fisk na história da empresa.

A idéia da Fundação

Por volta de agosto de 1989, Fisk decidiu começar a concretizar uma possibilidade que já começara a desenhar na cabeça há muitos anos: transformar a Escolas Fisk em Fundação Fisk. O fato de não ter descendentes diretos e a total falta de interesse em vender a organização, pois jamais se imaginou longe da empresa e dos negócios, o fizeram tomar essa decisão.

Depois de uma noite agitada e de pouco sono, em função de muitos autoquestionamentos, Fisk chegou à sede da matriz e chamou Bruno Caravati para tomar café. Passados alguns minutos de conversa, ele abriu seu coração:

– Bruno, há dias tenho feito uma grande análise em relação ao futuro da empresa. Meus sobrinhos e sobrinhos-neto têm vida própria e jamais mostraram interesse em tocar a empresa. Paula até que tentou, mas decidiu voltar para os Estados Unidos. Por isso, acredito que o ideal seja que minha família no Brasil, composta por vocês, colaboradores e executivos da empresa, toquem a organização. Quero criar a Fundação Richard Hugh Fisk.

O desejo de Fisk deixou Bruno surpreso. Os dois já haviam conversado bastante sobre a possibilidade, mas ele não imaginava que a decisão fosse tomada por Fisk tão rapidamente.

– Mr. Fisk, o senhor tem certeza de que é isso o que deseja? Quer mesmo transformar a empresa em Fundação?

– Sim, Bruno, é isso que quero. Estou prestes a completar 67 anos de idade. Com a Fundação, fica a certeza de que nossos colaboradores e franqueados continuarão a ter trabalho e a seguir a vida na atividade que desenvolveram e para a qual tanto se empenharam. Estou aliviado. Não quero mais que as pessoas tenham medo do que vai acontecer depois que eu partir. Quero que elas tenham tranqüilidade. Marque uma reunião com o departamento jurídico para darmos o pontapé inicial.

Fisk ainda confidenciou algo que envolvia Bruno diretamente:

– Sei que teremos que pensar em vários nomes para compor a diretoria da Fundação. O primeiro eu já tenho definido. Quero que você, Bruno, seja o vice-presidente.

Imediatamente após essa conversa, Bruno começou a convocar os diretores para a apresentação e discussão do futuro da empresa.

Depois do encontro, todos passaram a pesquisar e a estudar o processo de transformação da Escolas Fisk em Fundação. Neste complicado percurso, o departamento jurídico assumiu papel fundamental.

Os anos que se sucederam marcaram pelo intenso trabalho em busca da realização do desejo de Mr. Fisk; foram tempos árduos, mas em momento algum os processos de crescimento da empresa e de abertura de novas escolas foram interrompidos.

A Fundação englobaria a holding de empresas, formada pela Escolas Fisk, Pink and Blue (depois, PBF), Larry Propaganda e Publicidade e Support Papelaria e Editora. Outros nomes foram convidados a assumir cargos na diretoria da Fundação, como Valter Bresolin, diretor administrativo da Pink and Blue, que, quando recebeu o convite de Fisk, disse em tom descontraído:

– Claro, patrão. Fico muito lisonjeado. Afinal, meu coração é Fisk e minha camisa é Pink and Blue – Valter coroou sua satisfação ao som de muitas risadas.

Ainda em 1989 Fisk recebeu a visita de inspetores do MEC – Ministério de Educação e Cultura, que foram convocados para estudar a possibilidade de oficialização do diploma concedido pela Escolas Fisk aos alunos que cumpriam todos os estágios do programa e se formavam pela instituição. Durante a conversa, um dos inspetores lançou a idéia:

– Mr. Fisk, por que o senhor não cria uma faculdade de letras? Por que não ensinar idiomas com status de curso superior?

Aquela sugestão tocou Fisk profundamente, até porque vinha ao encontro do que ele desejava há anos, montar a Faculdade Fisk de Letras e Comunicação. Embora jamais tivesse colocado em prática ou discutido com alguém, também nunca desistira de um dia transformar o projeto em realidade.

Em 1989 o país atravessava problemas ainda piores em relação à inflação (o IBGE – Instituto Brasileiro de Geografia e Estatística registrava naquele ano a inflação de 1.764%), mas também trazia para a sociedade brasileira uma esperança.

Um político, governador de Alagoas, conhecido como "caçador de marajás" devido ao combate à corrupção no Estado, Fernando Collor de Mello, então com apenas 40 anos de idade, foi eleito presidente da República.

Não havia brasileiro que não se sentisse feliz e eufórico por ter provocado o fim da mesmice; ali estava um político jovem, cheio de ideais, cujo primeiro discurso como presidente arrancou aplausos e lágrimas do povo brasileiro. Mas a "lua-de-mel" durou pouco. Basicamente terminou com o anúncio do Plano Brasil Novo, que ficou conhecido como Plano Collor, conforme veremos adiante.

Um final de década promissor

No final da década de 1980, Fisk alugara um galpão que ficava ao lado da matriz, onde foram concentrados o estoque e parte da gráfica. Em 1991, Fisk devolveu o galpão alugado e comprou uma propriedade, também do lado da matriz, para onde transferiu a gráfica, que ameaçava crescer, e os departamentos que estavam no galpão.

Entre o final da década de 1980 e o início da de 1990, a empresa vivia situação extremamente confortável. Era o que se podia chamar de "época de ouro". Havia dinheiro de sobra para investir na aquisição de imóveis para abrir novas escolas. Era uma satisfação para Fisk passar o final de semana em busca de propriedades interessantes. Ele continuava a não abrir mão de percorrer as ruas de São Paulo em busca de um bom ponto comercial para abrir mais uma escola. E toda segunda-feira, logo cedo, ele comentava, cheio de alegria, com os diretores:

– Encontrei uma excelente propriedade. Quero que vocês vejam e opinem. Vamos conhecê-la, e se entendermos ser um bom negócio, efetuamos a compra do imóvel.

Sempre que possível, Fisk optava por imóveis já construídos, que pudessem ser facilmente adaptados às necessidades de uma escola. Quando não era possível, ele ordenava a construção do prédio. Claro que assim os ambientes poderiam ser projetados com mais conforto e programação, mas preferencialmente um bom imóvel já pronto permitia o início imediato das aulas. Também nesse período, Fisk conseguia ter em abundância tudo aquilo que entendia representar a solidez da Escolas Fisk: dinheiro no banco, estoque, propriedades e abrir cada vez mais unidades próprias.

Nessa época, Fisk percebeu a importância da criação de alguns departamentos na empresa, surgindo daí a contratação de profissionais e a ampliação do departamento de arquitetura, pois as escolas Fisk passaram a ser padronizadas, o que deu ampla referência para a empresa. Bastava alguém olhar e a identificação era imediata:

– Olha, uma escola Fisk!

Em relação à Pink and Blue, as escolas da rede já tinham uma preocupação maior quanto à unificação, mas Fisk não queria mais nenhuma associação da Pink and Blue com o público infantil; definitivamente a escola deveria passar a receber alunos de todas as idades. A saída encontrada foi a escolha de outro nome que fosse alusivo ao ensino de inglês não só para crianças, mas também para adolescentes e adultos. E, assim, nasceu a rede PBF – Pink and Blue Freedom (rosa, azul e liberdade). Um grande investimento foi feito, principalmente em mídia, para consolidar a marca PBF, algo que aconteceu em meados da década de 1990.

Outra regra adotada na década de 1980 foi a de reduzir a vida útil do material didático. Costumeiramente, o material didático era utilizado por dez anos. Mas Fisk entendeu que a velocidade das mudanças mercadológicas aumentara, por isso decidiu reformular as apostilas a cada sete anos. Essas mudanças não

II Congresso Internacional

foram basicamente na gramática da língua, pois o inglês é um idioma universal, o que sempre fez com que as regras mudassem o mínimo possível. Uma nova regra deveria percorrer o mundo até ser totalmente aceita, portanto, as principais alterações eram tecnológicas, como as entradas do CD, DVD etc.

Com a divisão de coordenadores pedagógicos, no fim da década de 1980 foi oficializado o plano de carreira para os professores, algo que já existia informalmente. Dois dos coordenadores, Marta Regina de Souza Quintino e Elvio Peralta, tinham passado por esse processo, iniciando como professores e recebendo promoções até se tornarem coordenadores. A criação do plano de carreira motivou os professores, e foi estendido para as secretárias das escolas. Quanto mais o profissional crescia na empresa, mais oportunidades e aumento de salário ele recebia.

As ações em propaganda

As propagandas da Escolas Fisk e da PBF, coordenadas pela matriz, por buscarem atingir as pessoas nacionalmente e divulgarem as escolas, tinham sempre um mesmo formato: uma música para marcar o nome e a chamada aos futuros alunos para se matricularem nas escolas. Por isso, era comum a utilização de jingles, como o que perdurou durante muitas décadas: "Fisk, Fisk, inglês é Fisk...", que se moldava ao estilo de acordo com a emissora escolhida e o público a ser alcançado. Qualquer outro tipo de propaganda localizada ou direcionada a determinadas escolas ou regiões era feito diretamente pelos interessados (franqueados ou diretores das escolas próprias).

O principal veículo utilizado para a divulgação das redes sempre foi a televisão. Outras mídias, como rádio, jornais e revistas, e depois a internet, foram incluídas nas campanhas, mas a preferência continuou a ser a televisão. O horário nobre da TV Globo foi definido como um dos preferidos.

Os espaços contratados eram aqueles que despertavam interesse do público jovem. Durante certo tempo, a empresa patrocinou até mesmo o Programa da Xuxa, voltado ao público infantil. Outros canais apresentavam propostas e números mais interessantes do que os da Globo, mas na hora de avaliar o alcance da emissora e a relação custo x benefício, proporcionalmente o alto investimento compensava.

Costumeiramente, Fisk negociava já em setembro ou outubro com as empresas de comunicação, as propagandas a serem veiculadas entre janeiro e fevereiro, e pagava o valor acertado em três parcelas: outubro, novembro e dezembro. Era uma forma de conseguir melhores descontos na negociação do preço. O pagamento era feito exclusivamente pela matriz. Como o movimento das escolas e a entrada de dinheiro, assim como o retorno dado pelas propagandas, só começavam a partir de fevereiro, Fisk recebia a cota de propaganda que cada escola deveria pagar em quatro parcelas, com vencimentos em março, abril, maio e junho, ou seja, só recebia a primeira parcela quase seis meses depois de ter começado a pagar a propaganda.

Alguns veículos de mídia, principalmente os que queriam começar a trabalhar com a Fisk, aceitavam permutas, ou seja, a troca de propagandas por cursos de idiomas, que geralmente eram repassados aos funcionários dessas empresas. Algumas permutas incluíam, além das mensalidades, também o material didático. Na verdade, Fisk sempre propunha o pagamento parcial ou total das propagandas em permuta, mas nem todas as empresas aceitavam. No caso desta forma de pagamento, o volume de cursos dado em troca da propaganda só poderia ser utilizado nas escolas próprias da rede, por isso as escolas franqueadas também tinham liberdade para negociar algumas ações localizadas de propaganda.

Outra forma de divulgar as escolas, bastante utilizada por Fisk, foi anunciar em *outdoors*, importantes para fortalecer a marca, assim como os folhetos, pois despertavam interesse no morador local e mostravam que perto deles havia uma escola Fisk. Por determinação de Fisk, as propagandas sempre foram criadas na base de textos diretos, inteligentes e objetivos, para que não deixassem subentendido o que desejavam.

Ao final da década de 1980, Fisk mantinha uma empresa com aproximadamente 630 escolas, algo em torno de 450 Fisk e 180 PBF. Das escolas próprias, 21 estavam em prédios próprios, como as unidades do Butantã, Santo Amaro, Jabaquara, Vila Sônia, Tatuapé, Tucuruvi, Saúde, Jaçanã, Pirituba, todas em São Paulo; Cabral e Centro, em Curitiba; e Tijuca, no Rio de Janeiro, entre outras. Nessas propriedades, Fisk fez grandes construções ou reformas para melhor adaptá-las às necessidades de uma escola.

A virada da década trouxe ainda uma nova tendência nas escolas: os laboratórios. Chegava o tempo das mudanças rápidas para acompanhar a evolução tecnológica.

Capítulo 12

Os anos 1990

Tanto na década de 1980 quanto na de 1990, o crescimento da organização foi estrondoso. Para se ter uma idéia, no início dos anos 1980 eram 12 escolas próprias, além das franqueadas. Em 1990, esse número subiu para 33 escolas próprias, espalhadas por São Paulo, Grande São Paulo, Rio de Janeiro e Curitiba. Este era o resultado do interesse e capacidade de Fisk em abrir escolas de sucesso. Bem por isso, ele não perdia a chance de estar presente nos locais e conhecer o mercado.

Exemplo disto foi a vez em que um dos diretores disse a Fisk que ele deveria comprar a casa ao lado daquela em que funcionava uma determinada escola da rede. A proporção de alunos aumentava e a preocupação do diretor era a de ter um imóvel maior para acolher os futuros estudantes. Fisk foi ver a casa, mas, depois, juntos eles foram visitar outras áreas da cidade. No percurso, Fisk enxergou nova oportunidade de negócio, e disse ao diretor:

– Acredito que ao invés de comprar a casa que você sugeriu, devemos adquirir outras duas em bairros onde ainda não montamos escolas. Assim, pulverizamos mais nosso nome. Além disso, não aposto que haverá um grande aumento de alunos na escola que já temos.

E Fisk assim fez, passando a ter três escolas na cidade, e todas elas trabalharam muito bem. Quanto àquela que já estava montada, o tempo mostrou que mudá-la para uma área maior poderia ter sido um erro, que a antevisão de Fisk não deixou que acontecesse.

O fluxo do dinheiro e dos materiais didáticos

Os períodos de maiores fluxos de alunos e de matrículas são em fins de janeiro, fevereiro e março, e de julho e agosto. São meses em que os estágios se iniciam e, automaticamente, ocorre a venda de um grande volume de materiais. Já nos meses de dezembro e janeiro, períodos de férias, não há quase entrada de dinheiro, pois os pagamentos começam a ser efetuados em fevereiro. Por isso, Fisk costumava acumular na conta bancária pelo menos o dobro do valor que precisaria ser pago nesses meses em que a entrada de dinheiro era quase inexistente. Muitos empresários optavam por especular ou deixar o dinheiro aplicado no banco, mas não Fisk, que preferia a tranqüilidade da certeza de que as contas seriam pagas e, principalmente, os salários também. Outra estratégia era suspender o recebimento das compras em dezembro e retomá-las em janeiro; além das promoções praticadas pelas escolas, em janeiro, oferecendo preços diferenciados para a aquisição de materiais.

A venda de materiais sempre foi gradual. O aumento era proporcional ao crescimento da rede. Fisk jamais admitiu aproveitar-se do fato de ser o fornecedor dos materiais para vendê-los nas escolas próprias abaixo do que era oferecido pelas escolas franqueadas. Mas havia pontos em que o mercado local determinava a prática dos preços, como era o caso da hora-aula do professor contratado. O preço que se praticava em São Paulo poderia ser diferente do praticado no Rio de Janeiro, em Porto Alegre, Curitiba, Recife, e assim por diante. Em muitos casos, o valor das mensalidades também era definido dentro da lei da demanda do mercado local.

Fisk também procurava manter grandes estoques dos diferentes tipos de papéis utilizados para a impressão dos materiais pela Support Papelaria e Editora, onde, geralmente eram impressos materiais específicos, produzidos em menores quantidades: livros com menor saída, provas, materiais do departamento de propaganda, entre outros – nos impressos das propagandas, a partir do início da década de 1990, a imagem de Mr. Fisk passou a ser mais explorada na apresentação da empresa. Sua foto era obrigatória no material promocional e de propaganda, o que dava ainda mais referência e credibilidade à rede.

Os livros produzidos em grande escala eram impressos externamente, e como Fisk nunca gostou de estar na mão de um único fornecedor, sempre buscava ter pelo menos duas empresas preparadas para a realização do serviço. Essa metodologia de divisão dos trabalhos de impressão perdurou por muitos anos.

Uma festa inesquecível e o início de uma trajetória de sucesso

Em 3 de setembro de 1990, dia em que Mr. Fisk completou 68 anos de idade, um animador de festas foi contratado para lhe fazer uma surpresa e alegrar ainda mais o ambiente da matriz, que sempre se manteve em alto-astral. Foi realmente um dia inesquecível para ele, e também para Luciani Pereira da Silva.

A menina, de 18 anos de idade, começava naquele dia sua trajetória na empresa como professora. Ela estava tensa, o prédio da matriz era imponente e, ao entrar na recepção, deparou-se com uma escada em mármore branco, coberta por um tapete vermelho. Mas sua ligação com a Escolas Fisk havia começado há 10 anos, e foi isso o que Luciani contou a Mr. Fisk quando os dois conversaram:

– Pelo que me falaram, você é a nova professora. Sinta-se em casa. Seja bem-vinda à nossa família. Qual é o seu nome?

Ela respondeu à pergunta e retribuiu as palavras tão calorosas:

– Meu nome é Luciani. Na verdade Mr. Fisk, aos oito anos comecei a freqüentar as salas de aula na escola da Vila Prudente. Os meninos da rua em que eu morava me chamavam de "menina Fisk", porque eu sempre carregava uma pasta com o adesivo da escola. Eu vi o senhor nas aulas de canto e nas entregas dos diplomas. Era uma grande alegria quando o senhor ia nos visitar. Parabéns pelo aniversário, Mr. Fisk.

Luciani realmente fez da Escolas Fisk a extensão de sua casa, e mais tarde percebeu que este era um sentimento que se estendia a todos nas escolas, tanto funcionários quanto alunos. Eles ficavam na recepção, tomavam água e café e iam até a secretaria para falar de assuntos pessoais, sobre os familiares, namoro, amigos, contavam como havia sido o final de semana...

Aquela menina, que tinha sido aluna no passado, começou a carreira de professora na escola do bairro da Saúde, zona sul da cidade de São Paulo, e logo depois foi transferida para a escola do bairro do Ipiranga.

Nas idas às escolas, Fisk costumava conversar com o grupo de trabalho, composto pelos diretores, professores e secretárias. Estar com ele era aprender sempre. Fisk costumava dizer nos encontros:

– Nada substitui um bom professor. Nada substitui uma secretária sorridente, que saiba falar a palavra certa e conquistar as pessoas. Lembrem-se sempre de que quando o aluno chega, ele quer ser muito bem recebido: digam "bom dia", "boa tarde", "seja bem-vindo à nossa escola"...

E, claro, Fisk também reforçava a importância da parte pedagógica:

– Jamais descuidem da qualidade do ensino. A satisfação do nosso aluno é o melhor resultado que podemos ter nas nossas escolas.

Passado pouco mais de um ano como professora, Luciani foi promovida a auxiliar da coordenadora pedagógica. Tempos depois, nova promoção, desta vez para assumir a coordenação pedagógica de um grupo de escolas da zona leste paulistana. E quanto mais ela crescia na empresa, mais perto ficava de Mr. Fisk e mais aprendia com ele em suas participações nas reuniões da coordenação pedagógica. Nessas reuniões, Fisk fazia questão de estar presente, orientar o grupo e colher opiniões e sugestões dos participantes. E, obviamente, ali só se falava em inglês.

Luciani admirava o carisma do patrão, que mantinha a reunião motivada e o sorriso simpático e de canto de lábios estampado no rosto. Quando a reunião abordava algum assunto que envolvesse crise, Fisk contagiava a todos com otimismo:

– Vamos continuar a crescer. Trabalharemos ainda mais para superar as dificuldades e transformá-las em estímulo para conquistar mais alunos e colaboradores.

No mesmo instante todos se enchiam de ânimo para seguir em frente.

Os efeitos do Plano Collor

A década de 1990 iniciou com uma situação incomum: o Plano Collor, programa de estabilização econômica anunciado em 16 de março de 1990, um dia após Fernando Collor de Mello assumir a presidência do país. O Plano era composto por medidas que visavam eliminar a inflação, enxugar a máquina administrativa estatal e modernizar a economia. Com a aplicação das medidas

As principais medidas do governo foram: extinção do cruzado novo e a volta do cruzeiro como moeda nacional; bloqueio por 18 meses dos depósitos em contas-correntes e cadernetas de poupança que ultrapassassem os 50.000 cruzados novos; congelamento de preços e salários; fim de subsídios e incentivos fiscais; lançamento do Programa Nacional de Desestatização; extinção de vários órgãos; promoção da venda de bens do governo, como imóveis e veículos, além da privatização das empresas estatais.

econômicas implementadas pela equipe da então Ministra da Economia, Fazenda e Planejamento, Zélia Cardoso de Mello, a empresa passou por uma rápida readaptação, que durou perto de 15 dias.

Com o seqüestro do dinheiro das contas bancárias, sumiu também o capital de giro do país. Então, como pagar os compromissos? Como pagar a folha de pagamento? Onde os alunos arrumariam dinheiro para pagar as mensalidades? Eram inúmeras as perguntas. Enfim, a situação provocou um aumento imediato na inadimplência. Pela primeira vez, em mais de 30 anos de história da Escolas Fisk, foi feito um pedido aos funcionários de alto escalão para que esperassem, com paciência, uma semana para receber o salário daquele mês. Apesar disso, Fisk conseguiu cumprir o pagamento na data estabelecida pela lei. Desde a inauguração da primeira escola, em 1958, o empresário jamais atrasara um dia sequer o pagamento da folha salarial. Ao contrário disso, sempre foi comum antecipá-la. Alguns bancos até ofereceram empréstimos a Fisk, mas como pegar dinheiro em banco não era do seu feitio, ele agradeceu as ofertas, mas rejeitou todas.

Para encontrar saídas para o Plano Collor, Fisk convocou várias reuniões com os executivos com o objetivo de buscar soluções rápidas para reestruturar a empresa e aproveitar certas brechas para resgatar o dinheiro que as regras do Plano permitiam, principalmente para pagamento de salários. Aquilo foi para Fisk um grande incômodo. Justamente ele, que sempre prezara o fato de ter um bom volume de dinheiro em caixa para não depender das intempéries do mercado. Sem dúvida, aquela forma de agir do governo pegou a população de surpresa.

E mais uma vez um plano acontecia antes do aumento das mensalidades, que já estavam defasadas, assim como do reajuste de salários. Foi um plano sorrateiro, que fez o Brasil dormir de uma forma e acordar de outra completamente diferente.

Mas a cautela e a experiência adquirida nos duros tempos de Plano Cruzado foram fundamentais para superar mais um plano econômico. Uma das formas de não perder alunos foi aceitar os pagamentos com cheques pré-datados e cartões de crédito. Mas então, surpreendentemente, em quinze dias a economia havia recuperado o fluxo, mesmo com a retirada de um enorme volume de dinheiro do mercado. Milagres brasileiros, que só mesmo quem conhece a fundo a economia do país pode explicar. As vendas de materiais e as matrículas e rematrículas começaram a acontecer novamente. Mais uma vez o que deu certa tranqüilidade a Fisk foi o fato de a empresa não ter dívidas. Rapidamente o mercado se reestruturou e em pouco tempo passou a funcionar como se nada tivesse acontecido.

Fatos como esse faziam com que Fisk amasse ainda mais o Brasil:

– Temos um país especial. Duvido que qualquer outra economia do mundo conseguisse se reorganizar em tão pouco tempo. É como se um tufão passasse em uma cidade e antes mesmo que fosse embora tudo estivesse refeito.

O que mais uma vez representou um importante diferencial naquele momento foi o grande estoque mantido por Fisk. Esta era uma estratégia sempre contestada, mas que permitiu a Escolas Fisk suportar com menor sofrimento e maior segurança os planos econômicos. Claro, o material significava a possibilidade de fazer dinheiro. E era exatamente isso que acontecia. Quando o mercado reaquecia, o primeiro sintoma era o grande aumento nas vendas de livros e, automaticamente, de matrículas.

Apesar do Plano Collor, a década de 1990, assim como a de 1980, foi

Mas o Plano Collor começou a perder consistência. Menos de seis meses depois de anunciado, foi divulgado um novo pacote de medidas para conter a inflação. Para piorar, o "caçador de marajás" envolveu-se em inúmeros escândalos e suspeitas de corrupção, principalmente contra os assessores diretos, mais um indício da ruína do Plano Collor. Ruína essa que provocou várias manifestações populares espalhadas pelo Brasil para pedir o impeachment do presidente.

Após penoso processo de apuração e confirmação das acusações, o Congresso Nacional, pressionado pela população, votou o impeachment presidencial. Depois de ser apreciado pela Câmara dos Deputados em 29 de setembro de 1992, e três meses depois pelo Senado Federal, em 29 de dezembro de 1992 o Parlamento decidiu afastar Fernando Collor de Mello da Presidência da República, além de cassar seus direitos políticos por oito anos. Com a saída de Collor da presidência, quem assumiu o país foi o vice, Itamar Franco.

um período dourado, de fortalecimento e crescimento. Os anos 1990 colheram os frutos das árvores plantadas nas décadas anteriores, em especial na de 1980. Tudo aconteceu de forma favorável.

Pode-se dizer que o trem sempre estivera no trilho, mas que esse mesmo trem estava a cada dia maior, com mais vagões, passageiros e pessoas trabalhando. As escolas iam muito bem, novas unidades eram abertas, a empresa tinha capital de sobra, muitas propriedades foram adquiridas e os franqueados também prosperavam.

Mesmo com as cicatrizes que o plano deixara, Fisk avaliou a experiência como uma tentativa de se utilizar um remédio forte, que causa efeitos colaterais, representado pelo Plano Collor, para acabar com uma doença grave, a inflação. E foi realmente assim que boa parte do povo brasileiro avaliou a estratégia econômica. Era comum ouvir as pessoas dizerem:

– Participo desse sacrifício na esperança de que meus filhos e netos possam um dia tirar proveito.

Mas, infelizmente, tudo ficou mesmo na esperança... As notícias daquilo que havia acontecido no Brasil chegavam a outros países. Tanto que, quando Fisk viajava para os Estados Unidos, as pessoas lhe perguntavam:

– Como você consegue viver com essa inflação absurda do Brasil? Como é possível programar a vida pessoal e profissional dessa forma?

Fisk achava engraçada a perplexidade dos norte-americanos, e costumava responder.

– Você se acostuma. Eu mesmo virei especialista em planos econômicos...

Atitudes que vêm do coração

Em 1991, Elite Peres Campi, que cuidava da parte financeira da empresa, pediu para falar com Fisk. Ela era uma das funcionárias da sua mais alta confiança:

– Mr. Fisk, preciso de um conselho, de sua ajuda. O senhor sabe que moro de aluguel. Apareceu a oportunidade de comprar um apartamento em São Bernardo do Campo. Um bom negócio. Meu marido acha que é besteira investir em imóvel. Aliás, para ele isso é gasto. O que o senhor acha?

– Elite, vá em frente. Compre o imóvel. Você sabe que vamos fazer alguns ajustes na empresa e que deve sobrar um bom dinheiro para você. Então, invista esse capital no imóvel. E se faltar algum valor, fale comigo.

Elite realmente recebeu um bom dinheiro quando a empresa passou a ser uma Fundação. Assim como Fisk havia sugerido, ela comprou a propriedade. Fisk pediu ao departamento jurídico que desse todo o respaldo que Elite necessitava. Depois de assinar os documentos, Fisk foi a primeira pessoa a saber que ela tinha comprado o apartamento:

– Mr. Fisk, já fizemos a escritura. O apartamento é meu!

– Parabéns Elite, essa é uma das melhores notícias que recebi nos últimos tempos. Parabéns de coração, você merece.

Ele sorria e vibrava. Fisk sabia da importância daquela conquista para Elite, e ele jamais mediria esforços para fazê-la feliz. Por anos ela comandava a área financeira da empresa, e a melhor forma de definir Elite era com a palavra honestidade.

Uns cinco anos depois, Elite decidiu trocar o apartamento de São Bernardo por uma casa em Santo André. Mas ela não tinha todo o dinheiro da diferença. Fisk resolveu o problema: entregou a Elite o valor que faltava para pagar o imóvel e também o dinheiro da documentação, e lhe disse:

– Elite, pague como puder. Faremos um parcelamento mensal. E se você se apertar por algum motivo, me avise que não descontaremos a parcela.

Além do dinheiro, ele designou dois advogados da empresa para acompanhar o processo, levantar a documentação e acompanhá-la no dia da assinatura do contrato.

Outra vez, ela foi contar a novidade e agradecê-lo. Mas Fisk sempre foi muito brincalhão e jamais perdia a chance de soltar uma frase para descontrair:

– Estou muito feliz que tenha dado certo. Parabéns. Agora, preciso lhe puxar a orelha. Você sempre foi tão elegante e se vestiu muito bem. Mas percebo que ultimamente você tem relaxado no visual. Nem o cabelo tem arrumado mais. Por isso, trouxe para você um pacote de bobs dos Estados Unidos – os dois riram.

– Obrigado, Mr. Fisk. Então, amanhã mesmo virei trabalhar com os bobs na cabeça.

– Ah, é? Se aparecer de bobs na cabeça, mando você embora na hora – de novo os dois caíram na risada.

Fisk ainda ajudou e presenteou Elite em muitas outras oportunidades, além de lhe propiciar momentos agradáveis de lazer. Certa vez, ela ganhou do patrão uma viagem com o grupo da Escolas Fisk para a Disney. Em outra oportunidade, quando ela foi visitar o filho que morava na Europa, mais especificamente na Inglaterra, Fisk lhe deu um mês a mais de férias, além de um valor em dinheiro para ajudar nas despesas da viagem. Eram essas as atitudes que partiam do coração do empresário.

Fisk – A maior rede de escolas do mundo

Vez por outra, Fisk ia à escola que ficava na Avenida Rebouças, zona sul de São Paulo. Sempre que isso acontecia, costumava tomar café com o amigo Richard Chang, proprietário da escola English Center, que então contava com duas unidades.

Tempos depois, Chang decidiu ir morar nos Estados Unidos, onde foi contratado pela rede de escolas ELS Language Center como responsável pelo departamento de expansão. Sempre que vinha ao Brasil, Chang gostava de visitar Fisk na matriz, onde os dois, costumeiramente, almoçavam juntos.

Numa dessas visitas, em 1991, Chang confidenciou a Fisk:

– Tenho viajado o mundo em busca de ampliar a rede de escolas ELS Language Center. Posso lhe assegurar, que não há em todo o mundo uma rede de escolas do tamanho da que você construiu. A Fisk e a PBF formam a maior empresa mundial do segmento de escolas de idiomas.

Fisk ficou felicíssimo, mas questionou o amigo:

– Chang, você está certo disso? Pode assegurar essa informação?

Ele foi categórico e confirmou que não havia no mundo uma rede de escolas maior do que a da Fisk e a PBF juntas. Encabulado, Mr. Fisk quis logo mudar de assunto, mas, no íntimo sentia uma vibração e alegria especiais.

Aquilo representava muito para ele, um empreendedor que sempre acreditou no trabalho e na determinação, que construíra a maior rede de escolas do mundo sem impor metas ou mesmo idealizar tal conquista. Um empresário que jamais criticou a forma de ser da concorrência e que sempre teve excelente relacionamento com os presidentes e diretores das outras empresas do setor. Um homem que sempre procurou investir em educação e ações e projetos sociais. Um ser humano em cujo dicionário jamais constaram os verbos invejar e esbanjar.

Capítulo 13

A Fundação Richard Hugh Fisk

Em 1991 teve início o processo de montagem da Fundação Fisk, assim como a indicação das pessoas que assumiriam os cargos diretivos.

Muitos empresários que criam fundações indicam personalidades para esses postos, mas não foi esta a decisão de Fisk. Durante a reunião em que os nomes começaram a ser colocados na mesa, ele emocionou os presentes com suas palavras:

– Além de vocês, que são os executivos da Escolas Fisk, quero que os cargos diretivos da Fundação sejam preenchidos por pessoas que conheçam minha trajetória e também a história da empresa. Não gostaria de indicar alguém apenas porque é famoso ou tem muitas posses. As pessoas que acompanharam como a empresa chegou até o nível atual sabem como valorizá-la e lutarão para que a Fundação continue sempre a prosperar.

Fisk, que já estava emocionado, ficou com a voz embargada ao citar o primeiro nome da relação de diretores e conselheiros convidados, que foram escolhidos a dedo e com o coração:

– Pela importância que teve na minha vida, no início da empresa e quando montei a primeira escola, o primeiro nome que indico para participar do organograma da Fundação é o de Zélia de Toledo Piza, que foi minha esposa. Minha querida amiga Zélia.

Depois, Fisk apresentou uma relação com alguns nomes, encabeçada por ele mesmo, como presidente, e pelo de Bruno Freitas Caravati, como vice-presidente da Fundação. A relação ainda continha o nome de outras pessoas próximas e por quem Fisk tinha grande carinho e admiração: Vera Lúcia Terrana de Paiva, filha de Áurea de Toledo Piza (irmã de Zélia), com quem Fisk adorava almoçar aos domingos e relembrar engraçadas histórias protagonizadas por eles no passado; o franqueado Moriaki Hijo, sempre fiel a Mr. Fisk e aos interesses da empresa; a franqueada Laura Ferreira Silva de Carvalho, tão receptiva e com quem ele teve grandes momentos de luta e superação no início da criação das escolas Fisk em Maringá e Londrina, no Paraná... E assim os nomes se sucediam. A lista incluía ainda amigos, parentes, colaboradores e ex-colaboradores, e também outros diretores das escolas franqueadas. Com isso, Fisk buscou criar equilíbrio entre os escolhidos para colocar em uma mesma mesa de discussão todos os pontos de vistas do mercado.

Em relação aos funcionários, a transformação da empresa em Fundação fez com que todos fossem dispensados pela Escolas Fisk e readmitidos imediatamente pela Fundação, opção feita de acordo com a lei. As escolas próprias também deixaram de pertencer a Escolas Fisk e passaram a ser administradas pela Fundação.

Com a mudança, os 25 imóveis que pertenciam à empresa e onde estavam montadas escolas próprias foram transferidos para a Fundação. Dali em diante essas propriedades só poderiam ser vendidas com a anuência do Conselho da Fundação Fisk e, mesmo que aprovada a venda, os curadores responsáveis por acompanhar o andamento da Fundação ainda exigem que o Conselho apresente os motivos que levaram à venda do imóvel, além de uma avaliação feita por peritos. Assim, entre o interesse e a autorização para a venda de uma propriedade ligada a uma Fundação, o processo leva em média oito meses. Este é apenas um dos exemplos do duro período de mudanças e transformações de conceitos e burocracia pelo qual todos passaram, pois a fiscalização feita sobre uma Fundação é muito rígida. Qualquer ponto duvidoso poderia sofrer imediata interdição por parte dos curadores.

No ano seguinte, em 3 de setembro de 1992, dia em que completou 70 anos de idade, Fisk realizou o sonho de transformar a rede de Escolas Fisk e a PBF em Fundação Richard Hugh Fisk. Ali acabava uma luta que se iniciara há três anos, mas começava uma era de adaptação, aperfeiçoamento e crescimento. Fisk estava mesmo realizado, havia enfim garantido a continuidade da empresa. E isto, desde sempre, estava tão bem definido para Fisk, que as intenções de compra da rede de escolas Fisk nem chegavam até ele. Os que pensavam ou queriam fazer propostas ouviam das pessoas próximas:

– Não perca tempo. Mr. Fisk jamais venderá a empresa. Ela representa muito para ele.

A noite que antecedeu o evento do lançamento da Fundação foi longa; Fisk quase não pregou o olho, tamanha sua ansiedade. Mas, apesar disso, havia mais motivo para estar feliz, porque tinha perto de si o irmão Bob, a sobrinha Una e seu marido, Bob Wiltse, que vieram dos Estados Unidos para acompanhar a cerimônia. Una, inclusive, fazia parte do Conselho.

O dia da oficialização da Fundação foi muito intenso, repleto de grandes envolvimentos e emoções: beijos, abraços, apertos de mãos, congratulações, agradecimentos... Enfim, aquela era uma data de extrema felicidade para Fisk. Durante o dia as festividades aconteceram na matriz, onde foi servido um almoço a todos os presentes, entre eles o dr. Carlos Bandeira Lins, curador oficial das fundações.

À noite, a cerimônia oficial aconteceu em um famoso espaço para recepções de São Paulo na época, chamado Buffet Colonial. Durante o discurso, Fisk se emocionou, principalmente quando do encerramento:

– Aqui fui calorosamente recebido e tive momentos maravilhosos. Claro que, como cada um de vocês, passei por problemas e dificuldades, mas o país dá oportunidades a quem quer trabalhar seriamente. Então, não seria justo que eu simplesmente transferisse meus bens para algumas pessoas. Sempre prezei a continuidade das redes Escolas Fisk e PBF, e que elas se mantivessem ativas e gerando empreendedores e empregos. Por isso, hoje, 3 de setembro de 1992, tenho a oportunidade de devolver ao Brasil tudo aquilo que ele me deu. As redes de escolas Fisk e PBF passam a ser geridas pela Fundação Richard Hugh Fisk, uma entidade séria, estruturada, que vai continuar a dar segurança aos colaboradores e que será controlada pela curadoria. De coração, obrigado por tudo!

Ao encerrar, a voz de Fisk estava trêmula e seu rosto molhado pelas lágrimas. Entre os convidados a comoção foi geral, em especial por parte daqueles que viveram ao lado de Fisk vários momentos registrados nas diferentes fases da sua vida.

Um dos exemplos de companheirismo era Reda Maurice Naguib e sua esposa Salma Naguib. Ele estava ao lado de Fisk há quase 25 anos, e ela era uma das mais antigas professoras da rede. Quando foi ao encontro de Mr. Fisk para cumprimentá-lo, Reda o fez com uma expressão muito utilizada no país em que nascera, o Egito, e que serviu para expressar toda a gratidão que sentia pelo ex-patrão e parceiro comercial, pois Reda era mais um daqueles que há anos se transformara em franqueado:

– No Egito costumamos dizer: "Se temos um ferimento e uma pessoa boa coloca a mão sobre a ferida, o ferimento sara". Mr. Fisk, isso aconteceu comigo. E essa mão salvadora foi todo o apoio que recebi quando fui procurá-lo. Sempre encontrei no senhor muito respeito, amizade, compreensão e disposição em me ajudar. E todo aquele que o procura recebe isso. Sinto saudades dos jantares, aniversários e encontros que tínhamos. Obrigado, Mr. Fisk, o senhor é um ser humano especial.

Fisk deu um forte abraço em Reda. Aquele tinha sido um cumprimento de alguém que, assim como milhares de outras pessoas, estava ligado a Mr. Fisk e sentia por ele grande respeito e gratidão.

A cerimônia teve continuidade com outras surpresas, como a homenagem feita a alguns dos funcionários com mais tempo de casa. Um deles era Jozué Fernandes da Cunha, encarregado do estoque. A homenagem incluía uma medalha, prêmios, aplausos, elogios, agradecimentos e o presente mais importante: aquele caloroso e sincero abraço de Mr. Fisk:

– Entre nós, existem funcionários e parceiros que estão comigo há mais de 30 anos. Não abraçarei cada um deles aqui no palco, mas sintam-se todos abraçados e, por favor, recebam meu muito obrigado.

Jozué foi conversar com o empresário quando todos desceram do palco:

– Mr. Fisk, como estou feliz. Estar ao seu lado só me traz grandes e agradáveis recordações. Lembro-me das conversas que sempre tivemos nas visitas que o senhor fazia à gráfica. E quando não gostava de algo que via, chamava o responsável sutilmente no canto do galpão para dizer o que deveria ser feito.

– Sou muito grato a você, Jozué, homem de extrema confiança que tocou a pulso firme o controle do estoque nesses anos todos.

– Mr. Fisk, jamais trabalhei para alguém tão sensível. É incrível o carinho que o senhor tem por nós funcionários. Sabe, chego a contar para as pessoas como o senhor é, mas elas, incrédulas dos sentimentos do ser humano, não acreditam em mim.

As palavras de Jozué eram sinceras. Havia uma grande gratidão em relação a Mr. Fisk. E essa gratidão ficou ainda maior quando, alguns anos antes, Fisk cedera a Jozué um imóvel em Guarulhos para que ele morasse com a família. Foi assim que Jozué fugiu do aluguel:

– Mr. Fisk, o proprietário da casa que alugo em Santana disse que quer que eu desocupe o imóvel, pois pretende vendê-lo. Será que o senhor tem como me ajudar?

– Claro, Jozué, você se mudará com a família para uma casa que está no terreno da nossa escola de Guarulhos. E nem pense em pagar aluguel. É o mínimo que posso fazer como reconhecimento à seriedade do seu trabalho.

Desde a cerimônia da oficialização da mudança, os colaboradores passaram a pensar e a agir como Fundação. Mesmo assim, o processo de amadurecimento pleno da transformação da empresa em Fundação levou em torno de um ano para acontecer.

E uma das primeiras escolas que foram montadas logo depois da Fundação foi a de São Bernardo do Campo, na Grande São Paulo, que se evidenciou pela beleza da construção, assim como por ser altamente funcional, pois fora projetada nos moldes ideais de uma instituição de ensino.

Direcionar o trabalho das franquias

Em 1993, como forma de estreitar ainda mais o relacionamento com os parceiros, foi ampliado o departamento de franquias, dirigido por Ivany Aguilar Nofuentes. Fisk entendia que essa era também uma necessidade da empresa, pois assim os franqueados poderiam discutir os problemas enfrentados com mais freqüência, segmentação, setorização e direcionamento.

Com isso, intensificou-se ainda mais o processo de transformação do visual de todas as escolas da rede. Fisk até entendia que era importante deixar a critério de cada diretor a escolha da decoração de algumas áreas das unidades, mas prevaleciam fórmulas que permitissem a identificação imediata de uma escola Fisk onde quer que fosse.

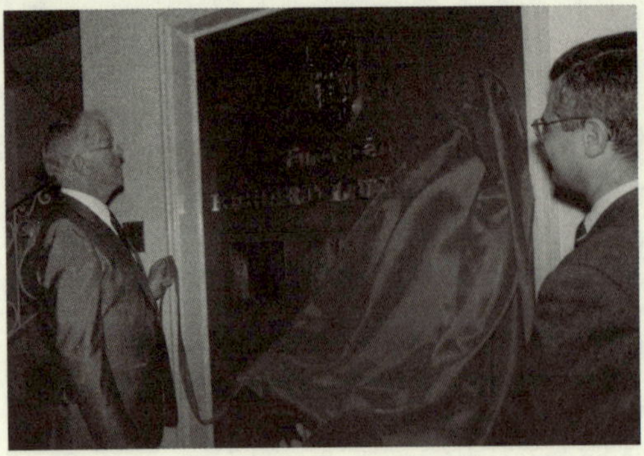

Momento solene de instituição da Fundação

Mr. Fisk entre Zélia de Toledo Piza e o diretor da PBF Valter Bresolin

A fundação foi criada em 3 de setembro de 1992, dia em que Mr. Fisk completou 70 anos

Mr. Fisk e Bruno Caravati no prédio da Fundação

Mr. Fisk com os integrantes do Conselho da Fundação

Os sobrinhos Bob e Una, Bruno Caravati, o irmão Bob, Mr. Fisk e Ivany Nofuentes

Essa foi uma padronização que começou de fora para dentro das escolas da Fundação. A primeira identificação padronizada que todas as escolas passaram a ter foi o mesmo tipo de luminoso. O modelo utilizado até então tinha apenas as letras do nome FISK, mas logo depois ganharam também as palavras English – Español. Daí em diante, as mudanças atingiram a recepção, salas de aulas, móveis, uniformes, cores das paredes – as salas de aulas eram pintadas geralmente nas cores bege ou areia –, e assim por diante. Eram mudanças relativamente simples, até para que os materiais pudessem ser adquiridos em qualquer parte do país.

Outro ponto importante, que merece destaque, é o fato de os diretores das escolas passarem a receber visitas periódicas dos profissionais do departamento de franquias, a fim de promover uma melhor interação entre eles. Com o tempo, os próprios diretores passaram a acionar o departamento em busca de orientações para melhorar as escolas. Muitas pesquisas começaram a ser realizadas e serviam, entre outras finalidades, para definir o posicionamento da empresa, identificar o trabalho da concorrência e dar suporte às formas de atuação das escolas próprias e das franqueadas, assim como na orientação e indicação de pontos para serem montadas novas escolas. Assim, cada vez mais as escolas passaram a ter o dedo da matriz, pois entenderam o principal recado que os profissionais do departamento de franquias queriam passar: "O seu sucesso é o nosso sucesso!".

Naquele momento da empresa, a padronização permitiu que o grande crescimento que veio nos anos seguintes pudesse acontecer de forma ainda mais coordenada e controlada, o que deu grande suporte, inclusive aos novos franqueados, assistidos pelos profissionais do departamento de franquias da Fisk.

Com a ampliação da atuação do departamento, Ivany Nofuentes procurou acabar também com qualquer tipo de privilégio, se é que havia algo assim. As normas e regras deveriam ser cumpridas por todos, independentemente do tamanho da escola ou de quantas unidades tivesse o franqueado, o mesmo valendo para as escolas próprias.

Mas Mr. Fisk é mesmo muito de falar e decidir com o coração. Certa vez, Ivany o acompanhou a uma cidade onde havia uma única franqueada. Mas a escola não ia bem das pernas. Ivany comentou com o patrão:

– Por que o senhor não abre uma outra escola na cidade?

– Ivany, não posso fazer isso sem o aval da diretora. Uma nova escola pode decretar o fim da linha para a nossa franqueada.

Embora Fisk tivesse total autonomia para abrir uma outra unidade, preferiu dar "oxigênio" para tentar salvar quem já estava na casa.

Com o sucesso do departamento de franquias, tempos depois foi criado o departamento de marketing, ao qual foi incorporada a house (agência de propaganda da empresa); com ele, os investimentos em mídia passaram a ser ainda mais planejados, estudados e negociados duramente entre os profissionais da Fisk e os representantes dos veículos de comunicação. Todo o investimento passou a ser feito em cima de estudos do público-alvo, associado às opções que a mídia oferecia e que atendiam diretamente aos clientes com o perfil dos alunos das Escolas Fisk e PBF.

Em fins de 1993, o governo federal começou a fincar as bases de mais um programa que buscava a estabilização econômica.

Em 1994, a equipe do Ministro da Fazenda do governo Itamar Franco, Fernando Henrique Cardoso, finalizou o Plano Real, que passou a vigorar em 1º de julho.

O Plano pode ser dividido em duas etapas: a primeira, que elegeu Fernando Henrique Cardoso presidente da República, considerada uma época de ouro para a economia brasileira; a segunda, quando FHC foi reeleito presidente do país, que apresentou um período difícil nos quatro anos de governo, com apertos e perdas econômicas. Período que foi potencializado por crises econômicas em países do próprio Continente e também da Europa e da Ásia, que levaram o Brasil a acumular sucessivos déficits comerciais.

Mas se o Plano Real não trouxe novo congelamento de preços e salário, houve nova troca de moeda. O Cruzeiro passou a se chamar Cruzeiro Real, e depois Real. Além disso, outras medidas foram tomadas: ajuste fiscal para buscar reduzir a falta de equilíbrio entre a arrecadação e os gastos do governo; implementação de uma política monetária, segundo a qual o aumento nas taxas de juros inibia o crescimento interno; utilização da URV (Unidade Real de Valor) como indexador de referência para cálculos e atualizações de preços.

O Plano Real

Passar por mais um dos muitos planos econômicos, que criaram situações tão extremas, só foi mesmo possível pela postura que Fisk sempre procurou adotar na empresa: não gastar mais do que se ganhava; jamais esbanjar dinheiro; sempre deixar dinheiro guardado no banco, mesmo que muitos avaliassem aquilo como desperdício. São posturas fundamentais, principalmente pelo tipo de segmento em que atua a Fundação Fisk, ou seja, educação. Este é um tipo de negócio onde se gasta e se investe 12 meses por ano, mas que só se arrecada dinheiro em noves meses por ano. Essa forma de gestão fez com que a Fundação Fisk tirasse muitos proveitos durante o reaquecimento da economia na década de 1990, mas também passasse ilesa e continuasse a crescer e a abrir escolas nos tempos mais complicados, que coincidiram com o segundo mandato de Fernando Henrique Cardoso. Nesse período, o real se equiparou ao dólar, e, com isso, os brasileiros passaram a viajar mais para o exterior e a conhecer o que se fazia e praticava em outros países, o que tornou a população mais exigente e abriu ainda mais o mercado para a necessidade de falar inglês.

Em nenhum dos Planos Econômicos, Fisk e os executivos perderam a calma ou tomaram atitudes imediatas e precipitadas. Em 95% das vezes as atitudes foram tomadas depois de muitas reuniões e discussões sobre os assuntos, já que a área da educação trabalha sobre planejamento organizado. Na Fundação Fisk, a serenidade sempre é um ingrediente na solução dos problemas e na busca do melhor caminho a seguir.

O apoio à independência

Ainda em 1994, mais uma funcionária decidiu se tornar franqueada, Glória de Luca, coordenadora das escolas do Rio de Janeiro. Na época, eram mais de 45 unidades, por volta de 30 delas na cidade, como as do Méier, Jacarepaguá, Bangu, Botafogo, Copacabana, Vila Isabel, entre outras, e o restante espalhado pelo Estado.

Glória decidiu abrir a escola no bairro da Penha, zona norte carioca. Fisk e o departamento de franquias lhe deram permissão. A idéia de Glória era não sair da coordenação das escolas, mas acumular as atividades. Fisk sabia que ela tinha capacidade de dar conta de todo o trabalho:

– Só peço que você cumpra a carga horária de 44 horas semanais.

Glória conseguiu cumprir a carga exigida por Fisk e ainda transformou a unidade da Penha em uma escola de sucesso. Dois anos depois, ela montou a segunda escola, em Bonsucesso. Com isso, a carga de trabalho ficou insustentável, pois além de cuidar das escolas da matriz, precisava dirigir as duas unidades próprias. Foi quando Glória teve uma conversa no Rio de Janeiro com Fisk e Ivany, após um encontro com todos os franqueados do Estado:

– Estou com 40 anos de idade e sinto que preciso me dedicar às escolas que abri. A cada ano a empresa tem se descentralizado mais, e isso me deixa segura para tomar a decisão de deixar a coordenação das escolas. Estou há quase 15 anos na empresa, mas agora sinto que preciso seguir meu caminho.

Glória disse aquilo em meio às lágrimas. Era difícil para ela, era triste para Fisk. Mas ele ainda buscou uma saída para ajudá-la:

– Já que você quer seguir carreira solo, daremos um empurrãozinho. Vamos liberar todos os direitos trabalhistas para que você possa comprar o imóvel de uma das suas escolas.

Aquele sempre foi um dos grandes conselhos que ele costumava dar aos franqueados: "Fuja do aluguel". Glória sorria e chorava de alegria ao mesmo tempo, por estar frente a frente com Mr. Fisk, sempre com brilho nos olhos e boas palavras prontas para serem ditas. Ela ainda se lembrou rapidamente de muitas passagens que haviam tido juntos. Em algumas ele cobrara resultados, mas de um jeito educado; Fisk sabia como argumentar. Ela jamais o tinha visto alterado. Glória entendia que ter passado por tudo aquilo era uma bênção, um prêmio. Para ela, Fisk era um exemplo de vida, amor e coragem.

PBF ganha sua matriz

Em 1995, foi comprado um imóvel no bairro da Aclimação, zona sul de São Paulo. Ali foi instalada a matriz da PBF em prédio próprio. Este era, além de um desejo de Fisk, uma solicitação do diretor da rede, Valter Bresolin.

A Fisk é uma empresa que trabalha em equipe, e a opinião e sugestão das pessoas valem muito. Esta é a forma de Fisk liderar. E esta característica também é facilmente notada em Bruno Caravati, vice-presidente da Fundação.

Simplicidade e transparência no relacionamento

Fisk sempre prezou o bom ambiente na empresa. Problemas existem em todos os lugares, mas eles não podem ser mais fortes do que a relação entre as pessoas. O maior exemplo era dado pelo patrão, através da simplicidade e da transparência no relacionamento entre as pessoas.

Foi isso o que fez com que um funcionário da gráfica, Eduardo Ricci, que havia iniciado na empresa em meados da década de 1990, ficasse perplexo ao presenciar uma atitude tão simplória e humana daquele que era o dono da empresa.

Costumeiramente, Eduardo ia trabalhar de metrô. Perto das oito horas da manhã ele já estava na calçada da Avenida Lins de Vasconcelos, na Vila Mariana, em frente à saída da estação. Naquela manhã, ele tinha andado uns 50 metros quando ouviu uma buzina vinda de um carro prata, um Versailles. Aquilo parecia uma ilusão de ótica, o carro era igual ao de Mr. Fisk, e o motorista também se parecia com ele. Eduardo olhou bem. E ficou pasmo, era realmente Mr. Fisk:

– Quer carona, rapaz. Também vou para a empresa.

Eduardo ficou gelado, não poderia recusar a carona. Mas... como seria o trajeto? O que é que eles conversariam? Mas ele foi, atravessou a rua e entrou no carro:

– Bom dia, Mr. Fisk. Meu nome é Eduardo.

– Olá, rapaz. Você trabalha com o Geraldo na gráfica. Estou certo?

– Sim. Obrigado pela carona, mas não precisava. É bem perto.

Apesar de curtos diálogos, Eduardo sentia que, por mais perto que estivesse a empresa, ainda faltava muito a chegar, parecia que o carro andava a 10 km por hora. E, para piorar, aquele farol demorado fechou. E foi durante aquela parada que Fisk lhe fez alguns alertas:

– Vejo que você fuma, Eduardo. Isso é péssimo para a saúde. Deve parar enquanto é jovem.

O rosto do rapaz corou:

– Sim, Mr. Fisk. Obrigado pelo conselho. Há pouco li no jornal, enquanto vinha de metrô, sobre os malefícios que causa o cigarro. Obrigado pelo conselho.

Fisk gostou da resposta. Além de o rapaz aceitar a crítica, ainda mostrou ser um leitor de jornal. Mais uma ou outra fala sobre a temperatura daquele dia, e finalmente chegaram. Eduardo agradeceu e saltou rapidamente do carro. Fisk seguiu para o estacionamento. Enquanto se dirigia para guardar o carro, Eduardo ficou olhando na direção dele, lembrando-se das vezes em que ele aparecia na gráfica, sempre elegantemente vestido de terno e gravata, simpático, risonho e solícito, distribuindo cumprimentos aos que encontrava pelo caminho. Quando chegou em casa, Eduardo já entrou gritando:

– Vocês não vão acreditar. Sabe quem me deu carona? Mr. Fisk, o dono da empresa. Ele parou o carro em frente ao metrô e me levou até o escritório. Ganhei carona do Mr. Fisk, o dono da empresa!

Nos meses seguintes, quando os horários coincidiam, Fisk continuou a dar carona a Eduardo. Ele, claro, ficou mais solto. E a cada carona, Eduardo passava a Fisk as novidades em relação à empresa e falava das promoções que recebia. Quanto a Mr. Fisk, continuava a aconselhá-lo:

– Eduardo, você precisa estudar. Sem diploma nem conhecimento técnico não se cresce na profissão.

Eduardo seguiu fielmente os conselhos de Fisk. Além de parar de fumar, nunca deixou de estudar. Depois de alguns anos de empresa, Eduardo comprou carro e "perdeu" a carona, e a grande promoção que recebeu foi para o cargo de supervisor do departamento de informática. Assim, Eduardo criou todo um sistema de computação, fez diversos cursos patrocinados pela empresa e ainda planificou investimentos na área, que foram pronta e plenamente atendidos.

Outro grande presente que recebeu por trabalhar na Fisk foi lá ter conhecido sua esposa. Assim Eduardo Ricci passou a valorizar ainda mais a vida e as conquistas alcançadas, algo que também aprendera com as palavras do patrão:

– Mr. Fisk costuma pedir para que agradeçamos as nossas conquistas, aquilo que possuímos, por estar trabalhando, por ter saúde... Ele passa sempre essa mensagem.

1996 – Nova aquisição

Em 1996, Fisk decidiu comprar uma área para centralizar todo o espaço da gráfica e o estoque. Ele encontrou um grande terreno na Avenida Ricardo Jafet, que fica aproximadamente a um quilômetro da matriz, na zona sul de São Paulo. Embora entendesse ser um bom local, ele preferiu esperar por uma área bem próxima da matriz. E essa área surgiu.

Curiosamente, a 100 metros do escritório central estava localizada uma gráfica situada dentro de um enorme galpão. Era tudo o que Fisk precisava. Mas a negociação com os proprietários não foi tão simples, pois eles colocaram e tiraram o imóvel de venda por algumas vezes. Até que, certo dia, Fisk recebeu a ligação de um deles:

– Fisk, decidimos. Vamos vender a propriedade. Não vamos mais tocar a gráfica. Portanto, dentro do preço que combinamos, o imóvel pode ser seu.

Fisk ficou muito feliz. Agora conseguiria centralizar todas as principais atividades da empresa em áreas próximas. Apesar da tentativa dos antigos donos, Fisk não incluiu nenhum maquinário na transação, pois eram equipamentos defasados. Assim que o martelo foi batido, uma reforma foi programada e novas máquinas foram compradas.

Ser recompensado e recompensar

Quando pode dizer uma palavra ou mesmo tomar atitudes que ajudem a elevar o moral e a conduta do próximo, Fisk fica muito feliz. Assim aconteceu quando ele visitava uma das escolas e ouviu de um ex-aluno:

– Mr. Fisk, sou muito grato ao senhor e a esta escola. Aqui aprendi a falar inglês, e isso me ajudou muito na vida. Através desse aprendizado, ganhei uma profissão. Formei-me como tradutor técnico em automobilismo e fui trabalhar em uma empresa do setor nos Estados Unidos. Hoje estou aqui para matricular minha filha na Fisk para que aprenda inglês.

Aquelas palavras causaram extrema satisfação a Fisk. Era a certeza de que todo seu esforço e dedicação durante as décadas de Brasil tinham sido recompensados. Assim como aquele aluno, milhões de pessoas haviam passado pelas salas de aulas da Fisk e adquirido não só uma profissão, mas montado as próprias empresas, conquistado empregos e promoções, viajado... Enfim, crescido com o aprendizado adquirido.

No mesmo ano, Fisk decidiu homenagear Júlio Pedro dos Santos, contador da PBF e membro do conselho da Fundação. Assim como fazia com alguns funcionários que estavam na casa há bastante tempo, Fisk pediu a Valter Bresolin, diretor da PBF, que convidasse Júlio para integrar um grupo de pessoas que viajaria para a Disney, onde passeariam por 15 dias. Além de tudo pago, Júlio ainda ganhou US$ 500 para as despesas pessoais.

Também em 1996, o material da PBF começou a ser totalmente reformulado, e mais uma vez foi criado um material didático de extrema qualidade. Pouco antes, Fisk e o diretor da rede, Valter Bresolin, decidiram promover Luciana Maria Andrade a coordenadora pedagógica, cargo até então ocupado por Geni Ramalho, que durante 29 anos exercera o cargo de coordenadora pedagógica da rede. Luciana havia começado a dar aulas para crianças na escola Fisk de São Bernardo com apenas 15 anos de idade e já estava na empresa há 11 anos. Assim que assumiu seu posto teve início o processo de desenvolvimento dos novos livros. Fisk acompanhou de perto todo o desenrolar do processo e aprovou o resultado final:

– Valter e Luciana, quero dizer a vocês que adorei o material. Está muito didático e criativo. Parabéns!

Fisk jamais guardou para si as opiniões positivas sobre o trabalho realizado pelos colaboradores, e sempre fez questão de elogiar aqueles que desempenham trabalhos qualificados.

Daí em diante Luciana passou também a acompanhar Fisk nas viagens às escolas da Argentina para as reuniões pedagógicas. Nelas, Luciana pôde presenciar todo o carisma de Fisk e a facilidade com que dominava a atenção das pessoas e conseguia reverter situações adversas. Por várias vezes os franqueados das escolas da Argentina reclamavam de algumas condições impostas pela matriz e dos preços dos materiais. Fisk sabia como ceder em alguns pontos e justificar outros. Ao final das reuniões, ele era saudado e aplaudido em pé pelos parceiros. Anos depois, Luciana também esteve à frente da reformulação dos materiais do curso de espanhol da PBF.

Um formato de franquia para o futuro

No ano de 1997, a amiga e franqueada de Ribeirão Preto, interior de São Paulo, Sonia Catarina Simões Prado, foi consultada sobre a possibilidade de assumir uma escola Fisk na cidade. A unidade era deficitária naquele momento e o franqueado queria se desfazer do negócio. Como ela já possuía uma escola Fisk e outra PBF, o negócio foi facilmente viabilizado. Sonia entendeu, com aquela aquisição, que aquele era um formato interessante, ou seja, pulverizar a força em várias unidades espalhadas por diferentes bairros. Sendo assim, em 1998 ela montou a terceira escola com a marca Fisk. E ela continuou a abrir unidades. Depois de cinco anos, Sonia passou a ter seis escolas, das quais cinco eram Fisk. E Mr. Fisk apoiou a estratégia utilizada pela franqueada:

– Sonia, você agiu certo em ter várias escolas de pequeno e médio portes ao invés de uma escola grande. Acredito que este será o formato ideal para as escolas de idiomas no futuro.

Reformulações e novas tendências

Em 1998, Fisk e os executivos da Fundação entenderam que era necessário ajustar alguns pontos da engrenagem da organização, e contrataram a Price Waterhouse, especializada em auditoria. Um investimento alto, mas que se mostrou eficaz na análise custo x benefício.

Por mais de um ano profissionais daquela empresa trabalharam internamente, analisando cada departamento da Fundação. Era uma forma de colocar à prova a metodologia contábil e a forma de gestão da Fundação, além de minimizar custos desnecessários e dinamizar a integração entre os departamentos e a postura diante do mercado. Fisk tinha certeza de que era um trabalho mais de dinamização do que de conserto, pois a forma de ele e dos executivos agirem sempre foi a mais correta possível e dentro da legalidade. Essa postura evitava transtornos, além de ser algo característico da forma de ser de Fisk.

Nas análises levadas a efeito pela empresa de auditoria, foram encontrados pontos positivos, negativos, gargalos, sugeridas novas iniciativas etc., para buscar o equilíbrio da Fundação Fisk. A partir de 2000, a Fundação passou a caminhar com as próprias pernas e, com todos os ajustes propostos pelos profissionais da Price Waterhouse, houve uma grande readaptação física, organizacional e comercial, além da modernização da Fundação Fisk.

Nesse mesmo ano, Ivany Aguilar Nofuentes conversou com Fisk sobre a necessidade de reformular alguns conceitos do departamento de franquias. Principalmente no aprimoramento do contrato de franquias, o que trouxe novas exigências em relação à postura daqueles que exploravam a marca Fisk.

Ela sugeriu uma cartilha mais completa de direitos e deveres de franqueador e franqueado. A partir dali, a matriz também se aproximou ainda mais de cada unidade, e os funcionários do departamento de franquias passaram a visitar as unidades, sugerir e cobrar certas mudanças, estudar qualitativa e quantitativamente o mercado, consolidar com maior rigidez a padronização das escolas, elaborar campanhas de divulgação, pesquisar as regiões e as potencialidades que elas apresentavam em relação à população, como classes sociais, faixa etária etc. Algo que Fisk sempre fizera, mas usando sua intuição e seu *feeling*. Uma iniciativa de grande valia para a empresa e que agradou a todos.

Esta reformulação, uma reciclagem que o mercado exigia, aconteceu em um momento importante e de grande sucesso das escolas. Mas é justamente nessas situações que se fica vulnerável às falhas. Quando os negócios vão muito bem, às vezes não se consegue enxergar alguns erros que são cometidos.

No início do trabalho, houve certo desconforto em relação a alguns parceiros, mas gradualmente todos entenderam que o departamento de franquias não tinha sido criado para encontrar defeitos nas suas empresas, mas, sim, para ajudar a melhorar ainda mais o resultado alcançado no final do mês. Os franqueados sempre trabalharam com grande liberdade, inclusive na contratação de profissionais e negociações, principalmente as de salários.

Nesse momento da Fundação, teve início também uma nova fase na forma de utilização da propaganda na rede. O marketing passou a utilizar estratégias mais arrojadas, com maior agressividade comercial, mas sempre de acordo com os preceitos éticos de Fisk. Os textos agora valorizavam mais as qualificações e as conquistas alcançadas pela rede de escolas Fisk, com números expressivos, ações inéditas e vanguardistas, nível do aprendizado, qualidade do material e do corpo docente etc., enfim, tudo que uma empresa líder do segmento pode e deve mostrar, focando as campanhas nos pontos fortes que as escolas Fisk poderiam fornecer aos alunos em relação ao aprendizado e à estrutura, mas sem citar ou desdenhar o concorrente.

Uma triste notícia

O ano de 1998 trouxe para a Fisk uma notícia que o deixou muito triste. Seu irmão Bob estava com Mal de Parkinson, doença degenerativa resultado da morte ou da perda de capacidade de certos neurônios de atuar no controle dos movimentos do corpo.

Quando a doença começa a se manifestar, a pessoa passa a ter tremores, rigidez dos músculos, dificuldade de caminhar, de se equilibrar e de engolir, sintomas esses progressivos.

Grandes personalidades mundiais foram vítimas dos mais variados tipos de Mal de Parkinson, como o Papa João Paulo II, o pugilista norte-americano Muhammad Ali (conhecido por Cassius Clay), o pintor espanhol Salvador Dali, o ditador fascista da Espanha Francisco Franco, a atriz norte-americana Katherine Hepburn, o ditador comunista chinês Mao Tsé-tung, entre outros.

Quem contou a Fisk sobre a doença foi o próprio Bob:

– Fisk, acabo de voltar do médico e as notícias não são boas. Estou com Mal de Parkinson. Sei que preciso tomar certos cuidados, mas quero continuar a levar uma vida independente.

Fisk tentou argumentar, mas o irmão não deixou que prosseguisse:

– Fisk, você sabe como amo ser independente. Por favor, me deixe tentar seguir minha vida normalmente. Quero continuar a dirigir, ir à praia, enfim, fazer o que gosto e aprecio.

– Bob, por um lado fico muito triste, mas estou feliz em ver a vontade que você tem de viver e de fazer o que gosta. Vamos tocar a vida assim, mas saiba que qualquer necessidade que você tiver, nós resolveremos.

Japão ganha sua 1ª escola Fisk

Ainda em 1998, um novo país ganhou a primeira escola Fisk: o Japão, um mercado de consumidores com hábitos e costumes bem diferentes.

Um ex-funcionário da Escolas Fisk, chamado Ricardo Masayuki Misawa, decidiu desbravar o mercado. Ele queria implantar o método no Japão e apostava que a força e o *know how* da marca Fisk seriam fundamentais para o sucesso dessa iniciativa.

E o método foi muito bem aceito, tanto que em menos de uma década (2007) a rede já tinha 15 escolas Fisk no Japão, todas pequenas e bem pulverizadas.

Mas foi necessário um ajuste de metodologia, uma adaptação à cultura local. No Japão, o inglês faz parte do currículo escolar desde os primeiros anos de escola, sendo assim, um aluno de 15 anos de idade já estudou por pelo menos 10 um inglês de excelente qualidade. A metodologia aplicada no país visa reforçar bastante a gramática da língua, o que faz com que o povo japonês saiba ler e escrever, e entenda muito bem o inglês, mas tenha certa dificuldade na hora de falar o idioma. Por isso, as escolas Fisk locais reforçam a conversação com esses alunos.

Em 2004, seis anos depois da abertura da primeira unidade, quando Fisk esteve em passeio no país, deparou-se com o luminoso de uma das escolas. Ele ficou parado em frente à porta da escola observando a entrada e a saída dos alunos. Aquilo encheu seu coração de alegria e emoção, e reforçou em seu íntimo o tamanho da importância e da responsabilidade que o trabalho que ele começara há décadas havia alcançado.

Um balanço do final da década

A partir de 1999 as escolas Fisk começaram a entrar fortemente na preparação de um novo material dirigido às crianças. Neste ano, ficaram prontos os primeiros livros, mas o curso completo com todos os estágios só foi finalizado por volta de 2004. Assim que foi criado, o curso despertou enorme interesse, principalmente nas escolas situadas fora dos grandes centros, em especial no interior de São Paulo.

A década de 1990 exigiu grande jogo de cintura de Fisk e dos executivos da Fundação. Nesse período, houve enorme crescimento e uma disputa acirrada de mercado com a concorrência. Aliás, o Brasil é um país ideal para o formato de escolas de línguas, em especial de inglês. Nos Estados Unidos não há tanto interesse no segmento, pois a língua nativa é universal, e quem quer aprender outro idioma o faz, geralmente, na faculdade. Já na Europa, o inglês participa do ensino básico, e a partir dos sete anos a criança passa a ter contato constante com a língua. A Índia é outro exemplo, pois o inglês é adotado como língua nacional. Com isso, muitos falam perfeitamente o idioma, o que foi fundamental para o crescimento da economia indiana da década de 1990 em diante.

Assim, o inglês tornou-se uma língua universal, para servir de meio de comunicação entre pessoas de diferentes países do mundo, fosse com objetivo social, cultural ou profissional. E quanto mais abertos forem os mercados, mais o inglês se difunde. Da mesma forma acontece com o espanhol, que tem crescido muito nas últimas duas décadas. No Brasil, o inglês ensinado nas escolas, principalmente as privadas, embora tenha melhorado bastante, ainda é insuficiente para garantir o domínio do idioma, mas serve como base no aprendizado da língua. Por isso o mercado é tão empreendedor, concorrido e aberto a novas empresas.

No final da década de 1990 a Fundação investiu mais uma vez em *merchandising*. Desta vez, a opção foi um longa-metragem. Era um filme rodado no Brasil, em Copacabana, contracenado por Antonio Fagundes e Amy Irving, ex-esposa de Steven Spilberg, chamado Bossa Nova. Nele, Amy fez o papel de professora de inglês de uma das escolas Fisk. Várias cenas foram gravadas em uma das unidades na qual sempre aparecia a marca Fisk.

Essa também foi uma década de grandes reformas nas escolas e na matriz, visando melhorar os aspectos organizacionais e estruturais, para deixá-las cada vez mais adaptadas ao bom desenvolvimento das aulas e levar ainda mais conforto aos alunos.

Em função do grande crescimento da empresa e da transformação na Fundação Richard Hugh Fisk, todos os departamentos se desenvolveram demasiadamente. Nesse cenário, o departamento jurídico foi um dos que mereceram atenção especial. A preocupação legal em tudo o que era realizado passou a fazer parte da rotina dos profissionais; não se dava mais um passo sem consultar os advogados da Fundação.

No caminhar dessas mudanças, a demissão de alguns colaboradores chateou Fisk, mas ele sustentou a decisão tomada pelos executivos da empresa como forma de prestigiá-los. Fisk buscava jamais interferir ou reverter decisões tomadas pelos diretores da empresa. Quando algum pedido nesse sentido era feito, Fisk costumava dizer:

– Ele decidiu. E eu acredito que foi uma boa decisão. Não há como revertê-la.

Outro aspecto em relação aos colaboradores, é o fato de que a empresa nunca entrou em leilão para segurar funcionários. Quando um deles comunica que recebeu proposta melhor, a resposta é: "Espero que você seja feliz no novo emprego". Fisk entende que quando um funcionário se deixa atrair por uma nova proposta é porque já não se sente totalmente satisfeito ou realizado na empresa. Além disso, abrir exceções nunca foi uma prática da empresa.

Em 1999, Fisk recebeu na matriz a visita do franqueado de Foz do Iguaçu, Bruno Zadinello, e o convidou para o almoço no refeitório. À mesa estavam, além deles, Bruno Caravati, Ivany Nofuentes e Geraldo Pedroso Júnior. Fisk relembrou das viagens que fez a Foz do Iguaçu e de como acompanhou o crescimento do parceiro:

– Você, Zadinello, teve muita visão ao montar a escola em Foz do Iguaçu. Quando isso aconteceu, na década de 1980, houve uma grande invasão de mão-de-obra em função das hidrelétricas, e as Cataratas do Iguaçu transformaram a cidade em um dos principais pontos turísticos do país. Por isso, falar inglês passou a ser fundamental para os moradores da cidade.

– Sim, Mr. Fisk. E eu sou muito grato pela liberdade de trabalho que nós franqueados sempre tivemos. O senhor viajou por esse Brasil afora, conheceu as mais diferentes praças e criou uma visão global do segmento. Em poder de todos esses aprendizados adquiridos, o senhor soube adaptá-los e passá-los a nós, que dirigimos as escolas de uma forma individualizada. O senhor enxergou que cada mercado tem suas necessidades e potencialidades.

Bruno Zadinello conseguiu sensibilizar ainda mais o empresário:

– A Fisk é uma marca muito forte. É o espelho do criador. Na verdade, é a reprodução da sua personalidade, pois carrega dentro de si muita força, energia e vontade de vencer. Essas quatro letras, FISK, são mágicas e ainda cabem dentro de um luminoso, de uma placa. Mr. Fisk, o senhor é especial.

Fisk ficou corado e envaidecido com as palavras de Bruno Zadinello, e, com o bom humor que lhe é peculiar, emendou:

– Suas palavras me emocionaram bastante. Obrigado, Zadinello. Como prêmio você pode comer duas sobremesas – e todos caíram na gargalhada.

A perda de Bob

Em setembro de 1999, Fisk, Bob e o amigo Isac Fortes viajaram para a Europa e de lá foram para Montreal, no Canadá. Dali percorreram mais uns 80 quilômetros até Vermont, nos Estados Unidos, onde Fisk nasceu, para visitar o outro irmão, Herb. Foi uma viagem em tom de despedida.

Dois meses depois, em novembro, Fisk perdeu o melhor amigo que tinha, seu irmão Bob, um companheiro excepcional. Diferentemente de Fisk, Bob adorava a solidão e vivia bem e feliz sozinho. Era muito bem informado, adorava ler o jornal de ponta a ponta e estudar geografia. As tantas viagens que fizeram juntos eram todas estudadas, roteirizadas e planejadas por Bob.

Mesmo depois de contrair o Mal de Parkinson, Bob continuou a ter uma vida independente, a morar sozinho e a viajar com Fisk, mesmo que em cadeira de rodas. Toda sua vida foi de casa para o trabalho, e vice-versa. Tudo para estar mais próximo da mãe e permitir que a velhice dela fosse mais feliz até seu falecimento, em 1983. Certa vez, o médico dissera a Sarah:

– A senhora tem uma ótima saúde porque recebe muito carinho em casa.

Pelo carinho e atenção que dedicava à mãe, Fisk sempre foi muito grato a Bob. Embora assumisse a parte financeira da família, porque Bob não tinha muitas posses, Fisk reconhecia que a presença do irmão era de grande importância para que a mãe tivesse uma vida feliz e saudável.

Bob morava em Miami Beach e dirigiu até o último dia de vida. Seu vizinho de apartamento, John Tuero, se tornou um grande companheiro de Bob. E foi ele quem deu a notícia a Fisk:

– Amigo Fisk, o que tenho a dizer não é nada agradável. Infelizmente, nosso querido Bob faleceu nessa madrugada, durante a noite, dormindo. Como ele não atendia aos meus chamados, entrei em seu apartamento, mas Bob já estava morto.

Quando faleceu, Bob estava com 80 anos de idade. Fisk nada pôde fazer, pois estava no Brasil. Ele apenas chorou muito e passou aquela noite relembrando os momentos felizes que tivera ao lado do irmão. Fisk viu e reviu fotos em que ele e Bob estavam juntos nos Estados Unidos ou em viagens pelo mundo. Era uma forma de, apesar da tristeza, guardar as melhores lembranças dele.

Na manhã seguinte, Fisk solicitou a compra da passagem para viajar aos Estados Unidos para providenciar tudo que fosse necessário para o enterro de Bob e se despedir do irmão. Assim que chegou ao apartamento em que Bob morava, em Miami Beach, Fisk ligou para o hotel em que Bruno Caravati estava hospedado, que ficava a duas quadras de onde ele estava. Bruno estava, coincidentemente, em viagem de férias com a família. Logo os dois se encontraram, e Bruno pôde contar a Fisk que havia visitado Bob poucos dias antes do seu falecimento, e que seu irmão parecia bastante tranqüilo e feliz com a vida que levava. Aquelas palavras serviram como um conforto a mais para Fisk.

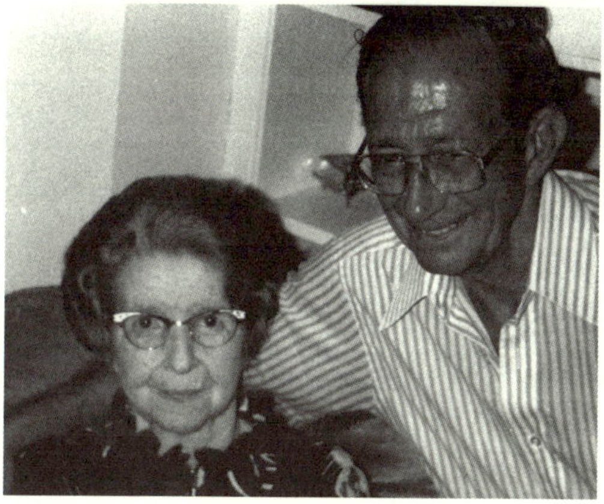

Bob morou e cuidou de Sarah até que ela falecesse

Detalhes que fazem a diferença

No fim do ano de 1999, Fisk recebeu em São Paulo a visita dos amigos e irmãos Laura Ferreira Silva de Carvalho e Manoel Ferreira da Silva. Eles desejavam tratar de assuntos referentes às escolas que possuíam no Paraná e também matar saudades dos encontros que tinham com Fisk anos atrás. Para comemorar a volta aos velhos e bons tempos, Fisk os convidou para jantar em um restaurante, e a noite foi muito divertida. Eles não paravam de contar histórias e recordar algumas idéias de Fisk que ajudaram a fortalecer o sucesso das escolas. Laura lembrou da importância dos investimentos em *outdoors* e da qualidade do material didático:

– O senhor apostou que anunciar em *outdoors* poderia atrair alunos para as escolas quando ainda poucos investiam e acreditavam nesse tipo de mídia. E foi um investimento que nos deu muito retorno. Também

Foto de Sarah com dedicatória ao filho Bob: "Com amor para Bob"

sempre tivemos um material da mais alta qualidade para trabalhar. O conteúdo, que era um grande diferencial, ganhou cada vez mais qualidade.

Manoel recordou dos programas de TV e da opção por franquias:

– Mr. Fisk, com os programas que o senhor apresentava na televisão, a marca Fisk ganhou projeção nacional. Acredito que a idéia de ter mais escolas franqueadas do que próprias tenha sido o que se chama de "pulo do gato".

As palavras dos amigos emocionaram Fisk. Realmente, aqueles eram detalhes que haviam feito a diferença no sucesso da empresa:

– Vocês viveram isso de perto e constataram que esses pontos foram nossos diferenciais. E tudo teve início com o método de ensino, com os primeiros livros. Era um método que permitia aos alunos entenderem a gramática e aprenderem a falar inglês de forma rápida. Muitos dos alunos que se formaram conosco, depois vieram a trabalhar como professores da rede de escolas Fisk. Assim, pelas escolas passaram duas ou três gerações de uma mesma família.

Todo esse fluxo de pessoas fez com que as escolas da Fundação Fisk registrassem ao final dos anos 1990 números impressionantes. Em média, 400.000 alunos passavam por ano pelas salas de aula da organização, que tinha aproximadamente 700 escolas, entre Fisk e PBF, e perto de 40 escolas próprias. O objetivo da relação comercial entre a matriz e os franqueados continuava a ser o de vender o material de estudo, além de objetos promocionais, como sacolas, bonés, chaveiros etc. A seriedade sempre foi a marca registrada do departamento de franquias da Escolas Fisk. Jamais se cobrou *royalties* dos franqueados ou mesmo alguma parte das matrículas ou mensalidades. Muitos perguntavam ao empresário:

– Fisk, por que você nunca cobrou *royalties* das escolas?

Assim ele detalhava o motivo daquela opção:

– Se cobrássemos *royalties*, poderíamos criar uma relação tensa com os franqueados. Como se certificar do faturamento real de uma empresa? Só mesmo tendo total ingerência sobre a administração do negócio. Para isso, eu precisaria saber de tudo o que acontece nas escolas franqueadas. E qual é o empresário que quer dar satisfações do próprio negócio? Contar detalhadamente tudo o que faz e quanto faturou no mês? Então, para não criar esse tipo de atrito, esse formato foi desprezado. Além disso, com a venda dos materiais a matriz consegue boa rentabilidade.

Apesar de Fisk não ter adotado esse sistema de franqueamento no Brasil, em alguns países onde há escolas Fisk é cobrado um percentual de *royalties* das escolas para cobrir despesas com serviços extras que lá são prestados e de propaganda; um deles é a Argentina.

Uma grande reorganização

Entre o fim da década de 1990 e o começo de 2000 o mercado de escolas de idiomas começou a sofrer mudanças que atingiram inicialmente as unidades de Curitiba, no Paraná, mas logo chegaram também a São Paulo. Eram mudanças já antevistas por Fisk. As grandes escolas perderam espaço para as menores, nas quais os custos fixos eram proporcionais ao tamanho. Em função da divisão de mercado, as escolas que costumeiramente possuíam mais de 1.000 alunos não conseguiam manter essa média. E, claro, a gestão eficiente das escolas passou a ser mais do que nunca uma grande exigência para poder se manter vivo no mercado. Somado a isso, era preciso oferecer um verdadeiro arsenal de equipamentos tecnológicos para satisfazer às exigências dos alunos. Diante desse cenário, foi necessária uma grande reorganização educacional.

A descentralização das escolas também influenciou nessa mudança. As escolas se espalharam pelos bairros, assim, sempre havia uma escola perto da casa de quem queria estudar um novo idioma, o que era um fator tranqüilizante para os pais. Com isso, o modelo ideal passou a ser o de ter escolas que comportassem até 600 alunos e que possuíssem estruturas mais enxutas. Nas escolas maiores, muitas vezes as salas ficavam ociosas e o investimento de manutenção do imóvel era mais elevado.

Nesse contexto de concorrência ferrenha, incluem-se as escolas bilíngües e os professores particulares. Mas tudo isso faz parte do mercado, e Fisk jamais se rebelou contra o sistema, até porque sua história era igual. Ele começara como professor em uma escola de inglês na década de 1950 e pouco tempo depois se desligara para dar aulas particulares.

Mas vale ressaltar o comportamento ético adotado pelas redes concorrentes nesse período. Os olhos administrativos se voltaram para dentro de casa;

antes de se preocupar com o que o vizinho fazia, era mais importante saber como consertar a própria casa. E própria casa para a Fundação Fisk representa preocupação em triplo, pois há um tripé a ser observado – a matriz, as escolas franqueadas e as próprias – que sustenta o nome Fisk, a rede brasileira de escolas de idiomas que mais possui unidades próprias. Era preciso agir rápido para estancar a "sangria" causada pela redução de alunos. Com grupos maiores, os custos eram diluídos mais facilmente. Mas, com a queda das matrículas, foram necessárias medidas drásticas, entre elas a fusão dos grupos, que se tornavam menores. Este era um dos pontos do plano de ação que Bruno Caravati preparou e apresentou a Fisk. O plano baseava-se fundamentalmente em um aperto do cinto, ou seja, em uma dura redução de custos:

– Mr. Fisk, depois de analisar essa grande reciclagem do mercado e a situação interna das nossas escolas, preparei esse plano de ação para lhe apresentar. É hora de cortar gastos e reduzir o contingente de profissionais. Há aproximadamente três anos estamos atentos a isso, mas chegamos ao limite. Ou eliminamos "gorduras" ou sofreremos com o "colesterol". Ou enxugamos os gastos, ou a empresa sofrerá sérias conseqüências.

– Bruno, você sabe o quanto confio em você. Li o que você sugeriu e concordo plenamente. Será triste demitir pessoas tão competentes, pois sempre fizemos questão de trabalhar com profissionais de qualidade. Mas se é isso que precisamos fazer para o bem da empresa...

As adaptações e transformações pelas quais passaram as escolas da Fundação Fisk e, também, as das redes concorrentes, beneficiaram principalmente os alunos, que passaram a ter ainda mais direitos, benefícios e opções tecnológicas para aprimorar os estudos. Mas todo esse processo envolveu custos de investimentos que, em razão da disputa do mercado, dificilmente poderiam ser repassados às mensalidades, e, por isso, esses custos tiveram que ser absorvidos quase que na totalidade pelas próprias redes. Com isso, a rentabilidade das escolas caiu bastante. Teve início ali um período de grandes pesquisas e estudos tecnológicos. Era um exercício constante para agradar cada vez mais aos alunos, e isso fez com que a relação dos diretores das escolas com a matriz ficasse ainda mais estreita.

Era notório que essa mudança mercadológica tinha a ver com a política de juros adotada pelo governo. A redução do número de alunos nas escolas se deu em função do corte de custos no orçamento mensal das famílias. E essa medida atingiu diretamente as classes sociais que estudavam nas escolas Fisk.

Em Fortaleza, uma divisão bem-sucedida

Ainda no final da década de 1990 Fisk reencontrou a velha amiga e franqueada de Fortaleza, Orlane Maria Araújo Cavalcante. Eles relembraram várias passagens, e Orlane se mostrou saudosista dos tempos em que o próprio Fisk visitava as escolas. Mas o motivo que a levara ao encontro tinha sido a necessidade de se aconselhar com Mr. Fisk. Depois de muitos anos de sociedade com Andréa Colares de Carvalho e Ana Maria Antunes Barbosa, elas haviam decidido que o melhor que tinham a fazer era se separar. Tempos atrás, Fisk e Orlane já haviam falado sobre o assunto, mas ele a demoveu da idéia. Desta vez, Orlane e as sócias estavam mesmo decididas:

– Mr. Fisk, acredito que chegou a hora de cada uma de nós tocar a própria vida separadamene. Sempre nos demos muito bem, mas hoje cada uma de nós constituiu família e precisamos preparar o futuro dos nossos filhos. Deixar que eles possam trabalhar livremente nas escolas.

Fisk percebeu que desta vez a decisão estava mesmo tomada, mas tentou interceder:

– Bem, Orlane, a divisão sempre enfraquece as escolas. Hoje vocês são grandes, mas cada uma de vocês será um terço do que é.

Orlane continuou sua argumentação:

– Mr. Fisk, não estou mais preocupada em ser grande, e sim em poder trabalhar com liberdade.

Fisk entendeu que só restava mesmo apoiar a decisão tomada pelas sócias e torcer para que cada uma delas seguisse o próprio caminho com sucesso:

– Querida Orlane, então só me resta desejar que vocês sejam muito felizes nessa nova etapa das suas vidas. E que estejam firmes e prontas para enfrentar as dificuldades que porventura aparecerem no caminho.

Fisk estava realmente certo mais uma vez. A divisão das três sócias lhes trouxe um grande número de adaptações, e Fisk sempre ligava para saber como cada uma seguia com a escola. Aos poucos, tudo se encaixou e, apesar da divisão, a Fisk continuou a ser uma das mais fortes redes instaladas em Fortaleza.

Capítulo 14

O século 21

Logo depois da entrada do novo milênio, aconteceu a terceira e maior de todas as reformas na sede da Escolas Fisk. A área construída foi ampliada, proporcionando uma melhor disposição dos departamentos.

Outra grande mudança provocada pela entrada do século 21 foi mais uma redução do prazo para a troca de materiais. No passado, os livros eram trocados a cada dez anos, depois, passaram a ser modificados a cada sete anos. A partir de 2000, esse prazo se reduziu ainda mais: três anos. A política da Fundação é continuar a trabalhar sempre da melhor maneira possível na elaboração de novos livros, economizando em gastos desnecessários, e por isso poucos eram os aluguéis pagos pela Fundação nos pontos onde as escolas estavam em funcionamento. Outro investimento importante e do qual nunca se abriu mão foi o aperfeiçoamento pedagógico. Duas vezes por ano, janeiro e julho, são feitas reciclagens com os diretores e professores das escolas franqueadas; em relação às escolas próprias, isso é feito constantemente.

Três novas unidades em SP

Em 2001, Fisk inaugurou uma escola no bairro da Penha, zona leste de São Paulo. Esta era uma situação rotineira na vida de Fisk, mas a construção e a montagem da escola realmente mexeram com ele. Aquela se tornou uma das unidades mais bonitas e bem montadas da rede, uma das escolas modelo da Fundação Fisk.

Logo depois foi inaugurada uma das últimas escolas abertas por indicação e feeling de Fisk, localizada no Parque São Lucas, zona leste de São Paulo. O ponto escolhido por ele estava a quase dois quilômetros dos concorrentes. Na seqüência, Fisk comprou um imóvel em Sapopemba, também na zona leste, onde montou mais uma escola própria. Como se percebe, 2001 foi propício para aberturas de novas unidades.

A perda de Herb, o último irmão

No mesmo ano, Fisk recebeu a notícia do falecimento de seu último irmão, Herb. Assim como Bob, ele também tinha Mal de Parkinson. Sua sobrinha Una foi quem ajudou a cuidar do pai até o final da sua vida.

Foi uma notícia dura para Fisk, que fez que passasse um filme em sua cabeça de tudo que vivera ao lado dos pais e dos irmãos.

A descoberta de nova fraude

No início dos anos 2000, outra vez foi descoberto um foco criminoso dentro da empresa. Desta vez, um grupo de funcionários começou a desviar material da gráfica e a vender, clandestinamente e abaixo dos preços normais, para alguns diretores das escolas franqueadas. O grupo era formado basicamente por jovens funcionários, alguns de futuro promissor. Eles tiravam ilegalmente os materiais da matriz e ofereciam nas escolas; provavelmente naquelas em que tinham relacionamentos mais próximos. Alguns diretores aceitaram comprar o material. Quem descobriu tudo foi mais uma vez Ivany Aguilar Nofuentes, através do contato feito pela ex-namorada de um dos integrantes do grupo. Como havia sido abandonada pelo rapaz, a moça estava magoada com aquela situação, e ligou duas vezes para Ivany, contando como tudo aconteceu.

E assim o "esquema" foi desmascarado. Ivany solicitou uma reunião com a diretoria para apresentar o problema e também para dizer como pretendia resolvê-lo. Quando soube, Fisk ficou perplexo, mas nem por isso quis o mal dos envolvidos:

– Prefiro que eles sejam dispensados e sigam suas vidas. Paguem a eles todos os direitos trabalhistas. Espero que tenham aprendido com os erros que cometeram.

Em relação aos franqueados que aceitaram comprar o material e tirar algum proveito ilícito, foram desautorizados pela direção da rede. Depois desse episódio, foi feito grande investimento tecnológico para evitar que novos acontecimentos nesse sentido se repetissem.

Cidadão paulistano e a melhor empresa franqueadora do Brasil

O intenso, mas triste ano de 2001 rendeu a Fisk uma linda homenagem. Através da iniciativa da amiga Letice Maluf, Fisk foi condecorado com o título de cidadão paulistano. O projeto enviado à Câmara Municipal dos Vereadores, na época presidida pelo deputado federal Luis Eduardo Martins Cardozo, foi elaborado pelo então vereador Marcos Zerbini, que era grande amigo de Letice.

Desde 1997 Letice lutava para que algum político prestasse essa homenagem a Fisk. Ela provocou um encontro entre Fisk e o vereador Marcos Zerbini na sede da Fundação, para que se conhecessem. Eles almoçaram juntos, circularam pela empresa, num encontro que durou perto de três horas. Durante todo esse tempo, nada de falar da homenagem, preparada como surpresa para Fisk. Quando já estavam fora da empresa, Zerbini confidenciou à amiga:

– Letice, Mr. Fisk ama viver. Que paixão esse homem tem pela vida. Que amor ele tem pelo Brasil.

Daquele dia em diante, Zerbini iniciou o processo da titulação. Depois de fazer a proposta do decreto legislativo, para que pudesse dar entrada com o processo, Zerbini precisava ter 28 assinaturas, metade mais um dos vereadores da casa, total conseguido nessa primeira etapa. Depois, o projeto foi para as comissões da Câmara, que o encaminharam para ser votado em plenário, quando o projeto foi aprovado. Todo o processo levou em torno de quatro meses.

Era chegada a hora de preparar o evento, a hora da grande festa. No dia da cerimônia, aberta oficialmente pelo presidente da casa, José Eduardo

Mr. Fisk com o troféu de Franqueador do Ano em 2003, oferecido pela ABF – Associação Brasileira de Franquias

Martins Cardozo, muitas autoridades, amigos, franqueados e funcionários da Fundação Fisk foram prestigiar o evento. O auditório do Salão Nobre da Câmara, no oitavo andar do prédio, estava lotado. Fisk era mais um dos homenageados que ajudaram a mudar a história do país com a sólida empresa que construíra. Foi uma cerimônia bonita, uma forma de reconhecer o valor das pessoas que marcaram a história da cidade.

Fisk se emocionou por várias vezes durante a cerimônia. O protocolo foi deixado de lado, valeram mesmo a sensibilidade e a espontaneidade de quem estava presente. Ao final, em meio a muitos aplausos e abraços apertados, Fisk foi muito festejado durante o coquetel oferecido após a cerimônia. Dias depois da homenagem, Fisk e Marcos Zerbini voltaram a manter contado, pois Fisk se interessara por um projeto social encabeçado pelo vereador. No projeto, Fisk ministraria, através das escolas, aulas gratuitas de inglês para alunos carentes. A parceria foi feita e o projeto durou um bom tempo.

Ao final de 2003, nova homenagem. Desta vez, a ABF – Associação Brasileira de Franquias, elegeu a Fundação Fisk como a melhor empresa franqueadora do Brasil. A comemoração aconteceu em uma linda festa organizada pela ABF no ano seguinte. Richard Hugh Fisk ficou tão emocionado com a notícia do prêmio, que chegou a chorar. Para ele, ter sido eleito através de votação foi uma grande honra, um reconhecimento ao empenho, dedicação e qualidade da organização Escolas Fisk.

Aliás, sempre que citava a conquista desse prêmio seus olhos ficavam marejados. E foi assim também quando Mr. Fisk subiu ao palco para receber o prêmio. Como é de praxe, o premiado sempre pronuncia algumas palavras em agradecimento. Ao começar a discursar, a emoção tomou conta de Mr. Fisk; sua voz ficou embargada, o coração disparou, e as lágrimas rolaram. Não era preciso dizer mais nada, pois não há palavra que expresse melhor um momento especial do que a própria emoção das pessoas.

Quando Fisk desceu do palco, vários diretores e presidentes das redes concorrentes foram ao seu encontro. Eles queriam cumprimentá-lo e abraçá-lo; prestar solidariedade e agradecer ao "fura onda" Mr. Fisk, já que ele sempre propagou a importância de aprender o inglês e outros idiomas, e, com isso, todas as escolas do mercado tiraram proveito. Naquele momento, a concorrência e a briga de mercado pela conquista de alunos foram deixadas de lado.

A partir da década de 1990, adquirir uma franquia passou a ser uma importante saída para o desemprego, além de permitir ao franqueado se desenvolver e abrir mais negócios. Muitos aproveitaram o capital que haviam guardado ou mesmo o dinheiro das rescisões trabalhistas para montar franquias. Dentro dessa tendência, abrir uma escola Fisk foi uma excelente opção para empreender. O sucesso do franqueado depende diretamente da forma de administrar o negócio, pois todo o respaldo é dado por quem detém a marca.

Até 2003, as únicas escolas Fisk montadas na cidade de São Paulo eram de propriedade da Matriz, com exceção de Vila Prudente, Vila Carrão, Vila Maria, Interlagos e Jardim Prudência. Não era aberta a possibilidade de franquias na cidade. Boa parte das 40 escolas próprias que a rede chegou a ter estavam em São Paulo. Mas, depois de muito analisar, Fisk entendeu que algumas escolas sobreviveriam melhor se fossem passadas a franqueados que pudessem ser os diretores das escolas e também dar um grande número de aulas. Com isso, o custo operacional da escola seria bastante reduzido e, automaticamente, aumentaria a rentabilidade do negócio.

Como forma de incentivar aqueles que estavam há alguns anos na empresa, as escolas disponibilizadas foram oferecidas aos coordenadores da empresa. Eles foram desligados da Matriz e adquiriram as escolas, que foram pagas, total ou parcialmente, com o dinheiro da rescisão do contrato de trabalho.

Diferentemente da concorrência, que preferia vender o material e administrar a marca, Fisk apostou em escolas próprias. Espalhadas pelas cidades de São Paulo, Rio de Janeiro e Curitiba, elas sempre registraram excelentes faturamentos, principalmente as que chegaram a ultrapassar 1.000 alunos matriculados. Isso, além de aumentar a rentabilidade da empresa, permitia também interagir melhor com o formato de administração de escola; era como sentir o mercado na pele e entender plenamente as necessidades dos franqueados, pois as escolas próprias passavam pelas mesmas situações e dificuldades.

Ainda em 2003, Mr. Fisk aproveitou a estada no Rio de Janeiro para rever uma franqueada de longa data. Como sempre gostou de fazer surpresa, a secretária de uma das escolas Fisk de Niterói entrou correndo na sala onde estava Clarisse Galvão Palma Coelho e disse eufórica:

– Sabe quem está na recepção? É o Mr. Fisk. Pode acreditar, Mr. Fisk veio nos visitar.

Rapidamente, Clarisse e o marido Cesar foram ao encontro de Mr. Fisk. Naquela altura, o casal já possuía três escolas Fisk em Niterói.

Quanta alegria naquele reencontro. Receber a visita de Mr. Fisk sempre foi motivo de grande prestígio, ainda mais quando isso acontece de forma inesperada. A conversa entre eles se estendeu por horas. Falaram de vários assuntos referentes ao tempo de parceria. Clarisse e Cesar eram franqueados extremamente dedicados, que seguiam à risca os conselhos de gestão de Mr. Fisk. O melhor exemplo disso é que duas das suas escolas estavam em prédios próprios, e ambos já projetavam a compra do terreno e a construção do prédio para abrigar a terceira escola.

Depois de muitos conselhos recebidos e lembranças de fatos ocorridos, Clarisse, emocionada, lembrou do dia em que Mr. Fisk recebeu o título de Cidadão Paulistano. Ela e o marido haviam chegado pouco depois do início da solenidade, justamente na hora em que Fisk falava aos presentes, olhando na direção da platéia. Havia uma longa distância entre a porta de entrada do salão e o local em que Mr. Fisk estava.

Mr. Fisk discursando no IV Congresso Internacional da rede Fisk, em 2005

Clarisse teve a sensação de que ele olhou para ela e seu marido e piscou, como se tivesse percebido a chegada deles. Aquilo parecia bastante improvável, mesmo assim, foi esta a impressão que ela teve.

De repente, Mr. Fisk incluiu algumas palavras de improviso no discurso:

– Sei como é difícil citar pessoas em um momento desses. Mas, apesar de fugir do roteiro, não posso deixar de mencionar a presença de alguém em especial, que veio de muito longe para me prestigiar. Essa pessoa é a Clarisse, de Niterói.

Aos prantos, Clarisse descreveu a reação que teve ao ouvir aquilo:

– Mr. Fisk, fiquei tão emocionada que me agarrei ao braço do Cesar para não cair no chão.

– Ainda bem que você é magra e ele não precisou fazer muita força – disse Fisk em meio a gargalhadas.

Começa a nascer a autobiografia

Em 2004, Mr. Fisk animou-se em escrever sua autobiografia. Numa tarde de domingo, sentou-se à frente do computador e começou a digitar as primeiras palavras.

O texto começava assim: "As I was born in September of 1922 and the great depression was in 1929. I was beginning to understand things. I remember hearing my father..." [11]. Ele chegou a escrever umas 20 páginas, que passaram por sua vida em Tunbridge, a chegada ao Brasil e sobre algumas passagens marcantes. Mr. Fisk se dedicou ao texto por alguns dias, mas decidiu parar. Constantemente, Bruno Caravati lhe perguntava como andava o livro. No início, as palavras eram afirmativas, mas logo ele desistiu de seguir em frente:

– Bruno, não fico à vontade escrevendo sobre mim. É desconfortável. Não sou a pessoa mais indicada para fazer isso.

O projeto do livro biográfico foi engavetado provisoriamente, mas não esquecido.

---

[11] Eu nasci em 1922 e a grande depressão foi em 1929. Eu começava a entender as coisas. Eu lembro de ouvir meu pai...

Ainda nesse ano, às vésperas de uma viagem programada para a Argentina, Fisk foi vitimado por uma isquemia. Sua recuperação foi surpreendente, mas, depois do susto, Fisk passou a preocupar-se cada vez mais com sua saúde, consigo mesmo; freou a carga horária de trabalho e passou a fazer ginástica, ir a médicos, programar viagens mais longas etc. Ele sabia que aquele era mais um alerta que o tempo lhe dava.

A 1ª escola Fisk nos Estados Unidos

Outra novidade de 2004 foi a abertura da primeira Escola Fisk de idiomas nos Estados Unidos. O sucesso foi tão grande, que em três anos já eram cinco escolas no país.

Mr. Fisk, cada vez mais uma referência

Em 2005 aconteceu o IV Congresso Internacional da Escolas Fisk. O evento, sediado em Atibaia, interior de São Paulo, contou com a participação de inúmeros funcionários das escolas e da Fundação, franqueados e diretores. Nesse dia, Fisk estava mais uma vez bastante emotivo:

– Estou muito feliz em estarmos juntos em mais um encontro, em mais uma convenção. Quero agradecer o empenho de todos vocês, pois sem essa dedicação e garra com que todos trabalham não teríamos chegado até o excelente estágio em que nos encontramos. A vida a Deus pertence, mas espero que ele me dê a oportunidade de estar por mais alguns anos com vocês.

“Mr. Fisk agora é um homem emotivo”, era o comentário daqueles que o conheciam há anos. O homem, sempre discreto e contido nas emoções, se deixava esmorecer com mais freqüência. Despia as emoções perante as pessoas, algo jamais imaginado antes. Essa foi uma das grandes mudanças que o tempo provocou no empresário.

Mr. Fisk nunca gostou da palavra não. Sempre tentou usar formas diferentes de se expressar quando queria desaprovar algo ou mesmo adiar a decisão sobre algum investimento. Apesar de evitar criar inimizades, ele concorda plenamente com a célebre frase dita pelo ex-presidente dos Estados Unidos, John Fitzgerald Kennedy: “O segredo do sucesso eu desconheço.

Mas o segredo do fracasso é querer agradar a todos". Realmente, é impossível tomar uma decisão e com ela agradar todos os envolvidos. Uns se acham prejudicados; outros, beneficiados; há ainda aqueles que não sentem nem uma coisa nem outra. Por isso, Fisk sempre buscou tomar as decisões que melhor atendessem às necessidades da empresa como um todo, ou seja, um somatório que inclui a organização, os colaboradores e os franqueados.

O reconhecimento pela dedicação

Em meados de 2005, Fisk recebeu a visita da secretária Meiri Teófila de Melo Baccari, que fora à Fundação oficializar sua saída da empresa, porque estava se aposentando. Meiri completava 35 anos de Fisk, e não poderia se desligar sem se despedir do patrão:

– Quero que o senhor saiba que jamais me esquecerei dos momentos que vivemos juntos, dos nossos almoços em grupo no Dia da Secretária, dos socorros que recebi quando precisei reformar minha casa. Aliás, em uma dessas reformas, tive todo o capital preso no confisco do Plano Collor. Mas, através da solicitação que fiz ao Bruno, o senhor autorizou a liberação do dinheiro que eu precisava para concluir as obras. Aqui dediquei 35 anos da minha vida. E nesse tempo todo, jamais recebi meu salário com um dia sequer de atraso; jamais recebi ou soube de algum funcionário que recebeu alguma proposta da empresa que viesse a lesá-lo. O senhor é muito íntegro, um ser humano especial. Mr. Fisk, sempre me recordo da conversa que tivemos logo depois que o senhor comprou o prédio da Matriz, na Avenida Lins de Vasconcelos.

A fisionomia de Fisk mudou, ele não se lembrava da conversa.

– Naquele dia, o senhor disse que construiria um refeitório para os funcionários. Até questionei se isso seria realmente importante, e o senhor respondeu: "Meiri, temos muitos jovens que trabalham conosco e que estudam. Quero que eles estejam bem alimentados para suportar a pesada carga de trabalho e estudo". O refeitório foi realmente construído, a comida sempre foi da melhor qualidade e todos, inclusive o senhor e os diretores, passaram a almoçar entre os funcionários. Essa é mais uma comprovação de que o senhor não faz distinção entre as pessoas.

– Meiri, gostaria que você continuasse entre nós. Você ajudou muito nessa nossa trajetória, mas respeito sua decisão. Espero que aproveite bem os dias de tranqüilidade ao lado de sua família.

Depois do desligamento de Meiri, Fisk ordenou que continuasse a ser paga a mensalidade da faculdade de sua filha. A bolsa integral foi mantida por mais dois anos, até que ela se formasse. Assim como aconteceu com a filha, o marido de Meiri também teve a faculdade paga enquanto ele trabalhou na empresa.

Do mesmo modo que Meiri, muitos outros colaboradores dedicaram suas vidas à empresa. E Fisk sempre reconheceu o empenho deles e procurou oferecer o que havia de melhor em segurança profissional e respeito. Ele jamais admitiu posturas incorretas daqueles que ocupavam cargos de chefia para com os subordinados. O funcionário poderia até não servir para trabalhar na empresa, mas não precisava ser maltratado por causa disso. Assim, Fisk trabalhou, discutiu ações, fez amigos e cresceu tendo ao lado um grupo de trabalho competente e composto por verdadeiros seres humanos, por pessoas de bem. Como sempre gostou de brincar com os colaboradores, ele costuma dizer ao encontrar um funcionário conhecido:

– Se não trabalhar direitinho, não terá 13º salário.

A brincadeira sempre vem seguida de uma gostosa gargalhada. Claro que é realmente uma brincadeira, pois, como já foi registrado, Fisk nunca admitiu atraso no pagamento dos salários. Por diversas vezes, inclusive, o pagamento é feito antecipadamente, principalmente quando o dia estabelecido por lei cai em uma segunda-feira ou depois de feriados prolongados ou datas festivas.

Em dezembro de 2005, outra unidade da rede iniciou a transformação de escola própria para franqueada. Bruno Caravati convocou a presença da coordenadora pedagógica Luciani Pereira da Silva na Matriz. Ela não sabia do que se tratava. Quando chegou à sala de Bruno, Mr. Fisk também estava presente. Depois dos cumprimentos, veio a notícia, passada por Bruno e endossada por Fisk:

– Luciani, queremos transformar mais algumas escolas próprias em franqueadas. Uma delas é a unidade do Parque São Lucas, na zona leste, que você coordena. Como conhece muito bem a escola, e inclusive ajudou a transformá-la em uma unidade de sucesso, propomos que você se desligue da empresa e assuma a unidade. Assim, passará a ser a proprietária, a diretora da escola.

Ela não se continha de tanta alegria. Ali estava mais um reconhecimento por parte de Fisk e Bruno pelos mais de 15 anos de grande dedicação e empenho que destinara à empresa. Naquele mesmo ano, Luciani já havia sido presenteada pela Fundação Fisk com um lindo relógio – uma prática da empresa, que presenteia todos os funcionários que completam determinados ciclos. Luciani aceitou a proposta:

– Estou muito feliz e lisonjeada com a oportunidade. Espero conseguir colocar em prática um dos maiores ensinamentos que tive ao lado de vocês: o de valorizar as pessoas.

Em janeiro de 2006, Luciani e o marido assumiram a direção da escola do Parque São Lucas. O acerto da forma de pagamento da escola foi definido com Bruno Caravati e Elvio Peralta. Como já havia acontecido em outras oportunidades, o valor da rescisão trabalhista de Luciani foi utilizado como parte de pagamento da escola.

Marketing

A postura de marketing da empresa sempre respeitou a personalidade de Fisk, por isso os trabalhos nunca foram pautados pela agressividade. Mas, para acompanhar o mercado era preciso investir ainda mais no departamento de marketing, que sempre fora dirigido pessoalmente por Mr. Fisk. Em 2004, ainda sob a supervisão de Mr. Fisk e Bruno, a área de marketing foi ganhando mais autonomia. Mais uma vez a estratégia de Mr. Fisk deu certo. Foram transformações que deixaram o departamento de marketing da Fundação ainda mais moderno, dinâmico e atento às novidades do mercado, procurando, sempre com novas idéias, impulsionar o *business* da Fundação.

Ainda como efeito dessas transformações, em 2005, depois de muita análise e discussão sobre o assunto, Fisk e os executivos da empresa entenderam que era hora de ter uma agência contratada para comandar os investimentos em mídia. A política da empresa sempre foi a de fazer esse trabalho internamente, e aproveitar o comissionamento que as agências ganham para investi-lo e reforçar ainda mais a verba de mídia. Mas o redirecionamento da estratégia se fez em função de Fisk entender que cada vez menos era possível errar no investimento em mídia. Em um mercado tão concorrido como o de escolas de idiomas, investir erra-

Ações de marketing da empresa no esporte

do em propaganda pode se tornar um gargalo para a empresa. Assim, as verbas foram reforçadas e mudaram o foco, passando a ser distribuídas pelos canais abertos e fechados de televisão, rádios, internet, revistas, jornais, impressos, eventos, *outdoors*, empenas – painéis que são colocados nas paredes laterais dos prédios – e mobiliário urbano.

Tomada de decisões

Fisk nunca gostou de tomar decisões de forma acuada ou repentina, ou mesmo de criar estratégias e táticas de ações sem tempo para "mastigar" as idéias. Ele sempre preferiu ouvir todas as versões, conversar com as pessoas, encontrar os caminhos e depois definir qual deles seria o mais indicado para a empresa e qual ou quais poderiam ser os efeitos colaterais daquela decisão. Além de ser um empresário de decisões firmes, era também receptivo às idéias, mesmo que não pudessem ser implantadas naquele momento.

Quando se está diante de um conflito de interesses, o melhor, realmente, é adiar a decisão, até porque, o que parece ser de suma importância hoje pode não ser tão valorizado amanhã. Muitas vezes, as melhores decisões para a empresa não representam necessariamente a melhor opção para esse ou aquele franqueado, principalmente quando se tratava de aumentar os preços dos materiais ou, por exemplo, ter que investir dinheiro em propaganda. Mais um motivo para que as decisões tomadas fossem exaustivamente debatidas, explicadas, analisadas e definidas em consenso.

Quando as idéias são debatidas, é comum que haja um confronto de opiniões. Cada um quer defender aquilo que acredita ser o ideal. Mesmo assim, na grande maioria das vezes, as reuniões entre Fisk e os executivos ou franqueados transcorreram na maior tranqüilidade. Mas também às vezes se inflamavam; vários falando ao mesmo tempo. Os ânimos ficavam mais acirrados. Aí, Fisk utilizava uma tática infalível: cruzava os braços e começava a olhar na direção das pessoas. Gradativamente, elas começavam a ficar quietas e a perceber que naquele momento tinham se excedido na discussão; e os que até então não tinham percebido, eram "convidados" a suspenderem a conversa, a se acalmarem: "Por favor, fiquem quietos. Mr. Fisk quer falar", diziam os outros integrantes da reunião. E assim, com ânimos mais calmos, Fisk iniciava uma espécie de enquete sobre o assunto. Geralmente prevalecia aquilo que a maioria defendia. E como era do seu caráter, se percebesse que alguém havia saído contrariado da reunião com a decisão tomada, Fisk o pegava pelo braço e o levava para uma conversa isolada e esclarecedora.

Mas há algo também que Fisk aprendeu nas horas em que precisou tomar decisões: ninguém é infalível. Em algumas situações, tomou decisões equivocadas, algo comum na trajetória dos grandes empreendedores, que se notabilizaram justamente pelo grande número de acertos que tiveram na vida. Os que mais erram são também aqueles que mais acertam.

Com certeza, Fisk cumpriu e superou aquilo que costumava colocar nas conversas com executivos e amigos:

– Se eu acertar mais de 50% das minhas ações, serei um sucesso.

E ele acertou muito mais do que esse percentual, e este acerto, aliado a muito trabalho, o fez alcançar o sucesso:

– Muitos pensam que escola é uma mina de dinheiro. Claro que todo trabalho deve ser recompensado, mas o segmento de escolas de idiomas exige que se trabalhe 12 horas por dia, seis dias por semana, e é preciso dar aulas, estudar e pesquisar o assunto, administrar a escola... Enfim, dedicar-se exclusivamente ao negócio.

Certa vez, um conhecido abordou Fisk com a seguinte pergunta:

– Você poderia ter muito mais dinheiro do que possui. Por que nunca se preocupou em guardar mais dinheiro?

– Porque não é isso que me foi determinado. Minha missão é outra. É criar escolas, oferecer empregos e oportunidades para as pessoas. Sou muito feliz com tudo que construí. Se tivesse mais dinheiro e menos escolas e funcionários, eu não seria tão feliz. É por isso que, durante minha vida, sempre abri muito mais escolas do que fechei. Acredito que para cada cinco escolas que eram abertas, uma encerrava as atividades.

Também nas negociações, Fisk nunca gostou de grandes discussões sobre valores dos negócios. É comum as pessoas, acostumadas às selvagerias do mercado, inflacionarem o preço para depois cederem descontos mirabolantes. Claro que ele sempre foi um exímio negociador, mas ter que forçar enormes descontos e pechinchar absurdamente, até conseguir 70%, 80% de redução no preço, não o agrada. Para quem negociava com a Escolas Fisk e passou a fazê-lo também com a Fundação Fisk, esta é a melhor forma de fechar a porta e perder o negócio.

Em contrapartida, quem entende essa filosofia comercial da empresa e age dentro de parâmetros coerentes do mercado, encontra em Mr. Fisk um excelente parceiro. Ele entende que quando se recebe uma proposta, é natural haver uma negociação de preço, mas ultrapassar a faixa dos 20% de desconto é algo que, para ele, foge da normalidade comercial. Mr. Fisk já chegou a pagar valores acima do que um determinado ponto comercial ou mercadoria valia no mercado em função do grande ou momentâneo interesse pelo negócio, assim como já participou de longas negociações de preço e condições de pagamento nas quais se beneficiou com as grandes reduções que conseguiu. Mas ele entende que negociar dessa forma desgasta, e que o tempo destinado a esse tipo de situação poderia ser mais bem investido. Esta mentalidade está clara e presente também na forma de gestão de Bruno Caravati.

Em 2007, alguns imóveis da Fundação foram colocados à venda, pois estavam vagos e em áreas onde não havia interesse em abrir escolas. Essas vendas foram submetidas à aprovação do curador da Fundação, que avalizou as negociações. O dinheiro arrecadado com a venda dessas propriedades teve como destino a abertura de escolas em áreas que comportavam a chegada de um novo concorrente.

O ser humano acima de tudo

Certa manhã de maio de 2007, Fisk e Bruno Caravati conversavam sobre a empresa. A história de ambos havia começado a trilhar o mesmo caminho há 40 anos, desde que Bruno começara a dar aulas de inglês em uma das escolas. Fisk abriu o coração e declarou seu sentimento em relação à empresa:

– Bruno, nesses anos todos de empresa jamais tomei alguma atitude pensando exclusivamente em mim. Em tudo que fiz priorizei a Escolas Fisk, a PBF e, depois de 1992, a Fundação Fisk. Jamais defini para mim mesmo um pró-labore. Sempre vivi dentro daquilo que a situação econômica da empresa permitisse.

Bruno sabia bem o que Fisk queria dizer com aquela mensagem:

– Mr. Fisk, acompanho o senhor há décadas. Esta sua postura é que permitiu que a empresa crescesse sem atropelos e com fortes alicerces.

– Sabe Bruno, as necessidades pessoais são as grandes vilãs da vida dos empresários que prosperam com as empresas. Mas confesso a você que, se pudesse voltar ao passado, teria comprado meu primeiro carro alguns anos antes, e também não teria montado aquela lanchonete no centro da cidade de São Paulo. Mas tudo foi de grande valia para mim.

Na verdade, o crescimento das escolas se deu também pela forma de Fisk administrar os negócios. Em todos esses anos de empresa, Fisk sempre respeitou as decisões tomadas pelos executivos e procurou não interferir diretamente naquilo que já estava definido. E Fisk jamais indicou contratações, para evitar situações constrangedoras na empresa.

Por isso a Escolas Fisk se expandiu pelo Brasil e internacionalmente. Não fosse a capacidade dos colaboradores que o cercavam, Fisk não teria como construir sozinho um grupo com cerca de 1.000 escolas com as bandeiras Fisk e PBF, das quais a grande maioria Mr. Fisk não chegou a conhecer. Uma das que mais despertava sua curiosidade, justamente pelo tipo de cultura do país, era a escola de Angola, aberta em 2005.

"Fiskids Day"

Outro referencial que fez com que os funcionários da empresa se entregassem ao máximo foi o respeito às necessidades e aos valores básicos da vida. Fisk sempre teve o humanismo como uma das diretrizes e um dos valores da empresa. Jamais se esqueceu que, por trás de um diretor, de um gerente, de um encarregado ou de um funcionário da limpeza há um ser humano. E este humanismo é que o faz manter vários colaboradores com mais de 10, 20, 30 e até 40 anos na empresa.

Esse respeito se estende aos diretores das centenas de escolas franqueadas, nas quais cada um deles investiu parte da própria vida no negócio e na consolidação da Escolas Fisk, que, no final, originou a Fundação Fisk. Um complexo de situações que transferiu grande responsabilidade a Fisk, que jamais pautou sua vida pela conjugação "Eu ganhei, nós empatamos e vocês perderam". Ele sempre fez questão de participar das vitórias, empates e derrotas ao lado da equipe. E se alguém um dia precisou perder para não prejudicar a estrutura e a organização, esse alguém foi o próprio Mr. Fisk.

Fisk também sempre alertou seus executivos em relação à postura a ser adotada. Certa vez, em conversa com Bruno Caravati e Elvio Peralta, os sucessores naturais da presidência da Fundação, disse:

– Quando eu partir e os tempos e o mercado forem outros, vocês não podem se guiar pela lição do Mr. Fisk; vocês têm que enxergar a missão de cada época. Mais ainda, devem enxergar além da época.

Claro que essa transição de idéias já acontecia há anos entre Fisk e Bruno, responsável também por atualizá-lo das novidades do mercado. Mas alguns pilares que Mr. Fisk construiu na empresa são atemporais, eternos. A ética, por exemplo, é um deles.

Outro desses pilares é o tratamento dado aos colaboradores. Por exemplo, a empresa oferece refeições de qualidade, e, assim, os funcionários tomam café da manhã e almoçam juntos. Em uma das mesas do refeitório sempre estão Mr. Fisk e os executivos Ivany Aguilar Nofuentes, Bruno Caravati e Geraldo Pedroso Júnior. Para que os funcionários possam aproveitar um pouco mais da vida pessoal e familiar, ou mesmo chegar à escola ou faculdade com folga, o horário comercial da matriz vai das 8:30 às 17:30, quando o prédio é praticamente evacuado. Uma forma de ajudar a fugir daquilo que chamamos de "hora do rush", ou seja, de quando termina o horário comercial na grande maioria das empresas (18:00). Claro que alguns outros setores possuem horários distintos. E como sempre Mr. Fisk costumou dizer, trabalhar além do horário, só em extrema necessidade:

– Durante toda a minha vida profissional procurei me conduzir com rigidez em relação ao horário dos meus compromissos e em cumprir obrigações e atividades. E é isso que espero dos meus colaboradores, que façam o trabalho intensamente durante as oito horas diárias do expediente, e que depois possam ir para casa, estudar, passear etc.

Justamente por nunca ter praticado isso, Fisk é completamente contrário a que as pessoas, principalmente os colaboradores, levem trabalho para casa. Muitos carregam pilhas e pastas de documentos para analisar em casa, e pensam: "Se levo trabalho para casa, pelo menos estou ao lado da família". Realmente, a pessoa está em casa, mas fica ao lado, e não junto da família. Quando se está no trabalho, a dedicação deve ser total, absoluta. Mas, a partir do momento em que você sai da empresa, é preciso desligar. Dedicar-se realmente à família. Saber como foi o dia da esposa, dos filhos, dos pais... Enfim, entregar-se àqueles que formam a base e a sustentação familiar.

Fisk reconhece muito bem a necessidade de que pais e filhos tenham uma relação clara, de confiabilidade, de pactualidade, e que tenham liberdade para abrir o coração e poder contar confidências e pedir orientações. Tanto é assim, que há anos existe na empresa a tradição do Fiskids Day.

Uma vez por ano, os funcionários podem levar os filhos, entre cinco e dez anos, para passar o dia na empresa, quando eles conhecem o escritório e a sala dos pais, almoçam, interagem com os outros funcionários e familiares e conhecem o presidente da organização. Muitos, ao cumprimentá-lo, costumam dizer:

– Meu pai sempre fala do senhor, ele gosta muita de trabalhar aqui.

Durante toda a vida, Fisk aprendeu e entendeu a importância de momentos como esses pelas observações que fez, tanto ao analisar os alunos quanto seus pais. Presenciou muitas situações e detectou grandes relacionamentos entre pais e filhos, mas também enxergou muita fragilidade, frieza e falta de profundidade entre eles.

Em primeiro lugar: os funcionários

Muitos são os pedidos de doação e apoio feitos à Fundação. Essas solicitações são avaliadas pelo vice-presidente da Fundação Fisk, Bruno Caravati. A direção da Fundação procura colaborar o máximo possível com as causas sociais. Mas a regra é respeitar um velho ditado em inglês: "Charity begins at home"[12].

Seguindo esta política, o primeiro objetivo é investir em estudo, principalmente visando as pessoas que trabalham na Fundação. Fisk entende que o estudo é a melhor forma de alavancar o crescimento na vida das pessoas. Na prática, a partir de 1990, perto de 500 bolsas de estudos foram pagas a colaboradores ou pessoas necessitadas. Só no ano de 1998, a Fundação ajudou com bolsas de estudos, total ou parcial, 75 colaboradores.

Mesmo muito antes do nascimento da Fundação, Mr. Fisk já dava bolsa de estudos para alguns de seus funcionários que mais se destacavam, atitude essa que foi aumentando gradativamente e, com a criação da Fundação Fisk, estendeu-se ainda mais, porque este é um dos seus principais propósitos.

Apesar da forte concorrência e dos problemas enfrentados pelo mercado a partir de 2000, a política de investir nos estudos dos colaboradores sempre esteve ativa.

E as manifestações de gratidão a Fisk têm sido muitas. Certa vez, ele recebeu a carta de uma dentista, que agradecia a bolsa de estudos que lhe fora oferecida e que lhe permitira se formar em odontologia. A carta terminava com a seguinte frase:

"Através dessa atitude humanista do senhor, minha vida sofreu uma grande reviravolta. Se não fosse sua bondade eu não teria me formado em odontologia. Tenha a certeza, Mr. Fisk, de que valorizei cada centavo que o senhor investiu na minha formação. Obrigado, Mr. Fisk, e que Deus o abençoe".

---

12 Caridade começa em casa.

Foram palavras que o emocionaram e lhe deram a certeza da importância de seguir em frente no propósito de propiciar estudo às pessoas.

O dinheiro

Para muitos, a alma do sucesso de um negócio é o dinheiro, mas somente tê-lo não basta para ser um grande empreendedor. Além do dinheiro, é preciso empenho e vontade para realizar o trabalho. Para Mr. Fisk, mais do que receita do sucesso, o dinheiro é, sim, a maior forma de testar a integridade e o comportamento das pessoas. As grandes guerras, as grandes discussões, as maiores brigas, as maiores desavenças acontecem por causa do dinheiro. Mas é também através dele que as atitudes mais surpreendentes, positivas e corretas podem ser conhecidas. Nenhuma nota de dinheiro vale uma grande amizade. Na grande maioria das vezes, o dinheiro imediato que se busca é muito menor do que aquele que se pode adquirir com a continuidade de uma relação, seja ela pessoal ou profissional.

As brigas e as desavenças, quando movidas a emoções, podem ser perdoadas e contornadas. Mas quando está presente o dinheiro, dificilmente as partes mudam as posições tomadas. E muito menos alguém assumirá a culpa; todas as partes envolvidas se colocarão na condição de vítimas. Jamais haverá uma versão única para o caso. O dinheiro desafia todos os conceitos éticos e morais. Em função dele, muitos matam, trapaceiam, mentem e enganam.

O dinheiro torna as pessoas egoístas, mesquinhas e individualistas. E elas próprias costumam inflamar as outras em busca de situações ilícitas. É comum alguém que sai de uma empresa ouvir: "Você é bobo. Processe a empresa"; "Eu, no seu lugar, exigiria que eles me pagassem mais dinheiro"...

Bons tempos aqueles em que Fisk vivia com os pais e os irmãos em Vermont. Uma época em que não se tinha luxo, luz elétrica, excesso de roupas e sapatos. A fartura ficava restrita à comida. Não havia também grande diferença da vida que levava um pequeno fazendeiro e um latifundiário. Todos viviam confortavelmente. Uns um pouco mais, outros um pouco menos. Mas todos estavam felizes. Naquela época, a postura ética era outra. Perder o emprego era algo que deixava as pessoas depressivas. Pedir dinheiro emprestado, então, era até motivo de suicídio. Uma prova para testar o caráter das pessoas.

Para Fisk, a relação das pessoas com o dinheiro deve ser mais prazerosa, menos obsessiva. Fisk sempre adorou seu estilo e tipo de vida, com muito conforto e segurança, mas sem esbanjar dinheiro. Ele gosta de se vestir bem, mas não precisa de griffe para isso, pois com o dinheiro que pagaria a mais pela marca, Fisk prefere comprar um volume maior de roupas e compartilhar com aqueles que precisam; ele ama viajar e fazer cruzeiros, mas ao invés de gastar fortunas em primeira classe ou cabines externas, opta por direcionar esse dinheiro para levar pessoas queridas consigo nas viagens. Enfim, Fisk é adepto a salvar vidas e amenizar o sofrimento das pessoas, ao invés de provocar gastos excessivos e desnecessários.

Há ainda uma predisposição das pessoas em tratar as causas e não as conseqüências. O que vale também quando se fala em problemas sociais e erradicação da pobreza. Para Fisk, o melhor caminho é dar educação para as pessoas e provocar oportunidades. De nada adianta lhes dar um prato de comida no almoço, pois horas depois a barriga vai estar vazia novamente. Melhor é oferecer oportunidade de sustento, ao invés de "apenas" remediar o problema momentaneamente.

O controle de natalidade e a gravidez consciente também ajudam a frear o crescimento de problemas sociais no futuro. A gravidez responsável é aquela que mostra que os pais sabem o que representa a chegada de um filho ao lar e como ele transforma a rotina da casa e a vida do casal; muda inclusive a situação econômica da família, responsável pela separação em muitos casos.

Fisk sempre respeitou pessoas que investem em causas sociais, inclusão social, erradicação da pobreza e na propagação do conhecimento e do estudo.

Um exemplo é o da apresentadora e jornalista norte-americana Oprah Winfrey, que inaugurou em janeiro de 2007 uma escola para educar meninas oriundas de famílias pobres na África do Sul. Ela investiu cerca de US$ 40 milhões na construção e preparação da Oprah Winfrey Leadership Academy for Girls – Academia Oprah Winfrey de Liderança para Meninas, em Henley-on-Klip, ao sul de Johannesburgo.

Este é também o caso de Mr. Fisk, que sempre investiu na formação dos colaboradores, amigos, parentes e algumas pessoas sem condições de custear os próprios estudos, sustentando bolsas de graduação, cursos e especializações, além de distribuir inúmeras bolsas de estudos de línguas nas escolas Fisk.

Com a evolução das pesquisas científicas e melhoramentos genéticos, aumentou com o decorrer do tempo a expectativa de vida das pessoas. Com isso, o idoso é também uma preocupação social. Se antes as pessoas morriam aos 40, 50 anos, no século 21 a expectativa de vida dos brasileiros passou para a média de 72,3 anos de idade (dados do IBGE – Instituto Brasileiro de Geografia e Estatística de dezembro de 2007: 68,5 anos para os homens, 76,1 para as mulheres).

São situações em que as soluções não são apenas teóricas, mas dependem da participação ativa das pessoas, da miscigenação das idéias e conversas das pessoas que representam os mais diferentes povos e raças que tragam exatamente as diferenças e necessidades dos povos; que discutam ações de consenso e não de favorecimentos específicos e dirigidos; que apresentem propostas de soluções fundamentadas nas razões, e não nas emoções; e que haja um envolvimento e participação direta daqueles que podem amenizar o sofrimento dos necessitados. Isso muito preocupa Fisk:

– O Brasil é um país maravilhoso, que oferece grandes oportunidades às pessoas. Mas o que pode projetar para si uma criança nascida na África do Sul? O que o futuro prepara a ela? Fome? Sofrimento? Dor? Carência? São poucos os países no mundo que ainda têm espaço físico e geográfico para acomodar as pessoas. Este é mais um dos grandes problemas mundiais com o crescimento populacional. A ele, somam-se desequilíbrio natural e ambiental, a falta de água, a fome, entre outros.

Realista e versátil

Mr. Fisk tem uma forma muito realista de encarar e analisar as situações, porque não se permite divagar sobre hipóteses. É comum as pessoas perderem muito tempo na discussão de algo que não aconteceu ou que poderia ter acontecido: "Se ele tivesse optado por outro caminho, aquilo não teria acontecido"; "Antes de ter agido daquela maneira, ela deveria ter pensado na repercussão que aquilo poderia ter"; "Se ele não tivesse sido tão arrojado, com certeza não quebraria a cara". A verdade é que esse tipo de discussão encobre o problema e retarda a solução. O "se" já é uma prova de que aquilo não foi feito, é que é preciso se preocupar com a realidade dos fatos.

Por isso, Fisk gosta que os profissionais que estão ao seu lado busquem formas de dinamizar as ações e novas iniciativas para a empresa. E quando uma decisão é tomada, mas não emplaca, o que jamais se deve fazer é encontrar culpados e associá-la ao fracasso.

Costumeiramente, Fisk procura dizer a seu grupo de trabalho:

– Quando temos uma idéia e a implantamos na empresa, mas não surte o resultado esperado, isso não significa que seja ruim ou ineficiente. Antes de descartá-la, é preciso entender os motivos que impediram que essa idéia trouxesse resultados positivos. Às vezes, com persistência e poucas modificações ou adaptações, encontramos o caminho ideal para implantar aquilo que desejamos. Mas, para isso, não basta apenas que eu e alguns poucos acreditemos na idéia; é preciso que todo o nosso grupo de trabalho também acredite.

Assim aconteceu no passado, quando Fisk implantou aulas aos sábados, e só depois de um bom tempo elas atingiram o nível ideal de interesse dos alunos. É preciso persistir naquilo em que se acredita e reciclar a forma de trabalhar. Se ele não tivesse acreditado no próprio potencial e superado os obstáculos naturais do início do negócio, provavelmente jamais teria transformado a Escolas Fisk em uma das maiores redes de escolas de idiomas do Brasil.

Por se manter fiel aos princípios, Fisk costuma enumerar alguns deles:

– Acreditar, persistir, evoluir e amar o que se faz. Com a junção desses fatores, dificilmente o sucesso deixa de acontecer. Sempre trabalhei feliz, e minha felicidade contagiava a sala de aula.

Aspectos pontuais e econômicos

Normalmente as pessoas perguntam a Fisk:

– Que objetivos ainda restam a um homem octagenário, realizado profissionalmente, que viajou pelo mundo, cercado de pessoas queridas e confiáveis?

Sua resposta está pronta desde 1958:

– Qual o pai que não quer ver o filho prosperar? Que não torce pelo crescimento e sucesso dele? Pois digo que em 1992, com a criação da Fundação, vi meu "filho" seguir por um caminho seguro, que eu aprovava. Agora, meus objetivos são que ele cresça cada vez mais. O que me motiva é estar diariamente na Fundação Fisk e ajudar enquanto puder para que esse "filho" melhore a cada dia.

Outra pergunta que sempre costumam fazer é em relação à sucessão e ao fato de não haver ninguém de sobrenome Fisk no comando da empresa:

– Mr. Fisk, por que o senhor transformou a empresa em Fundação? Por que não escolheu algum parente para assumir os negócios? Será que eles cuidarão tão bem da empresa quanto um parente seu cuidaria?

Fisk presenciou grandes empresas afundarem justamente pela falta de sucessor competente ou porque um integrante da família não tinha preparo para a sucessão, não entendia a importância da missão a cumprir. Para melhor exemplificar, Fisk relembra um fato ocorrido na década de 1970:

– Minha ex-esposa, Zélia, é protagonista de um excelente exemplo. Há muitos anos ela empregou um dos seus três filhos na empresa. Como ele não correspondeu, Zélia decidiu demiti-lo. Anos depois, deu nova chance ao rapaz. Ele não correspondeu novamente, e Zélia o demitiu outra vez. Você tem noção do que significa demitir o próprio filho? Esta é a postura correta. Nada pode ser mais importante do que a saúde da empresa.

A forma de pensar de Fisk sempre esteve correta neste aspecto. Grandes impérios foram deteriorados porque os herdeiros naturais eram despreparados para assumir tão importante desafio. Em contrapartida, muitas empresas multiplicaram seus negócios e verticalizaram os mercados de atuação devido ao brilhantismo de uma segunda ou terceira geração. Nesses casos, valem mesmo a preparação e capacitação do herdeiro, e não a obrigatoriedade de ele assumir a presidência da empresa simplesmente pelo fato de ser filho ou neto do fundador. Quando não há ninguém pronto para esta missão, o melhor mesmo é profissionalizar a gestão da empresa. Exatamente o que fez Fisk ao indicar Bruno Caravati como vice-presidente e sucessor.

No ano em que completou 85 anos de idade, é natural que Fisk tenha ficado um pouco saudosista, relembrando momentos importantes do passado. Em um dos almoços com Bruno Caravati, Ivany Nofuentes e Geraldo Pedroso Júnior, eles conversavam sobre qual o momento vivido por cada um que poderia ser relacionado com um marco de crescimento do país, de mudança de comporta-

Fotos das inúmeras viagens que Mr. Fisk fez com o irmão Bob por vários países

mento do povo ou do empresariado brasileiro. Depois de os executivos dizerem de seu momento, Fisk contou o dele, que fora sua chegada ao Brasil:

– Acredito que 1950 seja o ano que destaco como marco. Desde que cheguei ao Brasil, o país tem crescido constantemente numa velocidade impressionante. Produzimos mais de dois milhões de carros anualmente (em 2007, a produção nacional ultrapassou os 2,5 milhões de veículos), exportamos ônibus, temos uma indústria que está entre as melhores do mundo, nossa agricultura tem alta produção e exportação... Enfim, atuamos bem em todos os segmentos. Se tivéssemos ainda mais competitividade de preço e juros ajustados para o maior crescimento do país, certamente estaríamos algumas posições à frente em relação à economia mundial. Mas tudo teve início em 1950. No começo e durante toda a década de 1950, a indústria automobilística passou a se posicionar mais fortemente no Brasil, surgiu a televisão, teve início a preocupação em construir estradas para interligar o país, o comércio cresceu, o povo brasileiro despertou para a preocupação em especializar-se cada vez mais e melhor, o empresário brasileiro passou a investir em maquinário, ou seja, as principais sementes de tudo o que vivemos hoje começaram a ser plantadas. Assim, as indústrias em geral iniciaram um grande crescimento. Um período de grande explosão de produção e consumo. O gigante começou a acordar...

Na década de 1950, o governo também passou a impor exigências às multinacionais. A Ford, a General Motors e a Volvo, que produzia caminhões, atuavam no Brasil quando foi sancionada uma lei que exigia a nacionalização dos veículos, e determinava que, em cinco anos, os carros deveriam ser industrializados e montados no Brasil. Logo depois disso, a Volkswagen também veio para o Brasil e aqui passou a funcionar mais uma linha de produção de veículos. Vieram os edifícios, as canalizações, a eletricidade... Grandes histórias de sucesso começaram a ser escritas a partir de 1950, como a de Richard Hugh Fisk.

Pena que a propaganda do país no exterior não retrate a realidade interna. O ano de 2007 foi marcado mais uma vez por escândalos envolvendo políticos. Mas Fisk entende que esta é uma situação que tem ocorrido há décadas:

– Lembro-me das conversas que tinha com meu ex-sogro, Epaminondas Piza, pai de Zélia. Ele era médico e dono de uma cultura invejável. Nas décadas de 1950 e 1960 ele costumava dizer: "Não confie em ninguém com mais de 50 anos. Principalmente na maioria dos políticos do país, que buscam tirar proveito da força do posto que assumem". Isso mostra que o descontentamento com políticos já se arrasta há décadas. Mas a imprensa ganhou liberdade e tem conseguido mostrar à população muitos dos desvios ocorridos com o dinheiro público. E para inibir que novos corruptos apareçam, é preciso que a justiça puna aqueles que cometem erros. Justiça em prol do povo. Punição aos corruptos! Caçar os bens, colocar na cadeia, cortar salários e benefícios...

Para Fisk, as evoluções do mundo trouxeram grandes avanços, mas também muitos problemas e neuroses. Internet, agilidade de informação, facilidades de compras e variedade de produtos, guerra, ódio, precocidade das crianças e jovens adolescentes, invasão de privacidade, crimes, corrupção... Resta saber se depois de tudo isso as pessoas ficaram mais felizes ou infelizes com tantas mudanças. Às vezes, Fisk sente saudades dos tempos de Fulton, onde tudo era simples, próximo e confiável.

Fisk nunca destacou um presidente do Brasil em especial, e costuma dizer que cada qual criou, ao seu próprio modo, um tipo de política econômica. Uns priorizaram a indústria, outros, a política externa, e assim por diante.

Mesmo assim, entre os presidentes brasileiros o empresário costuma citar o governo de Juscelino Kubitschek, que investiu fortemente no setor industrial. No Brasil, o início da mentalidade industrial se deu em 1940. E essa mentalidade teve como aliadas as empresas do segmento automobilístico e de eletrodomésticos. O Brasil sempre foi um país populoso, com pessoas de boas condições financeiras e que podiam investir na compra desses bens. Por isso, a Revolução Industrial que contagiou a Inglaterra respingou fortemente no Brasil. Foi um período em que estradas foram abertas e ferrovias construídas. O mercado brasileiro foi oferecido para a entrada e o desenvolvimento das empresas estrangeiras.

Ainda sobre política, Fisk sempre se interessou em ler e saber das notícias, mas pouco discutiu sobre o assunto ou mesmo se envolveu com políticos. Alguns alunos eram de famílias de políticos ou mesmo militantes de partidos, mas Fisk jamais deu abertura para diálogos ou mesmo convites que envolvessem a política.

Fisk considera o amadurecimento e o processo democrático atingido no Brasil, iniciado em 1983 e fortalecido a partir de 2000, importantíssimo para o crescimento econômico brasileiro. Com a imprensa livre e o direito de se expressar livremente, o povo passou a ter voz ativa. Uma democracia que fez a população valorizar aquilo que passou a ser dela novamente: a liberdade! Uma liberdade que permite votar, criticar, protestar, produzir e enriquecer:

– O povo brasileiro aprendeu a aceitar que quem produz mais deve ganhar mais. Que quem estuda e se dedica mais merece ser recompensado. Que aquele que procura investir e modernizar o processo produtivo terá resultados mais satisfatórios. Essa é a democracia, e o maior aliado que ela possui é o capitalismo.

Em relação ao presidencialismo, Fisk acredita que aquele que foi eleito para comandar o país deva presidi-lo por quatro ou até mesmo cinco anos, com direito a uma reeleição. Durante dois mandatos o presidente tem totais condições de implantar o que idealiza para o país e, tendo resultados positivos para a população, eleger o sucessor que indicar:

– Claro que cada país tem características próprias. No Brasil, há a preocupação com a miséria e a fome, com a educação, com a saúde; nos Estados Unidos, as preocupações são outras, e uma delas é saber o que fazer com aproximadamente 12 milhões de imigrantes ilegais que residem no país. A China, em função do enorme crescimento populacional, cria leis que impedem os casais de procriarem livremente; e assim por diante.

Obra do destino

Certa vez, como é de hábito, Fisk e Bruno Caravati conversavam ao final do expediente e acertavam alguns detalhes da empresa. Depois de tudo resolvido, começaram a falar de algumas passagens da vida de cada um. Quando Fisk citou a iniciativa de vir ao Brasil, surpreendeu-se ao ver como o destino muda a vida das pessoas:

– Bruno, vamos relembrar o ano de 1949, quando eu morava com Bob nos Estados Unidos. Apesar de ter faculdade e mestrado, não conseguia arrumar um emprego compatível com a dedicação que tinha tido durante anos de estudo. Aquilo era, para mim, muito deprimente. Foi quando Larry me convidou para vir ao Brasil.

Enquanto falava, Fisk gesticulava bastante, fato que prendia ainda mais a atenção de Bruno.

– Analise então como é o destino. O que seria de mim se, ao invés de naquele momento, triste e deprimido por não conseguir arrumar um emprego de qualidade, eu estivesse bem empregado? Estaria eu agora aposentado e vivendo nos Estados Unidos? Teria eu vindo morar no Brasil? Será que viria e apenas passaria férias e depois retornaria aos Estados Unidos e ao emprego? E se eu não arrumasse emprego aqui, na Texaco, será que continuaria a viver no país? E se Larry não arrumasse uns extras como professor de inglês e indicasse meu nome, será que começaria a dar aulas? E se eu tivesse ido bem quando me associei a uma loja de esportes, será que retomaria as aulas de inglês?

Nesse momento, os olhos de Fisk brilhavam. Realmente haviam sido várias as situações que ele vivera até assumir de vez a profissão de professor de inglês e ser um empreendedor. Muitas vezes, o que parece ser o fundo do poço não é:

– Então, Bruno, uma guinada na vida pode modificar todo o restante dela. Na grande maioria das vezes, as principais oportunidades aparecem quando não temos muito a perder. Se eu estivesse bem empregado, provavelmente continuaria a morar nos Estados Unidos. Como o que eu tinha não passava de um emprego que mal pagava minhas contas, foi fácil abandonar tudo e seguir em busca de um futuro melhor. Portanto, o que parece ser um período de fracasso pode ser o melhor indício de que algo precisa e deve ser mudado, que é a hora de ser arrojado e buscar novos horizontes.

Bruno acompanhava atentamente o que Fisk contava e, assim como ele, fazia daquelas palavras pontos de reflexão:

– Mr. Fisk, algo semelhante aconteceu comigo. Se eu não tivesse acompanhado um amigo que ia fazer teste para professor na sua escola, jamais imaginaria que poderia dar aulas de inglês. O que o senhor acabou de dizer é mais um exemplo de perseverança registrado na sua trajetória de vida.

– Acredito que sim, Bruno, pois a perseverança é umas das vertentes que me estimularam a trabalhar tão intensamente como fiz durante toda a minha vida. E o que construí com a ajuda de vocês foi esse grupo de escolas, que possui muitas propriedades e não tem nenhum passivo. Não devemos nada que não seja da nossa rotina de gastos e investimentos. Conseguimos sair ilesos dos momentos difíceis. E o mais importante é que jamais precisamos destruir alguém ou ser antiéticos para solidificar a Fundação.

Fisk finalizou a conversa com uma declaração importante, principalmente vinda de um incansável trabalhador:

– Bruno, já trabalhei muito na vida. Sinto que preciso cuidar mais de mim. Está na hora de descansar um pouco mais. Na verdade, Bruno, não gostaria de nenhuma grande mudança na vida que levo hoje. Tenho saúde, estabilidade, grande confiança em vocês, e ainda posso viajar. Conheci o mundo e pessoas maravilhosas. Sou uma pessoa feliz e realizada!

Daí em diante Fisk passou realmente a cuidar mais de si. Diminuiu a carga horária de trabalho e passou a aproveitar melhor a vida e o tempo vago.

Unidades: México, Bolívia e Chile

Em 2007, mais três países do continente ganharam Escolas Fisk: México, Bolívia e Chile. Assim, a empresa somava, com essas três últimas unidades, 105 escolas espalhadas pelo mundo: 82 na Argentina, 15 no Japão, 5 nos Estados Unidos, 2 no Paraguai, e 1 em Angola.

Foco, o grande segredo

Foco! Este é o grande segredo de tudo que se faz na vida. A partir do momento em que se perde os objetivos, fica difícil direcionar tanto a vida pessoal quanto profissional.

Fisk buscou seguir um lema que procurou propagar entre os funcionários, principalmente as secretárias das escolas:

– Jamais pergunte ao cliente se quer adquirir o produto. Este pode ser um gancho para que ele diga não. Induza a conversa de uma forma que ele possa dizer: "Sim, eu me interesso pelo curso". Se conseguir que o cliente assuma isso, a parte principal do caminho já foi cumprida.

Fisk não é de repreender ou chamar a atenção das pessoas. Quando algo o incomoda, ele procura esperar o momento certo para colocar o que deseja na conversa. Além disso, Fisk, e posteriormente Bruno, sempre buscaram não culpar ou sacrificar as pessoas quando elas erram. Na visão deles, dificilmente alguém erra propositalmente. É preciso dar tempo ao tempo. Ambos até costumam usar uma frase em inglês para resumir esta conduta: Slowly, but surely [13].

---

13 Devagar, e sempre!

É por isso que o clima de trabalho da Fundação Fisk é ameno, unido e em alto-astral. Ali não se permitem fofocas, conversas paralelas e atitudes destrutivas com o intuito de puxar o tapete do colega de trabalho. E há ainda alguns ingredientes fundamentais para que essa mentalidade se mantenha intocável. Um deles é a personalidade de Fisk, que trata e enxerga a todos da mesma forma. Outro é formado pela vontade e a garra das pessoas que compõem a família Fisk.

Élvio Peralta, diretor da Fundação Fisk

O empresário se sente muito tranqüilo em relação ao futuro da empresa, principalmente por enxergar em Bruno Caravati inúmeras características que o agradam e combinam com sua forma de ser, pensar e agir. Assim, a ideologia da administração Fisk fica garantida pelo menos por mais quase quatro décadas, nas gestões de Fisk, Bruno Caravati, futuramente com Elvio Peralta, e o próximo nome da sucessão , que deverá ser escolhido pelos três até 2010.

Algumas pessoas possuem o mesmo número de possibilidades na vida que outras, mas os resultados são diferentes. Enquanto uns alcançam o sucesso pessoal e profissional e são realizados naquilo que fazem, outros vivem a vida de forma bem mais pacata e aceitam passivamente o trabalho, mesmo que aquilo não lhes desperte grande satisfação. Para Fisk, tudo é fruto da motivação; é ela que faz com que as pessoas tenham mais ou menos garra para alcançar os ideais:

– Estive sempre tomado por alguma atividade que envolvia as escolas: novas unidades, viajar, programas de TV, aulas, administração; e realizei tudo com grande motivação, pois era fundamental para o crescimento da rede.

Em 50 anos de história, poucos empresários deixaram de ser parceiros de Fisk em função de desavenças profissionais. Se interromperam o fornecimento ou a prestação de serviços foi porque os negócios não iam bem, pela troca de ramo, venda da empresa, doença; enfim, raríssimas foram as vezes em que um elo foi quebrado de forma litigiosa.

Em relação aos colaboradores, a rotatividade também é pequena. Fisk nunca gostou de brigas, ainda mais com alguém que veste a camisa da empresa. Esta baixa rotatividade é o resultado positivo das ações de Fisk, que passava semanas viajando e se reunindo com os diretores, apresentando as novidades do mercado, ouvindo as suas considerações e solicitações etc. Era como se fosse um pai que quisesse conversar com os filhos e saber o que se passava na cabeça deles. Isso fortaleceu a organização e criou proximidade entre Fisk e o grupo de diretores e franqueados.

Era com grande orgulho que os parceiros mostravam os frutos do crescimento:

– Mr. Fisk, olha o prédio que construí para a escola. Mandei a foto para o senhor. Agora, venha conhecer a estrutura que a escola possui...

Os franqueados vibravam ao mostrar a Fisk o crescimento, tanto deles quanto da escola.

O sucesso depende também de um somatório de fatores: boas idéias, dedicação, capital para investir, conhecimento, relacionamento, marketing pessoal, entre outros. E quando não se consegue cumprir um desses papéis ou fatores, o melhor é ter alguém ao lado para suprir e trabalhar essa deficiência. Ou, claro, buscar melhorar nesses aspectos:

– Em toda minha vida fundamentei meu trabalho e trilhei meu caminho sustentado na busca pelo conhecimento. Graças a ele consegui, inclusive, superar dificuldades e a falta de estrutura no passado.

Para Fisk, a organização é a base do profissional competente. Assim como a objetividade, fundamental para que os esforços não sejam desperdiçados.

Solidão

Estar e viver sozinho divide as pessoas. Para alguns, a solidão é um aliado, um momento de introspecção e sabedoria; já para outros, é assustadora, um adversário. Apesar das viagens e da busca que sempre fez por pontos comerciais, Fisk é um daqueles que abominam estar só:

– Evito a solidão. Posso até ficar algumas horas sozinho, para ler ou trabalhar. Mas depois de um tempo, isso me incomoda. Minha personalidade foi formada e preparada para o inter-relacionamento, e não para o intra-relacionamento. Nasci em uma casa de família grande, onde moravam meus pais e quatro irmãos. Por isso, sempre fui acostumado a estar e a viver ao lado das pessoas.

E como um especialista em pessoas, Fisk procura aceitá-las como são, de acordo com seu nível social, cultural e econômico. Ter dinheiro não credencia uma pessoa a ser amiga de Fisk. Ele possui uma vasta relação de pessoas conhecidas, com as quais se relaciona, mas os amigos do peito são poucos. Na verdade, Fisk sempre soube qualificar as pessoas e tirar delas o que possuem de melhor. Alguns eram grandes companheiros de estudo; outros, interessantes para uma conversa de meia hora; outros, ainda, excelentes companhias para as horas de diversão. Mas realmente poucos eram aqueles que poderiam ser companheiros para todas as horas.

Aproveite as oportunidades

É assim que se chega ao sucesso. Para Mr. Fisk, sucesso não é só dinheiro, mas alcançar conquistas na vida com felicidade. Ele já se sentia uma pessoa de sucesso desde que montara a primeira escola, pois realizara o sonho de ter o próprio negócio; os alunos se matriculavam nas escolas por confiar nele, e, com isso, havia um retorno financeiro satisfatório para que pudesse viver com tranqüilidade.

Portanto, todo profissional, independente de quanto ganhe, que trabalhe com aquilo que gosta e que tenha condições de sustentar uma família ou a si próprio, é uma pessoa de sucesso.

A vida deve ser valorizada em todos os aspectos, sejam eles positivos ou negativos. Devemos aceitar as alegrias e tristezas, e entender que nossos problemas não devem ser transferidos para outras pessoas, como exemplifica Fisk:

– Imagine se o vendedor de uma loja for passar para o cliente os problemas que tem na vida pessoal ou financeira. É preciso saber dividir as situações, e não misturá-las.

Foi o que Fisk sempre procurou passar para os profissionais que trabalham nas escolas, principalmente para as secretárias, as responsáveis pela primeira impressão causada pela escola. Quem faz o ambiente são as pessoas e a forma como se relacionam. Se a interação entre elas é positiva, o ambiente será leve e agradável; todos se cumprimentam e se preocupam com o bem-estar alheio. Mas se ocorre o contrário, o ambiente será tenso, carregado, e não terá unidade.

Para Fisk, o melhor exemplo de conduta quem dá é o presidente da organização:

– Toda empresa deve ter uma referência. E quem está no topo deve ser essa referência. Mas, de acordo com suas capacitações, todos são importantes dentro daquilo que fazem. Se a missão do médico é salvar vidas, a da faxineira é deixar os ambientes limpos e higienizados. Seja qual for a função, todos são imprescindíveis.

Fisk leva consigo aquela que acredita ser a melhor definição de sucesso:

– Sucesso é fazer o que se ama. Sucesso é conseguir transformar a vocação profissional em trabalho de qualidade. E todo aquele que trabalha com amor, dedicação e garra tem tudo para alcançar o sucesso.

A querida Zélia

Fisk sempre confiou muito em Zélia, uma referência moral, e em Bruno Caravati, o executivo que esteve ao lado de Fisk no comando da empresa por mais tempo. Ambos souberam como poucos julgar as pessoas. Fazer análises mais friamente, pois Fisk sempre se deixou levar também pela emoção quando o assunto é o próximo. A presença de ambos trazia a Fisk certo alívio, porque podia se relacionar com as pessoas, que é o que aprecia, sem se preocupar em avaliá-las. Talvez o receio de fazer uma avaliação equivocada incomodasse Fisk, o que não quer dizer que jamais tenha feito isso. Tanto que a escolha dos profissionais que tinham cargos de comando na Escolas Fisk era feita diretamente por ele.

Com certeza, este foi um dos pontos importantes, que permitiu a Fisk manter-se por longos períodos fora da empresa para visitar as escolas ou mesmo procurar pontos para novas unidades. Assim, ele participava das grandes decisões, mas deixava os detalhes para o alto-escalão da empresa resolver.

Mas também abriu uma grande discussão na mente de Fisk. Teria sido melhor estar mais presente na empresa, ou o sucesso da Fisk se deu realmente porque estava diretamente ligado ao mercado, sabendo o que ali se praticava, divulgando as escolas, fazendo programas, avaliando *in loco* as outras praças, escolhendo a dedo os pontos comerciais? Qual das duas opções teria provocado maior crescimento para a Escolas Fisk?

Uma resposta difícil. Mas, o certo mesmo é que o "fura-onda" Fisk, como ele gosta de se auto-intitular, conseguiu criar uma das maiores redes de escolas de idiomas do Brasil e do mundo, com cerca de 1.000 escolas com as bandeiras Fisk e PBF.

O único período em que Fisk realmente teve que avaliar pessoas foi quando contratava, treinava e preparava professores. Mas era algo que fazia naturalmente, tal o grau de conhecimento que possui sobre o domínio da língua inglesa e a didática dos professores.

Falar em Zélia sempre toca o coração de Fisk. Entre eles não aconteceu uma separação litigiosa. Ao contrário, continuaram amigos e companheiros de trabalho. E quando precisou de algo, ela recorreu a Fisk, que sempre esteve pronto a ajudá-la.

Às vezes Fisk parava para pensar que conhecera Zélia melhor nos 15 anos em que trabalharam juntos depois do casamento do que durante os anos de matrimônio. Desde muito jovem Zélia era estudiosa, professora exemplar, culta, gostava de ler sobre religião para entender as ideologias, não por fanatismo, pois sempre teve uma espiritualidade muito desenvolvida. Foram quase 15 anos de relação profissional com grande respeito mútuo. Muitos podem perguntar: "Mas se eles passaram a se conhecer melhor, por que não voltaram a viver juntos, como, aliás, acontece com tantos casais que se separam?".

A verdade é que, quando o casamento acabou, Fisk decidiu se entregar de corpo e alma ao trabalho e ao desenvolvimento da Escolas Fisk. Eram, no mínimo, 12 horas diárias de trabalho, de segunda a sábado. E o domingo Fisk reservava para ler, estudar, procurar imóvel para montar uma nova escola; era trabalho disfarçado de lazer.

Ele sabia que num ritmo desses seria complicado manter uma nova relação. Difícil contar com a compreensão de uma companheira para as longas ausências em função do trabalho e das viagens profissionais. Oportunidades, claro, nunca faltaram. Sabe aquela frase popular que diz: "A felicidade bateu à sua porta"? A porta de Fisk quase foi ao chão de tanto que a felicidade bateu. Mas ele nunca abriu, pelo menos para a felicidade que representava um novo amor eterno. Abriu sim, mas para outros tipos de felicidade.

Um novo relacionamento sério era uma forma de desviá-lo do propósito de crescer com a rede Fisk. Com ele era assim, pensar e agir. "Vou para Recife"; "Vou para Belo Horizonte"; "Vou para o Rio de Janeiro". E bastava a vontade para realizá-la. Se fosse uma necessidade, então, tinha que ser feito. E assim era quando precisava viajar para qualquer parte do Brasil ou do mundo. Não havia ninguém a consultar ou a comunicar. Bastava ele próprio dizer sim. Aliás, algo que sempre acontecia.

Liberdade... Algo que Fisk sempre prezou. Na verdade, há uma outra declaração importante que ele costuma fazer às pessoas próximas quando lhe perguntam:

– E por que não um novo amor? Um novo casamento?

A resposta não está na ponta da língua, e sim no fundo do coração:

– Porque jamais teria um casamento melhor do que o primeiro, com Zélia. Agora, meu maior amor está reservado para as escolas Fisk e PBF. Para a Fundação Richard Hugh Fisk. É a elas que vou dedicar minha vida.

Nem Fisk nem Zélia se casaram novamente. Talvez, ela também tenha entendido assim, que dificilmente ambos teriam um casamento melhor e mais harmonioso do que aqueles sete anos em que estiveram juntos. E se era tão bom, por que se separaram? E se era tão bom, por que não voltaram a viver juntos?

São perguntas que se faz quando o destino desafia a lógica. Mas é por isso que a vida é tão bela e perversa, doce e amarga, cheia de flores e espinhos... Imprevisível...

E se Fisk foi uma pessoa tão apegada à família durante toda a vida, como se virou dali em diante? Na verdade, a família, composta pela mãe e os irmãos, continuava ao seu lado. A diferença é que eles moravam nos Estados Unidos. Por isso, depois da separação, Fisk cultivou o hábito de viajar anualmente para rever os familiares nos Estados Unidos, e lá ficava por aproximadamente um mês. Com o falecimento de Larry, ele passou a ir aos Estados Unidos duas vezes por ano. A família já tinha crescido. Com o casamento de Lois e Herb, e o nascimento de alguns sobrinhos, já estava garantida a propagação do sobrenome Fisk. Mas a família maior estava mesmo no Brasil, composta por cada um dos colaboradores da Escolas Fisk e dos amigos que ele conquistou no país.

No final de agosto de 2007, pouco antes de Fisk viajar para os Estados Unidos, ele recebeu uma ligação de Zélia, da velha e querida amiga Zélia:

– Fisk, que bom falar com você. Espero que esteja tudo bem com a saúde. Eu quis ligar hoje para cumprimentá-lo pelo aniversário. Imagino que você vá comemorá-lo fora do Brasil.

– Olá, Zélia, obrigado. Você acertou mesmo, viajo em poucos dias para os Estados Unidos. Falar com você me faz lembrar dos tempos em que abri a primeira escola...

– Ah, Fisk, nem me fale disso... Como o tempo passou rápido...

– Sim, Zélia, o tempo passou rápido demais. Mas isso aconteceu porque estávamos felizes. Tudo o que fiz me proporcionou muita satisfação, uma grande sensação de conquista. Foi maravilhoso...

– Eu entendo bem o que você quer dizer. Fisk, você merece cada conquista que teve, porque sempre foi muito trabalhador, sério e honesto.

– Obrigado, querida Zélia. E você me ajudou a escrever boas páginas dessa minha trajetória de vida.

Eles ainda conversaram mais um pouco. Fisk quis saber como andava a vida dela e dos filhos. Para Fisk, falar com Zélia era realmente retomar a trajetória. Quantos momentos agradáveis haviam passado juntos. Ela tinha sido um dos seus sustentáculos na empresa no passado.

Depois que desligou o telefone, Fisk abriu a gaveta da mesa e revirou uma caixa de fotos. Encontrou o que queria: uma foto dele e Zélia com o grupo que fazia o programa de televisão. Fixou o olhar na foto e pronunciou algumas palavras: "É Zélia, realmente o tempo passou rápido demais. E pensar que tiramos essa foto há mais de 50 anos...".

Depois, abriu outra caixa de fotos que mantinha na gaveta da sala do escritório e decidiu revê-las, para relembrar toda a sua trajetória. Pequenas cenas que representavam tanto. A cada foto conferida, o rosto de Fisk mudava de expressão. Ora a testa franzia; ora os olhos umedeciam; ora um sorriso se estampava no rosto. Lembrar de Lora, uma vizinha que o tratava como filho, e de seu marido, Fred. Ela ficava longas horas conversando e brincando com Fisk, que freqüentemente almoçava na casa dela. Lora sempre tinha deliciosas bolachinhas guardadas na dispensa. E quando tinha que ir para casa, Fisk, que na época devia ter uns seis anos, começava a ficar incomodado. Por quê? Medo de um peru que diziam que era bravo e que vivia nos arredores das terras em que eles moravam. Ele acreditava realmente naquilo, e saía em disparada... Coisas de criança...

Lembrar dos irmãos, das brincadeiras entre eles; da casa em Vermont; lembrar do pai, dos tios e tias; dos tempos de exército; do navio que o trouxe ao Brasil; da primeira escola; lembrar de Zélia; lembrar do corpo esbelto e da jovialidade; lembrar de cada página do livro da sua vida. Foram momentos de grande descontração, reflexão e emoção para Fisk.

Abrir o coração

Este livro representou para Fisk, em parte, uma grande confissão. A maioria dos relatos feitos para o livro estava trancada há décadas em um baú do qual só ele tinha a chave. Esta é a natureza de Mr. Fisk, porque nunca gostou de conversar sobre assuntos pessoais; nem dele nem das outras pessoas. Claro que sempre esteve aberto para ouvir desabafos e aconselhar as pessoas que o procuravam ou pediam ajuda, mas isso não significava que ele também abrisse seu coração e contasse tudo que viveu e sofreu no passado.

Por isso, abrir o coração exigiu de Fisk uma grande reflexão. E a confirmação de que esta seria a atitude certa surgiu quando sentiu necessidade de registrar sua trajetória. Deixar gravado para as pessoas o verdadeiro Richard Hugh Fisk. Tudo que passou e viveu, a felicidade e o otimismo que sempre existiram dentro dele. Ele se preparou por anos até entender que o momento certo havia chegado.

Isto tem muito a ver com o alto-astral de Fisk. Ao invés de parar e perder horas pensando no passado ou nos problemas, ele preferia seguir em frente e transformar obstáculos em oportunidades. E, ao invés de reclamar daquilo de ruim que havia acontecido, buscava se preparar cada vez mais e melhor para estar fortalecido quando essas oportunidades aparecessem.

Para pensar e agir assim, é preciso amar a vida, amar o trabalho, viver em constante estado de jovialidade de corpo e mente. E, muitas vezes, deixar a vida pessoal em segundo plano e priorizar a carreira. Há os que questionam essa opção, mas não há crescimento e vitória sem dor, entrega, empenho e dedicação, sem abrir mão de parte daquilo que gostamos.

O que sensibilizou Fisk a entender que era a hora de transportar as experiências para um livro foi o fato de não querer que sua história fosse modificada ou sofresse desvios de interpretações. Então, decidiu permitir a escrita do livro enquanto sua memória ainda era capaz de recordar os principais acontecimentos da vida. Ele também deixou claro que é um homem feliz. Sempre sentiu isso porque jamais guardou espaço no coração para o rancor. Ao contrário, preferiu acreditar nas pessoas, trabalhar e fazer a empresa crescer.

Fisk é apaixonado pelo Brasil. E quanto mais viajava pelo mundo, mais admirava a riqueza do país. Quanto mais povos e culturas conhecia, mais carinho tinha pelo brasileiro, um povo do qual Fisk também faz parte. Um povo a quem Fisk proporcionou oportunidades de aprendizado. É difícil que em alguma família brasileira não haja pelo menos um integrante que não tenha passado pelas salas de aulas das escolas Fisk: "Meu irmão se formou na Fisk e trabalha em uma multinacional"; "Meu tio se formou na Fisk e foi trabalhar em Nova York"; "Minha prima se formou na Fisk e agora foi fazer intercâmbio"...

Existe um ditado que diz "Vivendo e aprendendo". Fisk acredita plenamente nisso. Ele nunca parou ou deixou de buscar conhecimento, e mantém esse hábito desde a infância. Depois de percorrer uma longa estrada, ele sabe diferenciar bem as vantagens e as desvantagens que a idade traz:

– A juventude lhe dá uma memória de esponja. Tudo que recebemos quando somos jovens, absorvemos. Para o jovem, tudo é novidade, e como é fácil para ele se adaptar às novas situações. Já a experiência adquirida com a idade traz cautela, tempo para reflexão antes da tomada de decisões. O jovem é também mais suscetível ao erro, pois é arrojado. As pessoas de mais idade são mais céticas e perdem grandes oportunidades, pois, para elas, um erro pode ser fatal.

São sábias palavras de quem adquiriu grande experiência, e que sabe que tudo na vida depende de equilíbrio. É por isso que Fisk sempre buscou mesclar na empresa profissionais de todas as idades, o que passou a ser mais evidente nas últimas duas décadas, desde que Bruno Caravati assumiu a vice-presidência da empresa. A partir de então, a empresa buscou injetar "sangue novo" na organização, principalmente nas reposições dos profissionais.

A vontade de abrir seu coração também se deu pela possibilidade de fazer com que, ao registrar em livro sua história, Fisk entendeu que poderia ajudar e estimular as pessoas:

– Acreditar sempre nas pessoas é o que me motiva a seguir em frente com a Fundação e a manter esse grande número de escolas em atividade.

Que bom para o Brasil que Mr. Fisk e tantos outros empresários pensem desta forma!

Aos poucos, Fisk retomou a situação. Respirou aliviado. Sua imagem no espelho estava clara agora. Só havia uma pessoa ali: Richard Hugh Fisk. Não havia o Richard nem o Fisk.

Ele se sentiu muito bem com o exercício de toda aquela lembrança. Jamais havia parado para relembrar todas as etapas, passagens e acontecimentos da vida. Jamais havia cutucado as feridas. Nunca tinha aberto a tampa da embalagem da própria história, guardada hermeticamente como se estivesse em um vidro de conservas preparado por sua mãe. Pela primeira vez, relembrou os pais, os irmãos, os estudos, a Segunda Guerra Mundial. Relembrou a chegada ao Brasil, de quando começou a dar aulas, dos programas de TV que apresentava, da abertura da primeira escola. Da ex-esposa Zélia, do crescimento da rede de escolas, dos amigos que conquistou e das pessoas de confiança. Relembrou da criação da Fundação Fisk.

Sentiu-se leve depois do filme que passou em sua mente. Era como se algumas situações mal resolvidas tivessem tido a solução ideal e definitiva. Fisk, então, encarou-se no espelho e esboçou um leve sorriso.

Bem, era melhor retomar a barba. Segurou firme o barbeador elétrico, e, quando se preparava para passá-lo abaixo da orelha esquerda, o telefone tocou novamente. Ele ficou feliz. Devia ser outro alguém próximo para desejar os parabéns pelo aniversário. Fisk atendeu o telefone. Desta vez, o fez em inglês:

– Hi.

Do outro lado da linha, a resposta o surpreendeu. Começou em inglês e terminou em português:

– Old Blue Eyes – que é como o executivo costuma chamar Mr. Fisk, numa alusão à forma carinhosa como Frank Sinatra era conhecido –, é o Bruno, como vai? Parabéns Mr. Fisk, e muitos anos de vida.

Por tudo que já tinha acontecido naquela intensa manhã, Fisk estava sensível, emotivo, e ficou ainda mais sensibilizado ao ouvir a voz de Bruno Caravati, vice-presidente da Fundação Fisk, e a forma como foi chamado.

– Bruno, estou extremamente feliz com a ligação. Digo isso por dois motivos. Primeiro porque é sempre bom ouvi-lo e saber que você se lembrou que faço aniversário hoje. O segundo motivo, também muito importante para mim, é que você me chamou de Fisk. Pode parecer estranho, mas por um momento eu quase perdi a identidade... – os dois riram da observação.

Do outro lado, Bruno, que estava no Brasil, preferiu não entrar em detalhes. Percebeu na voz de Fisk a emoção que estava sentindo naquele momento.

– Sinto que o senhor está diferente hoje, Mr Fisk. E que assim seja também o dia do seu aniversário, diferente, feliz e maravilhoso. Parabéns!

Depois da ligação, Fisk finalmente começou a fazer a barba. Mas quem é que estava ali, Fisk ou Richard? Na verdade, havia um pouco de ambos. Cada qual com a própria dose de participação na biografia de Richard Hugh Fisk...

Números Fisk

Em mais de 50 anos de história no Brasil, o empresário Richard Hugh Fisk construiu uma das maiores redes de escolas de idiomas do país e do mundo. Em 31.12.2007, a Fundação Richard Hugh Fisk, criada em 1992 para administrar um *pool* de empresas, somava mais de 950 escolas, sendo em torno 800 Fisk e 150 PBF. Entre elas, 105 estavam montadas fora do país – 82 na Argentina, 15 no Japão, 5 nos Estados Unidos, 1 em Angola e 2 no Paraguai.

Ao todo, a rede de escolas, com unidades espalhadas por todos os Estados brasileiros, gerava 11.000 empregos; destes, 1.000 diretos entre as escolas próprias e a matriz, e o restante nas escolas franqueadas.

Anualmente, 450 mil alunos passam pelas salas de aulas da rede. E em quase 50 anos de história, mais de 11 milhões de alunos já se formaram nas escolas Fisk e PBF.

O faturamento da Fundação ultrapassou os R$ 350 milhões em 2007, dos quais R$ 52 milhões foram alcançados pela franqueadora, e o restante através das franquias.

Entre as ações inéditas comandadas pelo empresário, a Fundação Richard Hugh Fisk, então ainda como Escolas Fisk, foi a primeira rede de escolas de idiomas a criar o modelo de franquias (década de 60). Também iniciou a internacionalização da marca (década de 80, no Paraguai, e depois Argentina) e tornou-se a empresa do segmento com o maior número de unidades no exterior. Foi também a primeira rede a introduzir o curso de espanhol nas escolas, assim como a oferecer cursos personalizados (PPT e PPE). Antes dela, nenhuma rede de escolas de idiomas havia explorado música como didática na televisão, assim como a distribuição gratuita das suas letras.

O principal diferencial das redes Fisk e PBF em relação ao mercado é o de serem as únicas a não cobrar taxas de franquias ou royalties dos parceiros. A metodologia de ensino é própria e os materiais didáticos são desenvolvidos e atualizados constantemente pela equipe do departamento pedagógico.

A Fundação Richard Hugh Fisk tem como missão produzir programas educacionais com o objetivo de promover o ensino de idiomas com qualidade e responsabilidade social, e como meta contribuir assim para o desenvolvimento intelectual e cultural dos alunos, professores e colaboradores.

Unidade - EUA

Unidade Lomas de Zamora - Argentina

Unidade - EUA

Unidade - Angola

Unidade - Nagóia - Japão

Unidade Everet- EUA

Unidade - EUA

FOTOS DAS ESCOLAS FISK FORA DO BRASIL

No sentido anti-horário, o prof. Élvio Peralta, diretor da Fundação e o executivo de marketing da Fisk, Christian Ambros, em uma das escolas dos EUA

Bruno Caravati, vice-presidente da Fundação Fisk, com o prêmio Franqueador do Ano

50 anos de história

Em 2008, a Fundação comemorou o cinqüentenário da Fisk. Foi um ano repleto de festividades e projeção na mídia, coroado com um grande evento, realizado no mês de julho.

Além disso, o maior de todos os reconhecimentos da impressionante trajetória construída por Richard Hugh Fisk à frente da Escolas Fisk, e depois da Fundação Fisk, veio em abril de 2008, quando a marca Fisk foi agraciada com vários prêmios durante o evento promovido pela ABF – Associação Brasileira de Franquias; um deles, pelo sexto ano consecutivo, foi o selo de *Excelência em Franchising,* também conseguido pela marca PBF.

Mas, o troféu de *Franqueador do ano de 2007,* foi o principal. Para alcançar esta importante conquista, pesquisas realizadas pela ABF com os franqueados da rede Fisk apontaram o percentual de 96% de aprovação junto aos parceiros.

Pela segunda vez – a primeira aconteceu em 2003 – a Rede Fisk, que já era a única a possuir o título entre as escolas de idiomas, foi indicada como *Franqueador do Ano*.

Com mais esse troféu, a Rede Fisk tornou-se também a única, entre todas as redes franqueadoras do Brasil, independentemente da área de atuação, a conquistar o bicampeonato.

Estes prêmios representam a consagração da extensão da dedicação, do empenho e do coração de Richard Hugh Fisk:

– Não há Estado brasileiro que não possua uma das nossas escolas, seja Fisk ou PBF. Por isso, quero agradecer e compartilhar este segundo título de Franqueador do Ano com cada um dos nossos parceiros e colaboradores. Compartilhar com todos que nos deram o privilégio de recebê-los em nossas salas de aula. Mais uma vez, meu muito obrigado ao Brasil e ao povo maravilhoso deste País encantado.

Mensagem de Mr. Fisk

Caros leitores,

Confesso que chegar até este ponto do livro foi para mim um enorme exercício de reflexão e de busca dos acontecimenos. Temos por hábito falar tanto do presente, do futuro, mas... E do passado? Quem é que, costumeiramente, relembra o passado?

Pois é lá que está minha vida, os meus feitos, a minha juventude. Por anos guardei comigo esses acontecimentos. Eram os meus segredos. A partir de agora, são os nossos segredos.

Mas, independentemente da época em que vivi, alguns conceitos e ações sempre estiveram presentes: honestidade, justiça e amor ao trabalho. E há, ainda, o respeito. Todos nós somos diferentes uns dos outros. Isso não significa que sejamos melhores ou piores. Basta saber disso, respeitarmos essas diferenças.

Já em relação ao trabalho, o fator preponderante é a dedicação. Entregar-se de corpo e alma àquilo que você faz. Preparar-se da melhor forma possível. Isso fará com que você esteja pronto para as oportunidades que baterem à sua porta. E quanto mais bem preparado você estiver, maiores serão as chances de alcançar o sucesso. Invista em você. Invista no seu negócio.

Considero que minha vida profissional começou no Brasil. Foi aqui que tudo aconteceu, depois de 1950. Se eu tivesse que escolher um ponto da vida para recomeçar, seria 1950. Por um "acidente" de percurso, comecei a dar aulas de inglês. Aquilo era uma forma de arrumar um dinheiro a mais. Mas para que aquele trabalho extra se tornasse realmente uma profissão, tive que me dedicar muito. Estudar horas e horas por dia. Eu me preparei. Eu me diferenciei. E com toda essa dedicão e estudo da língua, abri a primeira escola, desenvolvi um método inédito e cá estamos, com nossas quase 1.000 escolas Fisk e PBF, ligadas à Fundação Richard Hugh Fisk.

Infelizmente, várias empresas dos mais variados ramos de negócios acabam por falir. E isso acontece, principalmente, por causa da falta de dedicação e conhecimento.

Outro ponto importante: esteja sempre pronto para as mudanças. Elas, muitas vezes, dão uma guinada importante nas nossas vidas. Eu, por exemplo, estudei para ser um diplomata, e acabei me tornando professor. E era aí que estava a minha verdadeira vocação. Foi uma radical mudança que me levou a enxergar isso.

Também é preciso entender que ninguém chega ao sucesso isoladamente. Para isso, precisamos da dedicação e do comprometimento de outras pessoas e profissionais. Esteja, então, sempre cercado dos melhores. Privilegie a capacidade. Não tenha medo deles, pois eles o ajudarão a chegar ao sucesso. Se você tem pessoas competentes ao seu lado, isso lhe permitirá desenvolver atividades importantes, que podem ser pontos marcantes na sua trajetória.

Mas, o que é o sucesso? Eu o analiso como uma corrente cheia de elos. Se a ligação entre eles é fraca, pode quebrar. Essa corrente então deve ser forte e estar interligada. Se você tem dinheiro, conhece o produto, domina o mercado, mas não é dedicado, a corrente está frágil, suscetível à quebra.

Sou um homem de sucesso. Sou um empresário de sucesso. Sou um homem e um empresário realizado. Arrependimentos? Injustiças? Equívocos? Claro que os tive e cometi. Mas nas vezes em que isso aconteceu o fiz na tentativa de acertar. Na busca da opção mais correta e equilibrada. E nessa contabilidade final de acertos e erros, posso afirmar: minha consciência está tranqüila. E esta é a melhor forma de avaliar aquilo que fazemos em nossas vidas. É esta tranqüilidade que me deixa todas as noites colocar a cabeça no travesseiro e dormir em paz.

Obrigado, leitor. Obrigado, Brasil!